學術

時髦 的陷阱

目次

輯 1　學術雜談

學術時髦的陷阱

　　東西南北風此起彼伏的流行歌曲，赤橙黃綠青藍紫交替變換的服裝流行色，以及嘴唇塗絳紫唇膏、趾甲染碧綠蔻丹之類的生活時髦，每每受到學界中人的哂笑，以為在追逐時髦中很容易模糊了自己的個性。其實，只要肯於認真自省，就會察覺到學術界的趕時髦現象也頗為流行。比較起來，學術時髦反倒不如生活時髦。從源頭來看，生活時髦當然少不了海外的影響，尤其是歌壇與服裝，但有時也說不定還能從民族特色中汲取一點養分，譬如旗袍款式、蠟染構圖等等；但學術時髦則幾乎成了西方話語的一統天下，諸如近年來流行的「現代性」、「後現代」、「民族國家」、「全球化」、「自由主義」、「文化保守主義」，等等，正如有識之士所指出：西方出版物的中譯本構成了中國學術語境，所有中國現代思想文化成就幾乎都籠罩了西方話語霸權的陰影。從個人的選擇自由度來看，生活時髦要大得多，街上流行紅裙子，你硬是要穿綠裙子，別人也拿你沒辦法；學術時髦則顯出幾分霸氣，你不跟風，會被認為落伍，不僅你的話語方式受到譏嘲與蔑視，甚至你的生存方式都要受到懷疑與擠壓。從效用來看，生活時髦能給人帶來美感，用以增強自信、裝點生活；而學術時髦除了短暫的熱鬧之外，恐怕在學術的積累上不會留下什麼有價值的東西，甚至還會佈下有害於學術或不止於學術的陷阱。

　　這裏所說的學術時髦不是指西方話語本身，而是指對西方話語的內涵、外延及其背景，不願花工夫下氣力去研究，只是不加選擇、不加分析地一味照搬、甚或誤用，形成一哄而起的虛浮浪潮。譬如

「現代性」問題，有人從西方關於文學的現代性的諸多界定中擇取一種，用來判定 20 世紀中國文學並沒有獲得現代性，因而算不上現代文學，不過是處於古代文學向現代文學過渡狀態的近代文學而已。這種結論之大膽武斷不禁讓人咋舌。中國的現代化歷程與西方國家迥然有別，中國文學的現代性自有其特色，怎麼能把本來十分複雜的西方話語簡單化為一種通用標準，對中國文學橫加裁斷呢？

又如「民族國家」，這個概念產生於近代以來世界範圍的民族運動，用來指稱人類歷史上繼原始國家、君主帝國之後的又一種國家形態，即現代國家。隨著近年來民族運動的新一輪高漲，這一概念再度流行起來。在通常情況下，論及中國問題時，如果不是涉及幾種國家形態的區別與國際關係中的國家地位問題，完全可以只用「國家」概念，但有些學者凡是提到國家時一概以民族國家稱之，以示觀念的時新。這種情況還只是追求時新而已，有的學術時髦則讓人感到可悲可怖。民族國家本來包含單一民族國家與多民族國家，兩種情況是不同民族歷史的產物，均有其歷史根據與現實合理性。民族國家問題的討論應該尊重歷史，以利於民族團結、世界和平與社會發展。但近年來，有些多民族國家的民族分離主義者為了實現褊狹的民族利益，只把民族國家理解成單一民族國家，大造聲勢甚至開展武裝鬥爭，導致了所在國家與地區的劇烈動蕩，給經濟建設與社會發展帶來了巨大的破壞，造成了不止一個民族的生命財產的慘重損失，也給世界和平與發展的總格局帶來了威脅。在這種國際背景下，我們理應從中國多民族一體的悠久歷史出發，努力構建具有中國特色的民族國家觀念體系，用以闡發中國作為多民族國家的特質，從而積極促進中華民族大團結與中國現代化建設的健康發展，也為世界民族國家理論的完善乃至世界的和平與發展作出獨特的貢獻。然而，有的學者卻違背起碼的學術良知，完全熱中於雲

遮霧罩地在從西方搬來的現成概念之間兜圈子，對中國的多民族一體的幾千年歷史予以漠視，竟然說古代的「華夏」在疆土上的界限、種族的構成和政治主權上，都與現在的「中華民族」沒有必然的聯繫，「中華民族」是以中華人民共和國為主要根據構建起來的社會學意義上的神話，「中國」這一概念，在中國典籍中歷來是一個模糊的文化概念，與現代國家意義上的「中國」沒有政治上的關聯，中國的皇權完全不知道「主權」為何物。對於如此數典忘祖的「高論」，本文不屑於一一辯駁，只是就「中國」一語提供幾則算不上生僻的文獻資料：《詩‧小雅‧六月序》與《禮記‧中庸》裏的「中國」用以指華夏族所居地區。《史記‧天官書》所說的「其後秦遂以兵滅六國，併中國」的「中國」，其範圍已經超出黃河流域。南朝宋范曄《後漢書‧西域傳》在敘羅馬稱謂時說明因「其人民皆長大平正，有類中國，故謂之大秦」，也顯然是把中國作為一個國家來看待的。「中國」作為一個主權國家術語，最遲在 1689 年就已經出現了，見之於這一年 9 月 7 日《中俄尼布楚條約》的拉丁文、滿文與俄文三種文本，其漢語表述也可以在 1842 年 8 月 29 日簽訂的《中英南京條約》裏見到。

　　再如目前方興未艾的「全球化」，報刊、書籍、網路、會議，到處可見全球化的話語，但坐而論道的多，腳踏實地研究問題的少，闡揚正面效應的多，提醒注意負面效應的少，譬如加入 WTO之後，中國人、尤其是農民，將要付出怎樣的成本，現在研究得不透徹，宣傳得不到位，準備得不充分，將來必然要承受意想不到的經濟損失與心理挫折，甚至可能引發社會問題。資訊全球化、經濟全球化可以理解，並正在向前推進。但有人把「全球化」概念引入文化領域，提出所謂的文化全球化是世界文化發展的必然趨勢。對此，我們不能不持審慎的態度。在由物質文明、精神文明與制度文

明構成的文明構架中，儘管由於歷史與地理等多重原因，存在著地區發展不平衡、貧富差別嚴重等問題，但物質文明方面的「全球化」相對來說要單純一些，而制度文明與精神文明的問題還要複雜得多。尤其是精神文明，一個民族長期形成的思維方式、觀念體系與心理特點乃至整個精神風貌，是民族主體性的重要組成部分，是一個民族在世界民族之林中賴以存身的重要條件，倘若消泯了這種個性，這一民族還有什麼獨立存在的必要與可能？西方的精神文明成果，我們固然應該虛心學習，積極借鑒，用以取長補短，但決不能以犧牲民族個性為代價。理想的世界文化格局應該是多種民族文化和平共存、平等對話、交流互補、協調發展，而不應是一種聲音主宰下的局面。西方強國在強大的經濟與科技輻射中，很容易形成文化霸權，對此，我們不能不保持清醒的頭腦。

　　本來，凡是有生命力的學術話語應該成為人類共同的精神財富，從異域汲取學術話語本身決非罪過，相反，還是給中國學術乃至思想、文化、政治、經濟增添活力的重要渠道。佛教自魏晉以來大規模進入中土，它對中國思想文化所起的作用，早已成為人們不須特別理會的常識。清末以來，尤其是五四新文化運動開啟的新時代，西方話語給予中國社會以巨大的影響，這也是人所共知的事實。新時期重新打開封閉的大門，西方話語再次成為啟動民族思維的動力，功不可沒。問題在於，隨著歷史的發展，我們不能停留在一味接受的階段，人家說什麼我們便鸚鵡學舌般地跟著說什麼，不能滿足於生吞活剝的照搬，只是把中國的學術當作西方話語的演習課堂；而是要有精心的選擇，要做深層的轉化與吸收，要立足於中國的歷史與現實，尋覓學術生長點，開發出具有原創性的學術話語，建立本民族充滿活力的學術體系，以話語的多元性取代西方話語的一元性，以對話的平等性克服話語霸權性，為人類文明做出中

華民族所獨有的貢獻。否則，擁有五千年文明史的中華民族，沒有屬於自己的當代學術話語，豈不是莫大的恥辱與悲哀？

在剛剛過去的百年歷史中，曾經留下許多深刻的經驗教訓。魯迅早在 1929 年就對當時已露端倪的學術話語時髦化的現象有所批評：「新潮之進中國，往往只有幾個名詞，主張者以為可以咒死敵人，敵對者也以為將被咒死，喧嚷一年半載，終於火滅煙消。如什麼羅曼主義，自然主義，表現主義，未來主義……仿佛都已過去了，其實又何嘗出現。」（《現代新興文學的諸問題‧小引》）令人遺憾的是，後來這種情況不止一次地重演。即以文學批評來說，20 年代末開始，就有一些激進者急切地搬用所謂「唯物辯證法」與「イデォロギー」（意識形態）等時髦話語，作為批評的利器，對作品恣意解剖，其文章不僅與文學十分隔膜，而且索然無味，當時就不能服人，過後更如過眼雲煙。真正有生命力的文學批評，倒是出自魯迅與李健吾等人的手筆。他們都曾留學海外，有深厚的西方文化造詣，但他們並不把西方話語掛在嘴邊，而是有選擇地融入自己的知識結構，在廣闊的知識背景下，更注重歷史的體認與生命的感悟，這樣寫出來的文章，至今仍然洋溢著充沛的生機與誘人的魅力。

學術批評要有歷史主義態度

　　對 20 世紀中國文學進行回顧總結，成為近來學術界的一個熱門話題。歷史如何評說，的確有各種各樣的眼光。近讀葛紅兵先生的《為二十世紀中國文學寫一份悼詞》（載《芙蓉》1999 年第 6 期，下面簡稱葛文），感慨良多。首先，我得肯定這篇文章中確有一些犀利而深刻的話語，擊中了當代文壇與學術界的某些弊端，這對於重複浪費屢見不鮮、溫吞圓活大行其時的文壇與學術界來說，自有其尖銳的刺激作用，其積極意義不容否定。但同時，我也為作者對待歷史現象的非歷史主義態度深感遺憾和痛心，骨鯁在喉，不吐不快，願意說出來與葛先生商榷，也請讀者共同思考。

　　葛文一開篇就對 20 世紀中國文學表示「很遺憾」，因為他找不到一個「無懈可擊的作家」，找不到「一種偉岸的人格」，找不到「精神上的導師」。如果把「精神上的導師」設定為「無懈可擊」的人格，那麼我要說這實在是一種超乎人性的苛求、無以實現的奢求。因為任何歷史人物都是生活在錯綜複雜的歷史環境中，即便是「偉岸的人格」，也不可能沒有矛盾、困惑，不可能沒有一點局限性。如果非要找一個「無懈可擊的」不行，那恐怕不止 20 世紀，任何時候都不會找到。既然如此，接下來的問題就在於對歷史人物的具體認識與評價。葛文在提出一個無法達到的設定之後，便開始為自己的遺憾尋找依據了。魯迅首當其衝。「發生在他留日期間的『幻燈事件』已經成了他棄醫從文的愛國主義神話，然而他真的是這麼愛國嗎？既然愛國，他為什麼要拒絕回國刺殺清廷走狗的任務？徐錫麟，他的同鄉能做的，秋瑾，一個女子能做的，他為什麼不能做？

難道他不是怯懦嗎？……」據我所知，並沒有魯迅拒絕回國執行暗殺任務之事，當然，他沒有選擇與徐錫麟、秋瑾同樣的暴力反抗的道路是事實。可是，按照現代觀念，每個人都有自主選擇生存方式的權利，只要有益於社會進步與人民幸福，不同的生存方式都應該得到肯定，而沒有尊卑貴賤之分。徐錫麟、秋瑾烈士的無畏獻身，固然值得景仰，但想通過文學救治國民精神，也不能作為指責魯迅人格怯懦、並非真正愛國的證據。未做烈士就「應當羞愧而死」，是一種荒謬的邏輯。魯迅曾經說過：「我們從古以來，就有埋頭苦幹的人，有拼命硬幹的人，有為民請命的人，有捨身求法的人，……這就是中國的脊梁。」魯迅沒有像他的同鄉徐錫麟、秋瑾一樣壯烈犧牲，但他把自己的智慧、才華乃至生命獻給了民族精神建設的偉大事業，毋庸置疑，魯迅同樣屬於「民族脊梁」。葛文為了把魯迅從「被捧到了民族魂」的位置上拉下來，說魯迅的棄醫從文是學醫失敗的結果，實際上，魯迅當時的學習成績在班上位居中等，若非如此，也不至於引起一部分懷有偏見的日本同學懷疑藤野先生給魯迅漏了題。這些史實早已十分清楚，怎麼葛先生竟然視若不見，偏要加以扭曲之後證明自己的判斷呢？明明是封建禮教造成了魯迅妻子朱安的痛苦，可是在葛文裏，魯迅卻被說成：「一個號稱為國民解放而奮鬥了一生的人卻以他的一生壓迫著他的正室妻子朱安，他給朱安帶來的痛苦，使他成了一個地地道道的壓迫者」。那麼，我們不禁要問：難道魯迅馴順地接受母親送給他的「禮物」，與他所不愛的朱安同床共枕，就不是「壓迫者」了嗎？魯迅明明是反專制最勇敢、最激烈的戰士，可是葛文卻說魯迅的人格和作品中有一些「和專制制度殊途同歸的」東西，又有什麼根據呢？難道魯迅在文革中的被利用，也要已經去世三十幾年的魯迅來負責嗎？

　　對待魯迅尚且如此，其他作家更是不在話下。譬如指斥「丁玲，丈夫為國民黨殺害屍骨未寒她就在南京和叛徒馮達同居」。事實上，丁玲與馮達的同居始於上海而非南京，那時的馮達也是一名左翼工作者，至於在雙雙被捕後的特殊境遇裏繼續同居也自有其緣故。這一經歷曾經在許多年裏被當作否定丁玲人格的「撒手鐧」，使丁玲承受著巨大的折磨，丁玲平反昭雪以後，這一問題已基本澄清，想不到今天竟有如此年輕的學者仍舊借此來做文章！脫離具體的歷史環境，進行抽象的道德評價，已顯得蒼白無力，而且激進的葛先生反倒拾起了迂腐陳舊的封建倫理標準，這真是一個反諷。葛文又說，丁玲在「解放以後對深知她的底細的沈從文加以迫害」，這也是聳人聽聞，只是不知根據何在？葛文還說，「唐弢這個將魯迅當成師傅的人，一旦坐到牢裏就徹底地忘記了師傅的好處，『文革』中他在四川坐牢的時候寫交代材料，對魯迅就採用了揭瘡疤的方法。」然而，據熟悉唐弢的人士說，唐弢在文革中並未坐牢，也就談不上在四川坐牢。那麼葛先生所說的「揭瘡疤」，根據何在？另外，說端木蕻良對蕭紅、茅盾對孔德沚「都是始亂終棄的典型」，也都與事實相去甚遠。對作家進行苛刻的道德評價本來就極易妨礙文學史的準確描述，何況這種建立在扭曲事實或子虛烏有基礎之上的舊式道德「審判」更是毫無學術價值可言！

　　葛先生對名作家的人格做出貶損性的評價之後，對作品自然也不放過。當然，他所談的現代文學的語感，歐化味、方言味與文白雜糅的問題確實存在，但新文學在發展進程中，一直在努力調整解決，30 年代的大眾化討論與 40 年代的民族形式討論，都在創作上結出了豐碩的果實，怎麼能以五四時期部分作品的「簡直沒法讀」，來否定 30 餘年的現代文學乃至整個 20 世紀的文學建樹呢？在葛先生眼裏，魯迅「澀」，周作人「枯」，巴金「嫩」，郭沫若「粗」，趙

樹理「俗」，張愛玲「直」，現代文學史上，「無法找到真正文質彬彬的語感」。這正所謂只知其一，不知其二，只見樹木，不見森林。即便不說整個文學史上多種語言風格的汪洋恣肆，千姿百態，上面提到的幾位作家，其語言風格也遠要豐富得多，魯迅的簡勁雋永，周作人的通脫諧趣，巴金的酣暢淋漓，郭沫若的清麗柔婉，趙樹理的質樸清新，張愛玲的婉曲精緻，讀者與學術界公認的這些語言特徵，怎麼到了葛先生那裏全都悄然不見了呢？不過他總算承認老舍「還說得過去，基本上沒有什麼問題，這個人是真正說中文的中國作家，其他的作家都有點兒洋鬼子腔，或者是土老冒兒」。對現代作家是如此看法，在當代作家中則找到一位值得認可的，這就是王朔：「王朔是當代語感最好的作家，他的語言行雲流水、酣暢淋漓。他的語言是誕生在民間的、真正的中國民間的語言，是豐滿的、健康的、富於生命活力的語言，沒有假士大夫的腐氣，沒有假知識份子的酸氣，沒有小女人的鵷氣，也沒有老男人的霸氣。……」的確，我們得承認王朔的語言有一定的特點與魅力，但如果把王朔推舉為20 世紀中國文學語感最好的作家，那麼我們不禁對葛先生的眼光發生了懷疑。葛先生對經典作品的否定幾乎是毫不留情的，然而其可信度又是怎樣呢？他說「我曾經將巴金《家》中的一段話朗讀給我的學生聽，結果學生們大笑不止，世界上還有這樣不堪入耳的文字？竟然還是經典作品。」這裏姑且不說「不堪入耳」一語使用的不當，且看葛先生對經典作品的要求，試問普天之下有哪部經典性的長篇小說你能要求它字字珠璣呢？一部作品有其內在的語境，將一段話從整個語境中剝離出來，挑它的毛病，進而否定整部作品，這哪裡是在欣賞文學，更談不上學術研究，只能說是吹毛求疵。一部作品的產生及其發生影響，也有其歷史語境，巴金的《家》在30 年代，以其反封建的激情與傾訴式的青春表達方式，曾經打動

了多少讀者，這自有歷史見證，怎麼能夠以今日部分讀者的反映來整個地否定昨日經典的價值呢？

　　我與葛先生素不相識，曾經拜讀過他的幾篇大作，對其批評的勇氣一直很佩服，對他的一些見解也頗有同感，即使這篇文章的一些觀點，我也認為還是不無可取之處。然而，這篇文章中所表露出來的非歷史主義態度，是那樣的刺眼，它使勇氣捲入了鹵莽，尖銳帶上了刻薄，放達雜糅進粗糙，奇異裏挾著荒謬，作為朋友之間的對話，倒也來得直爽坦率，但作為公開發表的學術批評則缺乏嚴肅性與科學性。其難得的膽識與顯見的荒謬纏繞一團，就像一種不無創意的新產品帶來了新的污染一樣，讓人著實為之惋惜。在我看來，以葛先生的見識與才氣，本來可以把文章寫得好得多，何至於如此匆匆忙忙地公之於世呢？當今社會心態浮躁，學術界與文壇上，走偏鋒的「罵風」成為一種時尚，葛先生莫非也受了這種時尚的影響？以居高臨下的姿態睥睨一切，以唯我獨尊的氣勢橫罵一氣，以道德攻訐代替學術辨析，固然可以痛快一時，但這種缺乏起碼的歷史主義態度與必要的資料基礎的「批評」，能夠經得起當代的檢驗與歷史的淘洗嗎？君不見 20 世紀有多少貌似驚人的宏論與氣勢洶洶的詈罵轉瞬間就變成歷史的笑柄！今人評說歷史，歷史也將評說今人。

關於當前的魯迅評價問題

　　魯迅無疑可以稱為 20 世紀中國的經典作家。在生活節奏顯著加快的當今，速食式的消費文化大行其時，經典仿佛注定要承受冷清的命運，然而，在世紀之交，魯迅評價問題卻成為一個引人關注的文化熱點，報刊、網路等媒體披露一些對魯迅質疑性、甚至貶損性的言論，在文學界與學術界激起了強烈的反響。對於一個作家及其創作，見仁見智本是文學接受中的必然現象，但對於魯迅這樣偉大的文學家、思想家，褒貶之間則隱含著重要的社會文化話題，不可等閒視之。

一

　　新儒家在質疑五四新文化啟蒙思潮之時，對魯迅發出尖刻的駁難，此係學術立場有別，可在意料之中。曾因種種緣故受過魯迅批評的長壽老人[1]在文章中譏諷魯迅，讓人感到有幾分滑稽之餘，倒也覺得符合無聊譏諷者的性格。令人驚詫的是既非新儒家、又非泄私憤者的中青年中，竟有人以粗暴的態度斷然貶斥魯迅。

　　一位大學教師在文章中透露說：「更激進一點的青年學子在課堂上發難，說魯迅早已過時，絕對是心理變態者。其地位完全是由政治因素造成的，中文系現在還開著『魯迅研究』簡直可笑，要開

---

[1]　參見章克標《世紀揮手》，海天出版社 1999 年 7 月第 1 版。

也應該開『魯迅的局限』。」[2]這種態度還只是通過轉述讓公眾得知
的。有幾位年輕作家卻在刊物上發表與傳統「斷裂」的宣言中，把
魯迅視為必須一腳踢開的「一塊老石頭」，斷言「對於今天的寫作
而言，魯迅也確無教育意義。」[3]。以消解崇高的文化姿態走上文
壇的作家王朔，也把魯迅當作了嘲弄奚落的對象，在其貌似輕鬆調
侃的語調背後，卻閃射出直欲徹底解構魯迅經典的寒光。他先是脫
離特定的歷史背景和具體的文本語境把魯迅的代表作《狂人日
記》、《阿Ｑ正傳》挑剔一番，接下來說「魯迅光靠一堆雜文幾個短
篇是立不住的，沒聽說世界文豪只寫過這點東西的。」「一個正經
作家，光寫短篇總是可疑，說起來不心虛還要有戳得住的長篇小
說，這是練真本事，憑小聰明雕蟲小技蒙不過去。」然後，他對魯
迅有什麼思想表示根本性的懷疑。對魯迅發難的不僅有在校學子、
激情型或調侃型的作家，也有受過專門學術訓練的青年學者。一位
獲得文學博士學位的大學副教授在一篇為二十世紀中國文學寫的
「悼詞」裏，對魯迅從人格、思想到作品進行了全面的解構，在他
眼裏，魯迅的愛國主義精神要大打折扣，魯迅的人格值得懷疑，「魯
迅在文學上是半成品的大師」，「他的散文詩比他的小說好，他的小
說又比他的雜文好，但是他卻選擇了雜文」，「魯迅是一個思想深刻
的文學家，但是並不是一個體系性的思想家，從思想家的角度，和
二十世紀西方巨人杜威、薩特等比較起來，他是不合格的。」[4]公
開發行的刊物尚且如此直露，自由度更大的網上更有激烈的言論。

---

[2]　見《文學自由談》1998 年第 4 期。
[3]　韓東、朱文等：《斷裂：一份問卷和五十六份答卷》，《北京文學》1998 年
　　10 期。
[4]　葛紅兵：《為二十世紀中國文學寫一份悼詞》，《芙蓉》1999 年第 6 期。

有一位作者在網上發表的《走不近的魯迅》[5]，不僅對魯迅的人格橫加指責，對魯迅的思想價值加以貶低，而且對其他貶損者往往不能不刀下留情的小說代表作也大加撻伐，說「《阿Ｑ正傳》在藝術上過於單薄、粗糙，有時我感到很惋惜──這麼好的一個題材給寫糟了！而且敗筆甚多」，「《狂人日記》作為一篇思想隨筆，倒是相當不錯的。但作為一部小說，則實在有失水準」。對待魯迅尚且如此，至於「魯學」更是被視為大量製造「神話」的工具。

魯迅是歷史發展進程中的人，而不是高居雲端、全知全能的神，「金無足赤，人無完人」，魯迅當然不會例外；魯迅是 20 世紀中國思想與文學轉型期的思想家與文學家，從古代、近代跨進現代，不可能一蹴而就，在其思想與文學中自然會有某些舊的痕迹與新的但顯得幼稚的地方，自然會包含著古與今、中與外、情與理、自我與社會、理想與現實等多種衝突；魯迅之所以成為經典，之所以被幾代人所衷心景仰，不在於他的完美無缺和無所不能，而是在於他對中華民族的覺醒與解放這一歷程的積極參與，在於他對妨礙這一歷程的歷史重負與文化弊端的深刻洞察與犀利批判，在於他那融滙古今中外文化活水的廣闊胸襟，在於他對現代文學建構的創造性貢獻。對於這樣一位博大精深的思想家、文學家，每個人當然會有自己的感受與認識，當然有言說與交流的自由，但如果對言說的對象缺少起碼的瞭解，再加上一點作秀以及其他動機，感受就會失真，認識就會出現偏差甚至荒謬，自言自語倒也無妨，但將言論公之於眾，勢必會污染公共空間，因而必然激起強烈的反應。

2000 年 2 月 4 日，《人民政協報》發表秦弓的《學術批評要有歷史主義態度》，對《為二十世紀中國文學寫一份悼詞》的非歷史

---

[5]　張閎：《走不近的魯迅》，《橄欖樹》文學月刊 2000 年 2 月號。

主義態度提出批評。同年 3 月 21 日，《文藝報》幾乎用一版篇幅，在「二十世紀中國文學需要真正的學理批評」題下，發表紅孩的《為炮製悼詞者出示紅牌》與張耀傑的《葛紅兵的世紀囈變》，並摘發尹麗川的《愛國、性壓抑……與文學》（原載《芙蓉》2000 年 1 期）與杜哉的《何必「降一級來看」》（原載《文學報》1120 期），黑白的《文學與批評的精神》裏，也指出「葛文的致命傷是割裂歷史內在的邏輯與聯繫，最後只能陷入了機械論的怪圈」。《文學報》1134期又發表吳中傑的《評一種批評邏輯》，指出《悼詞》的酷評中反映出「昔日的幽靈在現實中遊蕩」，其「批評方法和思維邏輯」與「文革」的「整人方法和鍛煉周納的邏輯是多麼相似」。鄢烈山的《多元寶殿上的表演》指出，王朔對魯迅的態度，有痞子話語霸權擴張之勢。紹興作協主席朱振國在《不能聽任〈收穫〉雜誌嘲罵魯迅──致中國作家協會的公開信》[6]中，對《收穫》雜誌在《走近魯迅》專欄內集中發表三篇程度不同地批評魯迅的文章的做法提出質疑，對文章的態度與觀點提出尖銳的批評，認為王朔「用這種『要王八蛋』的手法，對一位文學大師進行了肆意的嘲弄、貶斥、譏笑」，「現在正成為文壇的紅衛兵在那裏恣肆橫行」。新華社就此事發了題為《貶損魯迅引起作家朱振國質疑》的消息，《中國青年報》等多家報刊也予以報導。

　　2000 年 5 月下旬，中國魯迅研究會與《魯迅研究月刊》編輯部在京聯合召開「魯迅研究熱點問題討論會」，來自全國的 60 餘位專家、學者對貶損魯迅現象做出了比較全面的、理性的分析。與會者認為，在眾聲喧嘩的時代，幾個人對某個作家的理解並不能代表所有人的理解。魯迅既然作為一個公共話題，自然每個人都有就此

6　載 2000 年 7 月號《真理的追求》。

發言的權利。對於一些對魯迅的質疑性、貶損性的言論，要汲取歷史教訓，避免不分青紅皂白，回之以急風暴雨的簡單化方式，更要杜絕以前發生過的以行政處罰代替學術討論的生硬化弊端，而是應該以平常心與寬容心，具體問題具體分析。審美鑑賞中的不同感悟，不必強求一律；因時代的變遷與所見資料有限而產生的誤解，應該予以澄清；敢於表達區別於既定結論的真誠見解，其勇氣值得肯定；對確有根據與獨立思考的觀點，應該歡迎；但那種出於非學術動機、背離事實和學理、一心顛覆魯迅的貶損性言論，則必須從觀點、方法、學風上予以嚴肅的批評，以澄清其影響。《中華讀書報》、《文藝報》、《人民政協報》等媒體對這次討論會做了報導。一年多以來，有數十篇剖析貶魯現象的短文與訪談錄見之於全國各地報刊，《魯迅研究月刊》、《廣播電視大學學報》、《遼寧大學學報》等雜誌還先後刊出《魯迅：「華蓋運」何時休？》（秦弓）、《反思自己，走近真實的魯迅》（孫玉石）、《魯迅研究中遇到的問題》（王富仁）、《由〈收穫〉風波引發的思考──談談當前魯迅研究的熱點問題》（陳漱渝）、《關於當下貶魯思潮的思考》（李春林）等篇幅較長的文章，實事求是地對貶魯衝擊波進行了深入的學理批評。文學界、學術界及領導部門對待這次風波的理性態度，表明了文化環境的寬鬆與研究者主流的成熟。

二

　　敢於向魯迅質疑，並且能夠發表出來，這應該說是開放社會的表徵。質疑本身也並非多麼可怕，魯迅生前就從未害怕過質疑，反而是在各種質疑與論爭中磨礪鋒芒、拓展境界、展示風采、擴大影響的；今天，魯迅作為中華民族的民族魂，自然也無須害怕質疑，

正是在尖銳的質疑和辯難中，其本體才能愈加清晰起來，其價值才能更加凸現出來，這一寶貴的歷史遺產才能轉化為民族精神建設與社會現代化發展的動力。但是，在魯迅沒有直接用暴力反抗清政府以及個人的婚姻生活等問題上，歪曲事實，背離常識，襲用封建倫理標準，對魯迅的人格橫加指責；脫離中國思想文化歷史背景和現代文學語境，以自己的膚淺與巧借他人的「胡說」，消解魯迅的思想家文學家的價值，則已經超出了學理性質疑的範疇，只能說是地地道道的貶損。才華橫溢的青年作家、學者，還有血氣方剛的莘莘學子，對魯迅若是心存疑慮，心平氣和地探討有何不可，或者敬而遠之倒也罷了，何至於出之以措辭激烈、霸氣十足的貶損呢？這一現象值得深思：它的產生究竟有著怎樣的社會文化背景？

　　無須否認，剛剛啟動的市場經濟調動起人們創造財富的高漲欲望，為社會發展提供了巨大的動力，與此同時，也刺激起人們急功近利的浮躁心態，滋生出一些有害無益的短期行為。況且在體制尚待完善的轉軌時期，有人利用自己手裏的權力或血緣、情緣、地緣之類的關係進行權錢交易，能夠一夜暴富，住豪宅開洋車，甚至把來路不明的鉅額錢款轉移海外，為自己或子孫在中國法律管轄之外的異域留一條後路。這怎麼能讓權力圈外的人們絲毫不為之心動呢？社會上許多消極現象的產生便不能說與此沒有關係。文壇與學術界可謂「清水衙門」，不像生產流通領域那樣容易仿冒名牌、製假售假，但話語權也是一筆無形資產，誰掌握了話語權，誰就會獲得由此而來的名與利。近年來，文壇與學術界頗有一些人不耐寂寞，不甘清貧，棄文下海，經商從政，但堅持在精神園地的守望者、耕耘者畢竟還是多數。十年動亂剛剛結束時，百廢待興，萬象更新，憑藉一篇短篇小說、一篇論文便名滿天下的事情並不稀奇。經過改

革開放以來 20 餘年的拓展，文壇與學術界已經有了相當豐厚的積累。在這種情況下，要嶄露頭角並進而保持優勢地位，談何容易！初登文壇的青年作家，作品不見得比前輩作家遜色，可一時還沒有多少人理會，豈不讓人焦慮萬分、寂寞難耐？於是，有人便把故作驚人之語看作一條爭取話語權的捷徑，大聲疾呼同經典作家「決裂」，要一腳踢開「老石頭」。曾經走紅一時的作家，如今似露江郎才盡之象，「曾經滄海難為水，除卻巫山不是雲」，為了重新喚起讀者的注意，找回當年那種陶醉於喝彩聲中的感覺，任他是誰都敢調侃奚落嘲弄！「板凳甘坐十年冷，文章不寫半句空」，老一代學者所稱許的這種治學方式，在經濟壓力（要維持生計、賺錢買房等）和競爭壓力（要評聘職稱、要社會認可等）愈益加重的今天，已讓不少年輕學者望而卻步。如今要憑扎扎實實的學術很快贏得社會知名度難乎其難，而與媒體聯姻的泡沫學術反而容易浪得虛名。這樣一來，一些年輕人不願靜下心來，踏踏實實地做一點學問，而是想通過標新立異一鳴驚人，以達名利雙收的目的。一些媒體為了自身的生存與發展，也極力追求轟動效應。雙方的利益協調共振，功利性的標新立異便由此登臺亮相了。所謂標新立異，其實「標新」很難，「立異」倒容易得多，選一個最大的靶子，不管三七二十一，劈頭就給他一陣亂箭，十之八九會有立竿見影之效。要找最大的靶子，魯迅便首當其衝。如此戰法，早已有之，當年創造社與太陽社大戰魯迅，便是先例。不過有所不同的是，先輩們總還要找一點先進的理論作為根據，試圖以「落伍」於時代來震懾住魯迅；而今天年輕的或已經不怎麼年輕的「好漢」們卻大半無暇也無意尋覓什麼理論武器，只是憑藉急於尋找突破口的地下岩漿般的情緒，將那些既不合史實又背離邏輯的貶語噴發而出。就此而言，還真是讓人不由得生發出一點世風日下的感歎了。

　　無論貶損者對自己的言論冠以怎樣堂皇的名目，總是掩飾不住爭取話語權的功利色彩。但如果把這樣一種文化現象僅僅歸結為個人動機，顯然失之片面。大而言之，毋寧說貶魯現象反映了社會上普遍存在的消解權威的情緒。自毀長城的十年動亂結束以後，社會意識形態的一元化主導體制雖然沒有改變，但在價值觀念、道德標準等許多方面事實上已經日趨多元化，權威的全民認同性發生了無法避免的危機。僅就社會生活而言，儘管反腐倡廉的呼聲持續高漲，懲治腐敗的力度不斷加強，但痼疾難除，腐敗成風，媒體披露的不過是冰山一角，有多少貪官污吏明裏暗裏搜刮民脂民膏，卻仍能道貌岸然地穩坐交椅，有多少國有資產被手握權柄者鯨吞蠶食，而黎民百姓卻束手無策，一部分人富得蹊蹺，兩極分化漸露苗頭……對於種種社會弊端與複雜的社會矛盾，人們心中有數不清的困惑，有壓不住的火氣。然而，來自權威部門的解釋未必能夠令人信服，因而讓人產生一種懷疑、疏離權威的意念；疏導火氣的渠道未必都那麼順暢，訴諸官員，有些官員正是怒氣所指；訴諸媒體，媒體也許會有種種顧忌；訴諸司法，有時會碰上司法腐敗……在價值體系趨於多元化的情況下，強調否定性、消解權威性的西方後現代主義移入並發生了作用，社會不公也無疑加重了消解權威的情緒。可是，政治權威碰不得，司法權威通常也不敢碰，經濟權威主動巴結惟恐不及，哪裡還談碰不碰的問題，比較起來，只有社會知名度大、而碰起來沒有什麼危險的文化權威庶幾可以碰一碰。於是，近幾年來，總有人頻頻地向文化權威挑戰，向既定文化秩序挑戰，形成了一股其意義遠遠超出文化領域的「解構主義思潮」。正是在這種背景下，魯迅成為消解權威的對象，批評魯迅成為一種文化姿態的舞臺亮相與社會情緒噴發的火山口，貶損魯迅不過是這種情緒的極端化表現而已。貶損者在貶低魯迅時，應和者在無知或無

聊的喝彩中，所體驗到的是一種文化冒險的刺激與消解權威的快感。就此說來，魯迅頗有點代人受過的意味。這種無奈的曲折的發洩，蠻勇之中透露出幾分可憐的卑怯與可笑的狡黠。不過，這倒也提醒我們，在向社會主義市場經濟的轉軌過程中，應該切切實實地加強民主法制建設，將腐敗與不公遏制到最低限度，建立健全與市場經濟相適應的意識形態體系，讓人民群眾能夠看到解惑釋疑的可信權威，能夠找到表達意志與舒解憤懣的合適渠道，從而使社會發展盡可能地減少動盪的成本，使人民生活盡可能地提高共同富裕的程度。

　　對魯迅的貶低從一定意義上來說，也是對以往神化魯迅現象的反撥。不能否認，從 50 年代到 70 年代，在對於魯迅的研究與宣傳中，確實存在過相當嚴重的神化魯迅現象。對魯迅只能頌揚，不能批評，而且研究大多只是演繹領袖人物「欽定」的「三家」（偉大的思想家、文學家、革命家），把魯迅的話當作不容置疑的真理，滿足於仰視的詮釋，尤其是十年動亂期間，群星燦爛的現代文學史被橫掃得差不多只剩下魯迅一人，魯迅著作常常被肢解、歪曲作為「革命大批判」的武器，甚至魯迅的言論還被當作衡定同時代人「進步」與「反動」的標準，凡是被魯迅批評過的人總要罪加一等。改革開放以來，雖然神化魯迅的現象不可能完全消除，但的確有了根本性的轉變，學術界在還原魯迅的本體方面做了大量艱辛而富有成效的探索，對魯迅的「立人」思想、「國民性批判」思想等過去注意不夠的方面有了深入的研究，對魯迅複雜的精神世界進行了綜合性的考察，敢於直面魯迅的局限性，做出歷史主義的闡釋，對魯迅的認識趨於全面、深刻、準確[7]。然而，曾經有過的神化魯迅現象

---

[7]　參見林非：《魯迅和中國文化》，學苑出版社 1990 年 12 月第 1 版，2000 年

給人的印象過於深刻，加上神化的陰影在現階段一時未能完全散
盡，而新時期魯迅研究的成果又沒有及時、充分地引入大學、中學
教育中去，在社會上的宣傳普及也遠遠不夠，所以，不少人誤以為
對魯迅仍是只能頌揚、不能批評。就連著名作家馮驥才到了 2000
年初仍有這樣的印象：「中國文學有個例外，即魯迅一直是文學中
唯一不能批評的作家。」[8]正是這樣一種印象，在不少人那裏，激
起了強烈的反撥情緒，要對魯迅下一重錘。裴毅然博士在充分肯定
魯迅的偉大性與先鋒性的同時，提出「即便從思想解放的角度，今
天也有必要對魯迅說道說道。或者痛痛快快招認了：就是想挑挑魯
迅的毛病，打破這最後的神話。這一念頭，最近於冥冥中竟成了一
種召喚。再說，如今毛澤東都能說得，何以魯迅還說不得？」[9]事
實上，自 80 年代以來，中國已經沒有了「唯一不能批評的作家」，
魯迅研究的禁區已經越來越少。把實際上已經發生根本性扭轉的神
化魯迅現象現實化、誇大化，然後挺著丈八長矛嘶聲吶喊著猛衝上
去，一頓亂刺，這種情形很容易讓人想起同風車和羊群作戰的堂吉
訶德。問題還在於「說道說道」也罷，「挑挑毛病」也罷，總不能
脫離特定的歷史背景，總要以史實為依據，總要講究一點邏輯。魯
迅為什麼會被後人歪曲利用，要做具體的歷史分析，不能不分青紅
皂白就讓魯迅負責。對魯迅的局限性、片面性的分析不能代替整體
的評價，還原魯迅的本體不應變成情緒化的貶低。而有些人卻陷入
了非此即彼的絕對化、簡單化思維方式不能自拔，不惜以俗化魯
迅、甚至醜化魯迅來同神化魯迅相對峙。譬如青年作家韓東就說：

---

1 月新版。
8　馮驥才：《魯迅的功與「過」》，《收穫》2000 年第 2 期。
9　裴毅然：《魯迅問題》，中國魯迅研究會與《魯迅研究月刊》合辦「魯迅研
　究熱點討論會」印發材料。

「即使是耶和華人們也能說三道四吧，但對魯迅卻不能夠，因此他的反動性也不證自明。」[10]這種斷語下起來簡捷倒是簡捷，可惜其荒謬正應了他自己所說的「不證自明」。魯迅本身和魯迅的評價問題，作為人文社會科學的研究對象，必須待之以歷史主義態度，下一番扎扎實實的苦功，充分地佔有相關資料，運用科學的方法進行細緻的辨析，參之以個性的感悟，這樣才有希望真正地深入進去，做出科學的因而令人信服的闡釋，使人們認識歷史上的魯迅，使神化色彩消泯淨盡。反之，只是從一個極端走向另一個極端，則會將魯迅變得面目全非。神化固然不可取，但代之以情緒化的恣意貶低，這一代價豈不是過於沈重了嗎？

　　當網上發表貶魯言論時，為之喝彩的有一個頗具規模的中學生群體。按說許多年來，一批新文學作品被列入中小學教科書，尤以魯迅為多，中學生應該喜歡魯迅才是。可是一些中學生表示不喜歡甚至反感魯迅，原因究竟在哪裡呢？難道魯迅真的過時了，與「新新人類」無緣嗎？或者魯迅只屬於涉世較深的讀者群，而與少男少女注定有一道不可逾越的鴻溝？當然，豐富的閱歷對於理解魯迅是有益的，20 世紀二三十年代的文本對於今天涉世未深的中學生來說，的確會有一些歷史背景、文本語境與文體等方面的隔膜，但這些並不足以構成中學生反感魯迅的充足理由。個中原因恐怕與僵化式的教學方式有關。魯迅作品，尤其是小說與散文詩中象徵性較強的作品，富於多義性，而有的教師往往給出刻板的、非此即彼的「標準答案」，學生在閱讀時所產生的不同於「標準答案」的想法，會受到教師的否定或諷刺。這不僅無助於學生全面、深刻地理解魯迅，而且嚴重地妨礙了青少年獨立思考能力的培養。難怪一些中學

---

[10] 《北京文學》1998 年第 10 期第 29 頁。

生要對魯迅產生逆反心理。大學生中對魯迅的偏激看法也與從中學到大學的僵化式教學不無關係。而從許多高校中文系的教學反映來看，不少新生剛入學時對魯迅還抱有中小學留下的印象，但在思想解放的教師的引導下，經過比較系統的包括魯迅在內的中國現代文學課程學習之後，對魯迅的熱情陡然高漲，這說明一種教學方式的正確與否對教學對象的影響何等之大。從我國現在的經濟發展水平來看，在相當長一段時間內，還不是所有的中學生都能夠走進高等院校，因此，中小學教學變僵化式為啟發式的改革就顯得十分必要，小而言之，可以為魯迅贏得大批年輕的讀者，大而言之，有利於中華民族創造性的培養。學術界也有責任加強魯迅的宣傳普及工作，把魯迅研究的最新成果融彙到學校教育乃至整個社會的國民教育中去。

三

　　偉大的思想家文學家有著無窮的內在魅力，但往往不容易被認識與掌握，反而易於遭受誤解與攻訐。魯迅在二三十年代先後遭受現代評論派和創造社、太陽社等來自不同營壘的攻訐，在世紀之交又經受著新一輪的貶損，就是如此。對歷史往事，我們可以從容地回首，甚至可以品味一點「青山依舊在，幾度夕陽紅」的超然。然而，面對現實生活中任意貶低魯迅的傾向，則不能穩坐象牙塔聽之任之。因為一旦放任自流，勢必有損於文壇與學術界的風氣乃至中國文化傳統的傳承與現代社會的精神文明建設。

　　就文壇與學術來說，近年來浮躁偏激的文風已經相當嚴重。有的作家「功夫在詩外」，熱中於炒作、策劃熱點、製造聲勢，作品平平，而喝彩聲高。有的所謂「酷評」只求其評得「酷」——角

度別致，態度激烈，措辭嚴厲，而不問其是否切中文本要害，是否符合歷史語境。有的學者既坐不住冷板凳，下苦功考辨文獻，又不肯深入社會實際，做艱苦細緻的調查研究，而是滿足於做一些新聞發佈會式的事情。有的學者不時從異域搬來幾個或一套時髦的概念體系，稍加裝飾，甚或原封不動地加以襲用，不倫不類地套在中國事例上，製造出五顏六色的泡沫學術，招搖一時，隨風而過。有的異域概念，深層隱含著西方中心主義甚或殖民主義與軍國主義的幽靈，竟然也被某些學者不假思索地接受過來，不做辨析與澄清，而是滿足於陶醉其間的演繹。對魯迅的恣意貶低正是這種文風的表現之一。魯迅不是一尊只能膜拜不能質疑的神，自然可以批評。但批評要有歷史主義態度，要擺事實講道理，不能潑婦罵街式地比誰罵得凶、罵得狠、罵得辣、罵得刁鑽、罵得俏皮。我們要旗幟鮮明地回敬各路貶魯「好漢」：此風不可長。如果此風不煞，文壇與學術界將會有更多的泡沫泛起，給文學史、學術史留下不應有的空白，甚至是致命傷。

　　貶低魯迅，表面上是對一個作家的評價問題，實際上則意味著對 20 世紀中國經典文化的否定，意味著對中國文化傳統的割裂。中國文化在春秋戰國時期建立起宏大的格局與堅實的基礎之後，不斷吸取異域文化，到 19 世紀已經積累了十分豐富的優秀遺產，但也淤積了相當多的糟粕，成為束縛國人的枷鎖。鴉片戰爭以來，隨著列強的步步緊逼，中國這一老大封建帝國——從落後的生產關係、生產力到封建專制制度再到文化體系，顯露出非大刀闊斧地變革不能維繫生存的種種罅隙。中華民族在創痛與屈辱中痛定思痛，尋求救亡圖存之路。洋務運動，戊戌維新，辛亥革命，經歷了一連串的成功與挫折之後，現代啟蒙主義者繼承晚清啟蒙先驅的遺緒，發動了五四新文化運動，開啟了中國文化的新紀元。五四一代敞開

胸襟引進西方文化，高屋建瓴地整理、批判與澄清中國傳統文化，給中國文化注入了勃勃生機。正是沿著五四開闢的道路，經過幾代人的努力，基本實現了從傳統到現代的文化轉型，形成了繼承民族傳統、融會異域文化、可以同世界平等對話的 20 世紀中國文化。魯迅正是 20 世紀中國文化最傑出的代表。在他那裏，我們可以看到對中國歷史的深邃洞察，也可以看到對現實問題的密切關注，可以看到對傳統文化最深刻的剖析，也可以看到對西方文化最機智的借鑒，可以看到對人民的深沉關愛，也可以看到對國民性的犀利解剖。魯迅對西方文化負面性的認識，對於我們今天全面認識西方世界仍是清醒的提示；魯迅關於「立人」和「國民性改造」的思想，對於我們今天的精神文明建設仍是深刻的啟迪；魯迅思想在中國現代化建設的思想資源庫中佔有重要的地位，魯迅的文學傑作即使放在世界文學寶庫中也毫不遜色。魯迅是可以和孔子、老子、莊子、司馬遷、朱熹、李贄、黃宗羲等一併代表中國文化傳統的偉人，魯迅著作是可以代表 20 世紀中國文化的經典。如果否定了魯迅，中國文化傳統就失去了重要的一環，一部中國現代思想史、文化史、文學史豈不要大為減色！在全球化的浪潮中，一個民族沒有自己的話語代表，沒有自己的立身之本，只是跟著人家亦步亦趨、鸚鵡學舌，這樣的民族還有什麼自尊心可言，還侈談什麼光明前途？

　　我們不應迷信權威、崇拜偶像，但決不能數典忘祖，任由民族虛無主義泛濫；我們要建立理性分析的思維習慣，而不能養成並放縱盲目破壞的習性，盲目破壞時的短暫快意，總是要索取千倍萬倍的痛苦代價，古往今來的盲目破壞已經給我們的民族造成了多麼嚴重的創傷，殷鑒不遠，切記切記。

學術研究應該關注現實

　　前不久，一位領導同志率團出席一個社會科學方面的國際學術會議，回國後深有感觸地說，要說理論思辨能力，我們中國的學者相當出色，可是和人家相比，我們的論文玄談有餘、務實不足。這一評價的確切中了學術界帶有普遍性的問題。譬如倫理學方面，大量的論著都是以儒家經典為研究對象，而紛紜萬端的道德現狀很少納入學術視野，深度的學術闡釋更是難得見到。再如宗教學方面，對歷史悠久、積澱深厚的幾大宗教的研究碩果累累，而對當代生活中錯綜複雜的民間宗教現狀則缺乏足夠的注意與深入的瞭解，更談不上透徹的研究，一旦出了一點什麼問題，便措手不及。社會學本來是與現實生活有著密切關聯的學科，可是有位社會學學者，出版了多種研究當代社會心理的著作，深受讀者歡迎，然而在評職稱時卻屢屢碰壁，理由來自「不成文法」，說他做的不是「純學術」。諸如此類，不一而足。何謂「純學術」？如果將「純學術」僅僅理解為基礎研究的話，那麼豈不是作繭自縛、畫地為牢？基礎研究作為學術的基石固然應該予以重視，但應用研究也是學術的題中應有之義，對於使基礎研究成果得以轉化利用的應用研究，社會有著強烈的需求。因此，學術在搞好基礎研究的同時，也要向現實中的應用開放邊界，而不要搞得壁壘森嚴。如果把「純學術」理解為經典研究的話，也有偏枯之弊。學術固然少不了要以經典文獻為研究對象，要從經典中援引思想資源，但也不應忽略現實問題。不斷發展的現實生活，總是會產生各種各樣的新問題，帶著這些問題去重新審視經典，自會有新的感受、新的理解，獲取新的思想資源；有些

現實問題隱含著學術前景，只要善於發現，加以提煉，會生發出新的學術生長點，豐富和發展既有理論體系。反之，只是滿足於從理論到理論的演繹，拒絕從現實汲取動力，怎麼能有理論創新呢？又怎麼會發揮學術應有的作用，從而得到社會的認可呢？把學術設定為純而又純、玄而又玄的象牙塔，於學術，於社會，均無益處。

　　人們通常以經典為學術研究對象，並非沒有緣故。一則因為經典畢竟經過了歷史的篩選與淘洗，不僅作為一種文化結晶閃射出民族乃至人類的智慧與歷史的光輝，而且至今仍然作為一種精神底蘊在現實生活中發揮著作用；二則經過若干年的積累，形成了經典闡釋的學術傳統，既有現成可仿的學術範型，又有影響至深的角色定位。但是，文化是多元交織的複合體，經典文化只是其中相對凝固了的部分，更為豐富的文化現象還是存在於活生生的大眾生活之中。經典是生活的總結與昇華，而生活則是經典賴以產生的基礎，也是其得以不斷更新、充實、發展的動力與源泉。經典文化與現實文化、雅文化與俗文化之間並沒有不可逾越的鴻溝，二者相互依存、相互作用、相互轉化，隨著時間的推移，俗文化可能會變成雅文化，民間文化可能會上升為經典文化，現實問題可能會成為經典問題。採自民間的《國風》，後來就成為《詩經》的組成部分，曾經只能「地下」流傳的《紅樓夢》堂而皇之地登上了雅文學的殿堂，聯產承包的現實問題成為中國特色的社會主義理論的經典性問題。因此，學術研究不應只在經典上「討飯吃」，而是應該拓展視野，把現實也納入對象範疇。是否夠得上「學術」，學術層次高低，不應以研究的對象是否經典來衡量，而是應以洞察對象的深度與學術創新的程度來判斷。

　　由於科學技術的發展與世界市場的形成，由於中國實行改革開放、走上現代化的道路，國人的視野拓寬，生活節奏加快，衣食住

行等物質文化形態，權力構成及其運作等政治文化形態，價值體系、道德觀念等精神文化形態等，較之往昔都發生了深刻的變化，現實提出了許多亟待解決而又富於理論價值的課題。譬如輿論監督的制度化問題，民主選舉的有效性問題，城鄉戶籍管理問題，社會保險問題，消費導向問題，心理健康問題，道德重建問題，審美教育乃至整個文明素質問題，等等。新事物不斷產生，新觀念正在形成，而一些舊思想、舊習慣一時難以消泯，新舊衝突，新舊交織，構成一副充滿生機而又充滿矛盾的文化景觀。這種轉換期的現象，正是學術研究的沃土。人的心理困惑需要學術研究來解析、慰藉，社會的健康發展需要學術研究來提供積極的對策，經典文化的發揮利用與揚棄發展，也需要學術研究來提供參照與動力。與其千軍萬馬擠在獨木橋上去奔象牙塔，何如開闢研究現實問題的學術處女地，與其煞有介事地去重複前人曾經有過的勞作，何如通過自己的創造性勞動有所發現，為學術的繁榮與發展做出一份獨特的貢獻。

　　現實問題研究自然也有各種各樣的困難。譬如：由於關涉時政、體制的敏感，政治文化、傳媒文化的研究容易招致誤解與麻煩，因而會束縛研究者的學術個性；由於缺乏時間的間隔，當下問題研究容易出現情緒化的傾向。但是，既然現實問題的研究是學術建設乃至社會發展的迫切需要，我們就沒有理由予以忽略，而是應當以高度的歷史責任感與嚴謹的科學態度，使其得到切實的加強與不斷的深化。現實問題研究也有來自傳統的阻礙：源遠流長的中國文化養成了厚古薄今的傳統，重精神輕實際的文化性格，也有相當大的慣性與惰性。這也難怪，封建時代，專制嚴酷，玄談或可免災，關注現實則易於獲罪，清談未始不是一種生存之道。然而，一味的清談必將誤國，所以，早在 400 多年以前，明代泰州學派的啟蒙思想家王艮就提出了百姓日用即是道的觀點，對傳統提出了挑戰。今

天，社會發生了翻天覆地的變化，但這一觀點仍然不失其積極意義。我們重溫百姓日用即是道的觀點，自然並不意味著拋棄經典、蹈入實用主義，而是要彌補學術研究中的薄弱環節。

如何重寫中國現代文學史

　　中國現代文學史的編寫濫觴於 20 世紀 20 年代，至今各類現代文學史著作已經超過 220 種。早期可以見得出學科初創的艱辛與稚嫩；70 年代末至 80 年代，顯示出思想解放帶來的撥亂反正、突破創新；90 年代以來，全球化語境下的視野進一步擴大，顯示出學科走向成熟的穩健步履。回顧 80 餘年的現代文學史編撰歷程，有許多經驗教訓值得認真汲取，有種種遺憾應該在今後的編寫中予以彌補。

　　文學史作為一門歷史，應該生動地反映歷史原生態。作家、批評家、翻譯家的生存狀態如何，他們是如何走上文學道路的，創作與個人生計、文化市場、社會生活的關係怎樣？譬如張恨水最初為了生計而同時趕寫多部長篇小說，當其作品在大江南北走紅之後，用稿費在北京買下了一個包括大小七個小院的大院落；而到了抗戰期間，他遷徙到重慶，只能棲身於漏雨的茅屋。更不幸的是鄒韜奮、蕭紅、王魯彥、朱生豪等，在日寇點燃的戰火中受盡病痛的折磨，最後不治而逝。現代文學的傳播方式迥異於古代文學，往往先在報刊上發表，然後結集出版。那麼，與現代文學關聯密切的報紙、雜誌、出版社主要有哪些，它們各自有什麼特點，起到了哪些作用？現代文學史上有哪些活躍的社團流派與代表性的作家，作品表現了怎樣的社會文化內涵與精神風貌？現代文學的讀者群有怎樣的規模與類別，現代文學取得了哪些重要的社會效應，譬如對國語的影響，對寫作水平的影響，對社會心理與社會生活的影響，等等。諸如此類，文學史著作應該提供活生生的歷史原生態，使讀者通過閱讀，瞭解現代文學史的基本事實，留下鮮明的印象。

　　歷史紛紜萬象，不可能都進入敘述，這裏就有一個遴選的標準問題。相當長時間裏，政治甄別是文學史編述的一個基本原則，諸如胡適、徐志摩、梁實秋、沈從文、朱光潛、蕭乾、張愛玲等人，因其自由主義立場，或是評價大打折扣，或是迴避不提。而像胡風、馮雪峰、丁玲等左翼作家，本來在 50 年代初的文學史建構上佔有相當重要的地位，可是一旦他們在波詭雲譎的政治旋渦中失勢，在文學史中的身份與地位便立即發生了逆轉。文學的發展固然與政治有著千絲萬縷的聯繫，文學史不能不涉及政治因素，宏觀如文化政策、審查制度、政治事件對文學發展的影響，微觀如作家的政治身份、政治態度對其文學活動的作用，但文學史畢竟是文學史，一個歷史人物能否進入文學史，在文學史上佔有什麼樣的位置，不應取決於他的政治身份與政治態度，而是應該取決於他的文學建樹。譬如王國維對於新文學的先驅作用，不能因其保皇黨的政治身份而被抹殺。戲劇活動相當活躍的張道藩，也不能因其當過國民黨高官，就對其視而不見，或者只是給他勾勒一幅觀看《賽金花》時火冒三丈、往戲臺上扔痰盂之類的漫畫形象。而有些左翼作家創作成績並不突出，只是由於左翼身份的緣故，在文學史中的地位被人為地放大。

　　政治凌駕於文學之上，把文學問題歸結為「不是東風壓倒西風，就是西風壓倒東風」的政治問題，這是兩軍對壘、生死搏殺的戰爭思維方式。在那種社會文化背景下，文學論爭（或者稱為文藝界的思想鬥爭）的作用被誇大化，仿佛文學發展的動力端賴於此；文學歷史被簡單化，有的文學史簡直變成了文藝思想鬥爭史，只見「文藝戰線」刀光劍影，不見文學天地氣象萬千；歷史人物被臉譜化，白臉紅臉一目了然，多重性格多樣建樹則被一筆抹殺。其實，文學論爭不過是文學發展中不同文學觀念的矛盾衝突而已，並非所有的文學觀念都有政治背景，都有明確的階級屬性。有些文學觀

念，是超黨派、超階級、超民族、超地域、超時代的，不能簡單武斷地將其歸屬於哪個特定的階級或政治集團。梁實秋的人性觀曾被當作「買辦資產階級的論調」而大批特批，殊不知這種定性是多麼的滑稽可笑。文學論爭固然有助於不同觀念、不同流派之間的相互競爭、相互融會，進而推動文學的發展。但文學的進步歸根結底有賴於創作實踐。文學發展的標誌不是文學論爭，而是文學作品，能否入史、臧否褒貶、評價高低的主要憑據應是創作與批評的實績，而不是論爭的立場，評價的標準應有歷史的眼光（是否有益於社會進步）與寬容的態度（公平地看待不同風格）。

　　文學史敘述總是需要一定的框架，框架的設定應該從歷史實情出發，而不是從先驗的觀念出發。80 年代以前，現代文學史被描述為新文學史，創作量與發行量巨大的通俗小說被排除在外。這種情況近年來始得糾正，有的文學史將通俗小說與新小說、新詩、散文、話劇在章節的設定上給予相同的「國民待遇」，有的小說史還為通俗小說大家張恨水單獨立章，更有專門的近現代通俗文學史問世。但舊體詩詞仍被視為另類，絕大多數文學史著述除了述及魯迅、郭沫若等生平思想時偶有徵引之外，舊體詩詞作為一種文體是不予理會的。實際上，許多現代作家都擅長舊體詩詞創作，如柳亞子、王國維、梁啟超、陳寅恪、魯迅、郭沫若、郁達夫、田漢、朱自清、俞平伯、老舍、張恨水、臧克家、顧仲彝、施蟄存、蘆荻、聶紺弩、端木蕻良等，另外，還有一些政治家與學者也留下了不少舊體詩詞，如毛澤東、董必武、陳毅、馮玉祥、張學良、蘇步青等。舊體詩詞的創作不僅顯示出傳統文學的強大生命力，而且其中透露出現代人幽深的內心世界。

　　相對於歷史本身而言，任何敘述框架都有局限性，即使是一個有效性較強的框架，也往往容易遮蔽文學史的複雜性與豐富性，對

此應有清醒的認識，注意儘量減少框架的負面性。譬如，社團流派是一個被廣泛使用的敘述框架，但有些作家個性鮮明，或是無法納入社團流派中去，或是社團流派的整體風格不能代替其個體特徵。文學史敘述不能為了框架的整齊劃一，而犧牲作家創作個性的多樣性。

　　既然是歷史敘述，就不能僅限於提供豐富的歷史事實，還應該梳理出歷史發展的線索，對文學現象做出分析與評價。如果說選擇本身已經能夠見得出編著者的歷史態度的話，那麼，梳理與分析評價更能顯示出編著者的歷史眼光。在這方面，實事求是應該成為基本準則，但這一準則說起來容易做起來難。譬如，迄今許多著作都把左翼文學稱為 30 年代（文學史上通常指 1927-1937 年）文學主潮，事實果真如此嗎？當時，左翼文學確實十分活躍，有左翼作家聯盟及其分會，有魯迅、郭沫若、茅盾、洪深、田漢等知名作家，有《北斗》、《文學月報》等刊物，有《子夜》等影響廣泛的作品，並且一些非左翼作家也在一定程度上受到左翼思潮的影響，帶有左翼色彩的作品受到青年知識份子的歡迎。左翼文學當時處於地下或半地下狀態，為了爭取自身的生存權利，也緣於其政治背景的需要，不能不大造聲勢，若論聲勢，左翼確實相當可觀。但是，確認一個歷史時期的文學主潮，主要憑藉的不應是聲勢，而應是文學觀念與文學創作的建樹及其影響。30 年代，非左翼的民主主義思潮與自由主義思潮，無論是作家陣容與地域覆蓋面，還是理論建樹與創作成就，都不比左翼思潮遜色。從刊物來看，《新月》、《現代》、《論語》、《文學季刊》、《文季月刊》、《大公報・文藝》等，雖然其中也發表左翼作家作品，但總體來看，仍屬於非左翼刊物；從代表作家來看，小說方面有葉聖陶、許地山、張恨水、巴金、老舍、李劼人、廢名、沈從文、師陀、蕭乾、施蟄存、穆時英等，戲劇方面

有曹禺、李健吾等，詩歌方面有徐志摩、聞一多、馮至、孫大雨、
饒孟侃、陳夢家、朱湘、方瑋德、戴望舒、卞之琳等，散文方面有
周作人、林語堂、何其芳、李廣田、繆崇群、陸蠡等，理論方面有
梁實秋、朱光潛等，其陣容、成就及影響，無疑要超過左翼。誠然，
左翼文學在社會解放題材的幅度與深度及文學大眾化等方面，做出
了積極的努力與顯著的貢獻，但從整體上看來，30 年代文學基本
上還是沿著五四文學開闢的道路向前推進，人性解放、個性解放與
國民性剖析占主要地位。即使抗戰爆發以後，民族解放成為時代大
潮，堪稱經典的作品大多還是出自上述主體題材。1949 年以後的
文學格局固然可以追溯到始於 20 年代後期的左翼文學，但其根本
原因還是在於社會歷史的進程。不能用 1949 年以後左翼的升帳掛
帥來「追認」30 年代的左翼主潮。如果一定要從複雜的歷史現象
中尋繹出一個主潮的話，那麼不妨說左翼與民主主義、自由主義共
同構成了社會解放與個性解放交織並進的 30 年代文學主潮。

　　文學史固然要關注制約文學發展的社會生活與文學所表現的
社會文化內涵、精神世界，但既然是文學史，就不能寫成社會史、
文化史與思想史。現代文學史應該點出經典作品的神韻所在，說出
現代文學較之傳統文學在藝術形式、審美情趣等方面增添了哪些新
質，較之同時代外國文學顯示出哪些民族性特徵，現代文學在藝術
上存在哪些問題，等等。文學史敘述的筆墨最好也應該有一點文學
色彩，通史在司馬遷筆下尚且能夠寫得有聲有色，文學史為什麼不
能有一點文學色彩呢？

新文學遺產面臨的挑戰

　　先驅者在血火交迸、荊棘叢生的社會、文化環境中，嘔心瀝血，筆路藍縷，終於使新文學漸臻成熟，基本完成了中國文學從傳統向現代的轉型，為我們留下了一筆珍貴的文學遺產。但是，近年來，新文學不僅受到了清算歷史老帳式的質疑和非難，而且面臨著來自現實生活中的種種挑戰。

　　第一種是商業化的挑戰。新文學以其巨大的歷史容量、豐富的精神內涵與多彩的藝術創新，堪稱一座取之不盡的富礦。在影視劇本原創力不足的情況下，影視界近來頻頻涉足新文學，進行著方興未艾的改編。應該肯定，這是一件好事，像是建造了一座在千家萬戶都設有窗口的開放的中國現代文學館，至少可以普及新文學，使人們從新文學中汲取多種養分；這種努力也的確取得了一定的成績。但從目前推上銀屏的情況來看，並不容過分樂觀，還存在著一些亟待解決的問題。有的文本被做了傷筋動骨的大手術，人物性格、情節結構被改得面目全非，或是仿佛被做了劣質的美容手術，非但沒有使作品煥然一新地走上銀屏，反倒落下了難看的傷疤與深深的隱痛。有的改編對原作淺嘗輒止，根本沒有發掘出原作深刻的內涵，沒有傳達出原作的神韻。有的影視作品以現代作家為主人公，但對原型做了嚴重的歪曲，一個追求自由平等、關心民族命運的文化人被抽空了思想與文化風骨，而變成一個只知道苦苦追求個人感情生活的公子哥。作家豐富的精神世界被簡化了、割裂了、幼稚化了。這種改編遵循的不是歷史的標準和藝術的標準，而是商業化的標準。在此標準下，為了強調某個側面而犧牲整體，為了趣味

而損傷元氣，為了利潤而玷污真實，新文學被庸俗化了。也正是在這種標準的制約下，有些膚淺的、模式化的言情小說被改編成幾十集的電視連續劇，而一些極具發掘價值的作品，諸如茅盾的《動搖》、端木蕻良的《科爾沁旗草原》、路翎的《財主底兒女們》等，卻由於種種緣故，尚被冷落在影視的視野之外。

　　第二種挑戰是來自不同方面的粗暴否定。有人通過給「大師」重新排座次或問卷調查的方式，對經典作家的地位提出質疑甚至進行「顛覆」；有人對左翼與根據地－解放區文學予以整體性的漠視甚至貶低；有人「理直氣壯」地宣佈同新文學傳統「斷裂」；有人更是「氣沖牛斗」地給整個 20 世紀的中國文學「寫悼詞」，對魯迅、郭沫若、茅盾、巴金、沈從文、丁玲、端木蕻良等，從人格到創作橫掃一片；有人對魯迅有什麼深刻思想與文學建樹表示懷疑，稱「光靠一堆雜文幾個短篇是立不住的，沒聽說有世界文豪只寫過這點東西的」云云。這些出自中青年作家或學者的否定性論斷，大半帶有十分明顯的功利色彩，為一鳴驚人而標新立異，為了爭取話語權利而不顧歷史事實與文本實際。如果說他們還有什麼標準的話，那麼可以說既不是歷史的標準，也不是理性的標準，而是情緒化、私人化的主觀標準。一些媒體樂於為此大開綠燈，在其僅僅提供資訊平臺的「公允」態度的背後，掩飾著擴大自身影響的利益動機。

　　新文學史當然不是不能重新審視，因為歷史總有一些東西被模糊或湮沒了，需要後人去發掘與還原；在以往的文學史研究中，也確實存在著這樣那樣的問題，需要今人去辨析和澄清；經典作家的創作個性與經典作品的風骨神韻，也需要在不斷的重讀中得到新的發現與確認。作品的優劣長短可以見仁見智，作家的人格缺陷也不是不能批評，「大師」的「座次」也不是不可以重新討論。但問題在於，一切要從歷史出發，人格剖析與經典闡釋都不能背離歷史語

境，歷史主義是一道不可逾越的底線，誰越過了，誰就會受到歷史的嘲弄。

　　第三種是來自教育方面的挑戰。許多年來，一批新文學作品被列入中小學教科書，尤以魯迅為多，這當然是新文學的自豪。但在實際上，卻存在著一些值得注意的問題。譬如一些中學生表示不喜歡甚至反感魯迅，原因在哪裡呢？難道魯迅真的過時了嗎？或者魯迅只屬於涉世較深的讀者群，而與少男少女無緣？當然，豐富的閱歷對於理解魯迅的確是有益的，20 世紀二三十年代的文本在今天的中小學生看起來，也的確有一些語境、文體等方面的隔膜，但這些並不足以構成學生反感魯迅的充足理由。問題的原因是多方面的：一是篇目的選擇。魯迅雜文的一些篇目，已經沿用了多年，最初選目時強調的是戰鬥性。而實際上，魯迅雜文本身就是一個博大的世界，換一個角度去選，會選出既有思想性又有藝術性、更適於中學生閱讀的篇目。二是有些注解帶有片面性、主觀性的痕迹，今天看來已經與歷史真相有相當的距離，難以服人。三是教學方法的刻板。魯迅作品，尤其是小說與散文詩中象徵性較強的作品，富於多義性，而在教學中通常預設出非此即彼的標準答案，學生在閱讀時所產生的不同於「標準答案」的想法，往往受到否定或諷刺。這不僅無助於學生全面、準確地理解魯迅，而且嚴重地妨礙了青少年獨立思考能力的培養。中學生對新文學作品本來閱讀量就有限，加上教育中的偏差造成的某種程度的誤解與逆反心理，所以，他們一旦看到媒體、尤其是網路上傳播的一些否定性的煽情言論，便很容易輕信並起而呼應。從高校中文教學的反映來看，不少剛入學的新生對魯迅還抱有過去留下的印象，但經過比較系統的中國現代文學課程學習之後，對魯迅的熱情陡然高漲，這說明教育方式的科學與否對教學對象的影響何等之大。從我國現在的經濟發展水平來看，

在相當長一段時間內，還不是所有的中學生都能夠接受高等教育。
如果中小學教育對新文學作品的選擇與闡釋不做些改革，將會使新
文學失去一大批年輕的讀者，新文學的豐富資源將面臨「養在深閨
人未識」的尷尬。

　　第四種挑戰來自學科內部的惰性。中國現代文學研究這門學
科，肇始於 20 世紀 20 年代，50 年代成為顯學，新時期以來，逐
步走向成熟，迄今有了豐厚的積澱，也形成了某些因襲的惰性。現
在，中國現代文學研究會有 1900 多名會員，加上未入會者，大約
有 3000 多人在從事現代文學的研究、教學與編輯工作，每年都要
推出一大批論文與專著。學科在發展，但重複性的勞動──陳舊的
命題、重複的論證──卻也屢見不鮮，浪費了寶貴的精力、時間與
物資財富，這是學術的悲哀，也是對新文學創新傳統的背離。當然，
個中原因不止一二，有體制化的，也有個人知識結構的，但有一個
重要的原因不應忽略，這就是思維惰性──只是因襲既定的標準，
而不願去探索新的標準。歷史是流動的，經典的意義在於總能通過
不斷的解讀有所發現。尋找切合對象的尺度重讀歷史與經典，可以
撥開形形色色的迷霧，還歷史以本來面目，認清經典的多重意義。
比如茅盾的《動搖》，人們似乎已經很熟悉、很清楚了，而一旦將
以往的教科書標準換成歷史主義標準去認真重讀，卻會有新的發
現。作品中革命失敗的原因，除了以往人們注意到的方羅蘭的軟弱
與投機派胡國光的破壞之外，還有很重要的兩點：一個是革命者的
急躁情緒與過激方針，再一個是民眾的盲目復仇與攫取欲望不加節
制的發洩。這些因素與前面的兩個因素交相作用，導致了革命運動
的失敗勢所難免。此外，我們還會發現，以往的闡釋對作者的敘事
態度有些誤解，其實作者對過激的革命行為是抱有一種懷疑、否定
的態度的，這一點潛在於民眾暴力行為的描寫之中，也疊印在方羅

蘭的審慎思忖裏面。這樣看來，我們就從左翼作品中找到了與五四國民性批判傳統的聯繫，也看見了茅盾作為知識份子身份的早期共產黨人的思想深度與獨立個性。

　　新文學雖然只有三十幾年的歷史，但由於處於歷史的轉捩點，所以其中蘊藏著許多有意味的話題，有著廣闊的學術前景。我們在期待整個文化氛圍更加開放的同時，也應該積極拓展視野，放開手腳，沉潛到新文學史的深層，努力探尋與之相切合的標準。這樣，才能更加接近歷史原生態，準確地把握歷史的脈搏，把新文學這筆寶貴的遺產承傳下去，發揚光大。

辛亥革命的文化震動

　　辛亥革命雖然經受了嚴重的挫折，前驅者拋頭顱灑鮮血從滿清皇帝那裏奪取的政權一度被袁世凱及形形色色的軍閥所篡奪，勝利的成果距離革命黨人預期的民主與獨立目標尚遠，但是，畢竟結束了二百六十多年的清朝帝制，而且推翻了延續兩千多年的封建皇帝專制制度，這樣一場觸動中國社會基本結構的巨變，給國人心理乃至整個文化帶來了巨大震動，它所播下的革命火種的光芒不應被挫折的陰影所淹沒，其積極意義應該給以足夠的評價。

　　自西元前 221 年秦始皇稱帝以來兩千餘年，封建王朝的更迭基本上有兩種：一是此姓取代彼姓當朝稱帝的改朝，二是同宗之內皇位遞嬗的換代。無論哪一種，都只是皇帝的更換，封建皇帝專制的制度未曾有過根本性的動搖，農民起義也不過是這種「輪迴」中的一環。久而久之，人們習慣了有皇帝的日子，一代一代就這麼延續下來。慈禧太后把近代以來喪權辱國的慘劇推到了極端，這才引起了人民對滿清統治乃至帝制本身的極大憤懣與深刻懷疑，加之西方思潮隨著列強的炮艦洶湧而入，使中國的仁人志士認識到君主專制的鐵幕之外，原來還有一片民主的明朗天地。浴血搏擊之後，雖然袁世凱讓人大失所望，但畢竟結束了帝制。這是對民眾民主精神的最現實的教育。正如胡繩所指出：「從此以後，任何違反民主的潮流，要在中國恢復帝制和建立獨裁統治的人和政治集團，都不能不遭到人民的反對而歸於失敗。」當袁世凱在民主共和國的招牌下，一步步加強他的獨裁統治時，有 1913 年反袁的「第二次革命」，《民國日報》也連載錢病鶴的百餘幅《老猿百態》，把袁世凱比擬為「老

猿」，揭露了袁氏專制的醜惡嘴臉。待到袁世凱於 1915 年 12 月開始使用皇帝的稱號，全國一片反對聲，使得預定在 1916 年元旦舉行的「登極大典」沒敢如期舉行，而且一再推延，終於在 3 月 22 日自行宣佈撤消帝制。所謂舉國一致擁戴帝制的「民意」，不過是袁氏父子以及企圖沾光者自欺欺人的把戲，他們誤以為只要龍袍加身，就會自然得到黎民百姓的擁戴。殊不知經歷了辛亥革命，國人的皇帝崇拜情結頓然消退，黎民百姓發現沒有皇帝的日子不但能過，而且還可以過得更加自在。因此，自然不會怎麼去膜拜無論是誰重新披掛起來的皇袍。結果袁世凱不但皇帝夢只做了短短八十一天即宣告破滅，而且連他費盡心機竊取來的大總統位子也勢不可保，最後於 1916 年 6 月 6 日在一片討袁的呼聲與槍聲中一命嗚呼。梁啟超在《闢復辟論》中說：「國體違反民情而能安立，吾未之前聞。今試問全國民情為趨向共和乎為趨向帝制乎？此無待吾詞費，但觀數月來國人之一致反對帝制，已足立不移之鐵證」。軍閥張勳借進京調停黎元洪與段祺瑞的「府（總統府）院（國務院）之爭」的機會，於 1917 年 7 月 1 日，請出了廢帝溥儀，「重登大寶」，宣佈中國重新成為「大清帝國」。結果，這幕復辟醜劇上演了僅僅十二天就草草收場。1923 年 10 月，直系軍閥曹錕收買國會議員，以賄選得任中華民國總統，至 1924 年 11 月，也是以灰溜溜的失敗告終。復辟倒退者屢屢碰壁的歷史證明，民主意識已經逐漸深入人心，政治文化心理的巨大變遷不能不上溯到辛亥革命。

　　這場革命對人們心理的深刻影響，還可以從後來在新文化運動中叱吒風雲者的身上看得出來。早在 20 世紀初，陳獨秀就在家鄉宣傳科學與民主，發起成立安徽愛國會，1903 年，他參加「蘇報案」後接替蘇報革命宣傳工作的《國民日日報》的編輯工作，1904 年，陳獨秀又曾主編《安徽俗話報》，參加過革命性質的暗殺團。

在辛亥革命期間，他擔任安徽都督府秘書長，曾因不滿袁氏治下共和的有名無實而辭職，「二次革命」中回皖復任，失敗後逃亡到上海。眼見得革命成果遭袁世凱篡奪，科技與實業救國又不能立竿見影，陳獨秀認為只有進行精神啟蒙，才能救國救民。於是他於 1915 年 9 月在上海創辦《青年》雜誌，翌年改名為《新青年》，旗幟鮮明地主張民主與科學，使之成為新文化運動的前哨陣地。陳獨秀發起新文化運動的動力源自辛亥革命前後的亢奮和積鬱。

1910 年 8 月赴美留學的胡適，難以忘懷祖國的內憂外患，加之美國社會文化的新鮮刺激，使得天性愛動的他熱中於社會活動。1911 年 10 月 12 日，他得知武昌起義成功的消息，興奮地在日記中寫到：「聞武昌革命軍起事，瑞徵棄城而逃，新軍內應，全城遂為黨任所據。」17 日又記道：「相傳袁世凱已受命（接受清政府委任為陸軍總帥），此人真是蠢物可鄙。」之後，他充分發揮其英語程度好、又擅長講演之所長，在校內外各種講演會上向美國民眾講解中國革命的歷程及其偉大意義，並介紹革命領袖人物。由於辛亥革命的鼓舞，他對美國政治的興趣倍增，選修一門美國政府與政黨的專題課，並積極參與同課程直接關聯的大選辯論活動，後來他回憶說，這些活動引起的興趣一直影響了他一生的生活。1912 年，他發起成立政治研究會，留學歸來之後，他很快便打破自己制定的二十年不談政治的戒律，抨擊軍閥政府自不待言，又發表《人權與約法》、《我們什麼時候才可有憲法？》、《新文化運動與國民黨》等文，對國民黨政權的反民主也提出過尖銳的質疑，以致於被逼辭去中國公學校長之職。1917 年初，胡適率先發難，倡導文學革命，其潛在動因也可以追溯到辛亥革命喚起的革命激情。

早在日本留學期間就曾經參加過光復會活動的魯迅，辛亥革命時擔任紹興中學堂教員，他興奮地帶領學生迎接革命黨人到紹興，

接受王金髮為首的紹興軍政分府委任，出任浙江省會初級師範學堂監督，不久應中華民國臨時政府教育總長蔡元培邀請，到教育部任職，為民國初年圖書館、博物館、美術館等社會文化教育事業嘔心瀝血。辛亥革命的不盡如人意，使魯迅一度極度苦悶，沈浸在抄古碑與整理古籍之中，但正是曾經有過的慷慨激昂和失望後的無涯苦悶，積蓄成極大的力量，在新文化運動到來之際噴薄而出，小說《狂人日記》之後創作一發而不可收，相繼推出《阿Q正傳》等不朽之作，魯迅成為新文化運動的一員驍將，尤其是新文學的主將，為中國文學從傳統向現代的轉型作出了卓越的貢獻。

　　1911 年正在讀中學的郭沫若，熱心參加四川保路運動，當成都將要宣佈獨立的消息傳到他所在的中學時，他欣喜若狂，首先把自己頭上那根象徵著屈辱和奴役的辮子剪去，並與激進的同學一道拿剪刀替那些怕事的老教員和學生剪掉辮子，連監督的辮子也被他們快意地剪掉。寒假期間回到家鄉，他寫的春聯中就有讚頌辛亥革命的，其中一副上聯為：「故國同春色歸來，直欲硯池滇渤筆昆侖，裁天樣大旗橫書漢字。」下聯為：「民權如海潮暴發，何難郡縣歐非城美澳，把地球員幅竟入版圖。」個中雖然不無濃重而幼稚的民族主義情感，卻也反映了辛亥革命帶給一個青年學生的喜悅與豪邁。但時事的變化，也讓敏感的青年格外傷感，寫於 1912 年冬的七律《感時》之七寫道：「兔走烏飛又一年，武昌舊事已如煙。眈眈群虎猶環視，炎炎醒獅尚倒懸。」

　　1912 年 1 月 1 日起，南京臨時政府改用西曆，《臨時大總統改曆改元通電》宣佈：「以皇帝紀元四千六百九年十一月十三日，為中華民國元年元旦。」曆法在傳統社會，是作為天子與上天聯繫的重要標識，每逢改朝換代都要重新頒定年號，計算曆法，稍有差池，承辦者將有殺頭之禍。這次改曆改元同有史以來的任何一次截然不

同,以擁有五千年文明史的堂堂中國,竟然放棄老例,認同西曆,這反映出皇帝專制的徹底坍台,傳統文化向現代的全面過渡與轉化。南社詩人蔣信在除夕夜賦詩《餞除》中就熱情歌頌道:「留得統曆編推表,喜聽雄雞唱曉天。」的確,改曆改元是一個信號,也是一個象徵,民國初年出現了很多新的文化景觀。

20 世紀第一個十年,電影從放映到拍攝多為外國人所為,1905年北京豐泰照相館所拍譚鑫培京劇《定軍山》,不過是幾個片斷。1911 年,朱連奎和「美利公司」洋行合拍辛亥革命的紀錄片《武漢戰爭》,攝下了武昌起義時的一些珍貴的歷史鏡頭。1913 年,張石川與鄭正秋合組新民公司,承包美商人投資開辦的亞細亞影戲公司的全部製作工作,編導出故事片《難夫難妻》,開啟了中國人編導故事片的先河。1916 年,張石川創辦幻仙影片公司。戲曲界排演新戲蔚然成風。《武昌光復》、《孫文起義》、《新華夢》等大量時裝新戲走上舞臺,表演藝術、舞臺裝置、繪景燈光、化妝等方面也大膽進行改革和創新。上海京劇舞臺編演新戲之風尤盛,從民國初年到五四前後上演的新編劇目不下百餘種,改革步伐大大加快,秦腔、河北梆子、漢劇、川劇、粵劇、桂劇、閩劇等地方劇種也有較大發展,評劇、楚劇、花鼓戲、滬劇、越劇、錫劇、揚劇、呂劇等亦有創新而趨於成熟。戲劇改革及其大發展,推出了大批名角。美術界也湧現出一些新氣象:1912 年,劉海粟創辦了中國第一所教授西洋畫的上海圖畫美術院,1914 年首次雇傭人體模特兒,1918年有了中國第一份漫畫刊物《上海潑克》。

《臨時約法》規定「人民有言論著作刊行之自由。」新聞出版事業日盛,全國報刊多達 500 餘家,文學作品普遍成為商品,專業化寫作成為一種新的傾向。教育也發生了巨大的變化,教育部明令改學堂為學校,小學廢止讀經,禁止體罰,初小可以男女同校,可

以為女子設立女子中學和女子職業學校。否定了傳統教育的封建君權的絕對權威與儒家思想的獨尊地位，開始推行義務教育，取消了貴冑學堂，實現了教育平等；教科書的重新編訂，對宣傳民主思想、傳佈科學知識起了良好的作用。據不完全統計，1909 年全國有學校 59177 所，學生 1639641 人，1912 年學校則達到 87272 所，2933387人，1915 年達到 129739 所，4294251 人。新聞出版與教育事業的發展，為後來迅速崛起的新文學準備了大批讀者，為新文化運動奠定了廣泛的群眾基礎。

　　辛亥革命的受挫的確留下了慘痛的歷史教訓，但它開啟了 20世紀中國社會革命與文化建設的先河。就這個意義而言，辛亥革命烈士的鮮血沒有白流，中國近現代文化史乃至整個歷史將永遠銘記辛亥革命的開拓之功。

五四先驅者的傳統文學觀

　　以往人們談起五四的傳統文學觀，總是強調其批判性的一面。新儒家從中找到清算五四的一個口實，認為新文學先驅者對傳統文學予以片面性的、絕對化的否定，造成了傳統的斷裂，這是新文學的一大過失。誠然，應該承認，在五四文學革命中，先驅者中對傳統文學確實有過偏激的觀點，但我們應把問題置於當時的歷史背景下來思考，試想當年若不是出之以千鈞霹靂般的氣勢與力度，文言文學的正統天下怎麼會那樣快就土崩瓦解，新文學又怎麼會那樣快就開闢出一片立足之地，並取得迅猛的發展？文學的正統由文言更疊為白話，其表達的內涵由傳統轉變為現代，就此而言，五四的確造成了「傳統」的斷裂，但這種「斷裂」無疑是歷史的劃時代進步，是對中國文學傳統的可貴創新。它對於中國文學的自身發展及其同世界文學的平等對話乃至中國現代化進程的意義，早已不證自明。本文所要強調的是，我們在回顧五四時，應該充分注意其歷史複雜性。

　　傳統本身並非單一、凝固的，所以先驅者對待傳統的態度也就帶有了多元性。文學革命的發難者胡適把傳統文學分為兩種，一種是白話文學，一種是文言文學，他充分肯定了白話文學傳統，認定白話文學為正宗，只有接近民眾口語的白話，才是活文字，才能產生第一流的「活文學」；而對文言文學予以否定，認為文言是死文字，做不出活文學，因而中國這二千年「沒有真有價值真有生命的『文言的文學』」[1]。但在援引文學史資源以確立自己的觀點時，他

---

[1]　胡適：《建設的文學革命論》，1918 年 4 月 15 日《新青年》第 4 卷第 4 號。

也不時地把尋覓的眼光投向文言。譬如《文學改良芻議》，就對《詩序》等有所引述，對莊周、司馬遷、班固、韓、柳、歐、蘇之文，《三百篇》、淵明老杜之詩，稼軒之詞，屈原、荀卿之騷賦等，有所肯定。1918 年 12 月，周作人在《人的文學》中認為：「中國文學中，人的文學，本來極少，從儒教道教出來的文章，幾乎都不合格。」他把純文學分為十類，其中把《西遊記》與《封神傳》同歸為「迷信的鬼神書類」，把《聊齋志異》與《子不語》等同歸於「妖怪書類」，把《水滸》等歸於「強盜書類」，因其「全是妨礙人性的生長，破壞人類的平和的東西，統應該排斥」。即使在思想的評斷上如此決絕，但他也承認「這宗著作，在民族心理研究上，原都極有價值。在文藝批評上，也有幾種可以容許」。「倘若懂得道理，識力已定的人，自然不妨去看，如能研究批評，便於世間更為有益，我們也極歡迎。」可見，在同一篇文章中，作者對待傳統文學的態度也因審視的角度（思想或藝術，鑒賞或研究）不同而有所變化，對此，應做細緻的辨析。胡適在 1917 年 4 月 9 日《寄陳獨秀》[2]的信中說：「文學史與他種史同具一古今不斷之迹，其承前啟後之關係，最難截斷。」他所引為正宗、大力發揚的白話文學自不必說，即使是他所否定的文言文學，作為傳統的重要組成部分，事實上也很難截斷，否定者自身不斷地從中汲取養分就是有力的說明。

　　新文學陣營內部的傳統文學觀也呈現出豐富的差異性。陳獨秀、錢玄同態度比較偏激，前者高張大書特書「三大主義」的「文學革命軍」大旗，「必不容反對者有討論之餘地」[3]。錢玄同支持這種決絕的態度：「此等論調雖若過悍，然對於迂謬不化之選學妖孽

---

[2]　收《中國新文學大系‧建設理論集》，上海良友圖書印刷公司 1935 年 10 月 15 日初版，第 54 頁

[3]　陳獨秀：《答胡適之》，收《中國新文學大系‧建設理論集》，第 56 頁。

與桐城謬種，實不能不以如此嚴厲面目加之。」[4]他在《寄陳獨秀》中，還把《西遊記》視為「神怪不經之談」，把《三國演義》視為「以迂謬之見解，造前代之野史」，認為「中國今日以前的小說，都該退居到歷史的地位；從今日以後，要講有價值的小說，第一步是譯，第二步是新做。」在這裏，古代經典的價值被抹殺了。而胡適、傅斯年等則要多一些具體的分析，多一點迴旋的餘地，多一些公允的評價。譬如，胡適認為錢玄同關於《聊齋志異》「全篇不通」的判斷「似乎太過」；「神怪不經之談，在文學中自有一種位置。其功用在於啟發讀者之理想。如《西遊記》一書，全屬無中生有，讀之使人忘倦。其妙處在於荒唐而有情思，詼諧而有莊意。其開卷八回記孫行者之歷史，在世界神話小說中實為不可多得之作。全書皆以詼諧滑稽為宗旨。其寫豬八戒，何其妙也！」「《三國演義》在世界『歷史小說』上為有數的名著。其書謬處在於過推蜀漢君臣而過抑曹孟德。然其書能使今之婦人女子皆痛恨曹孟德，亦可見其魔力之大。且三國一代之史事最繁複，而此書能從容記之，使婦孺皆曉，亦是一種大才」。再如關於《金瓶梅》，胡適的意見同陳獨秀與錢玄同的看法也有所區別。錢玄同關於廢漢文的主張，即使在新文學陣營內部，也沒有得到多數的認同。傅斯年在《文學革新申議》裏，對「吐辭天成，情意備至」的先秦文學，以及「變動不居，推陳出新」的魏晉、隋唐的文學革新盛加讚譽，而對師古復古的「循舊者」的頹勢加以批判。他不似胡適那樣單以語體的文白論高低，而是認真分析文言和白話各自的長短，主張「以白話為本，而取文詞所特有者，補苴罅漏，以成統一之器」。「與其謂『廢文詞用白話』，毋寧謂『文言合一』，較為愜允。」由上可知，先驅者在對傳統文學

---

[4]　錢玄同：《寄胡適之》，收《中國新文學大系·建設理論集》，第 82 頁。

的評價標準上，既有肯定與否定的多元性，也有個體之間的差異性，這種多元性與差異性對偏激的情緒與偏頗的觀點，具有一種新文學陣營內部自我調整、自我修復的功能。

這種功能還表現在先驅者傳統文學觀的變化上面。在急需大刀闊斧地進行文學革命的歷史語境中，一些先驅者曾經發表過不無偏激的觀點，而後隨著時代的演進，先驅者的觀點自然而然地發生了程度不同的變化。胡適在五四文學革命初期，說文言文學無足可觀，但到了 1923 年，當清華學校幾名將要去外國留學的少年提出請求時，他所擬出的《一個最低限度的國學書目》，在「思想史之部」裏，列有《老子》、《莊子》、《墨子》、《荀子》、《四書》、《呂氏春秋》、《二程全書》、《朱子全書》、《王文成公全書》、《王心齋先生全集》、《日知錄》、《明夷待訪錄》等，在「文學史之部」裏，列有《詩經集傳》、《楚辭集注》、《全上古三代秦漢三國六朝文》、《文選》、《文心雕龍》、《全唐詩》等。1927 年 8 月 2 日，錢玄同在給胡適的信中說：「我近來思想稍有變動，回想數年前所發謬論，十之八九都成懺悔之資料。」[5]五四高潮過後，周作人在新文學與傳統文學的聯繫上面做了不少梳理，1932 年根據講演整理的《中國新文學的源流》，就上溯到明末公安派。有人將此視為周作人退嬰的表現，實為隔靴搔癢之論。歷史已無數次證明，當一種新生事物破土而出時，爭取生存權利是其第一要務，倘若傳統成為障礙，對傳統的急風暴雨式的衝擊便勢不可免；而當取得生存權利、進入正常生長階段之後，傳統作為重要資源的作用則突顯出來，因而，新生事物的創造者對傳統的態度會變得冷靜起來，分析與評斷會變得更為理性化與系統化。

---

[5] 轉引自耿雲志：《胡適年譜》，四川人民出版社 1989 年 12 月第 1 版，第 158-159 頁。

　　歷史的複雜性還在於，即使是在狂飆突進的五四文學革命中，先驅者在給予傳統文學以猛烈抨擊的同時，在新文學的創作實踐中，也是在自覺不自覺地承領著包括白話文學與文言文學在內的傳統文學的底蘊的支持，也就是說，先驅者的傳統文學觀與其創作實踐並不完全吻合。1925 年 2 月，魯迅在《青年必讀書——應〈京報副刊〉的徵求》中，說「我以為要少——或者竟不——看中國書，多看外國書。」此文當時就引起了一些讀者的誤解，以為魯迅竟如此的「淺薄無知識」，殊不知魯迅不過是借題發揮，提醒青年注意傳統中的負面效應，豈有真如質疑者所想那樣的不堪？對此，魯迅曾寫有《聊答「……」》與《報〈奇哉所謂……〉》，予以澄清。遺憾的是，時至今日，仍然有人以這篇文章為根據，指責魯迅的「過激」與「民族虛無主義」。實際上，對於傳統文學，魯迅並沒有像陳獨秀、錢玄同那樣的偏激態度，而是待之以分析的眼光，既不放過「團圓主義」、「瞞與騙」之類的精神糟粕，予以猛烈的抨擊，同時，也不因噎廢食，而是對傳統文學的歷史脈絡與藝術個性進行了系統、深入的研究。比起胡適的只重白話文學來，魯迅的眼界更為開闊，胸襟也更為博大。從 1920 年 11 月 24 日開始，他在北京大學等校講授中國小說史，1923、1924 年先後出版《中國小說史略》，填補了中國小說無史的空白。1926 年在廈門大學所用的講義《中國文學史略》，溯源的歷史更早，涵蓋的文體更多，表現出魯迅別致而深邃的文學史觀。魯迅的創作，由始至終與傳統文學有著深刻的關聯。《不周山》（後改題為《補天》）、《奔月》、《鑄劍》等後來輯入《故事新編》的小說，都是直接從神話傳說或歷史中擷取素材，並且在古代題材中插入現實生活細節的手法，也頗類古典戲劇中丑角的插科打諢。《狂人日記》裏，「易子而食」、「食肉寢皮」、「易牙」等典故的運用，使荒誕詭譎的象徵語境中浸透著濃重的歷史感，有

助於啟發讀者的歷史聯想。《孔乙己》裏,「君子固窮」、「多乎哉?不多也」等出自《論語》的語彙,使讀者更容易看清因科舉不第而落魄淒涼的主人公的生存狀態與心理狀態——這個可憐的讀書人只有在文言世界才能找回一點自信。這樣的例子不勝枚舉,小說的諷刺、白描等手法,甚至《阿Q正傳》的結構,都能看得出傳統文學的直接影響。魯迅的雜文中也多有對傳統文學的化用。所出有神話傳說、先秦諸子、詩經楚辭、傳奇話本、唐詩宋詞元曲、正史野史、民間文學,範圍廣博,信手拈來;所用有徵為武器,有引為靶子,有巧借反諷,極大地拓展了雜文的生命空間,增強了雜文的生動性、犀利性與深邃性,並使之具備了濃郁的中國特色。

　　五四時期,一方面,旭日初升,一瞬十變,另一方面,新舊雜陳,犬牙交錯,其複雜的局面決非單純的、壁壘森嚴的「激進主義」與「保守主義」一對概念所能概括。將其中某一方面的觀點從整體中割裂開來,以偏概全,或刻意誇大、甚至扭曲,勢必造成對五四精神的誤解。我們所要做的應該是歷史還原式的澄清,而不應是脫離歷史語境的清算。

研究抗戰文學與正面戰場關係的必要性

中國現代文學從其誕生開始，就與中國現代歷史進程密切相關。抗日戰爭關係到中華民族的生死存亡，必然在現代文學中打下深刻的烙印，換言之，現代文學積極參與了抗戰的整個進程，作為戰鬥的號角激勵著中華民族浴血奮戰，作為寫實的鏡子反映出抗戰的歷史風貌，作為文學的富礦珍藏著光榮與恥辱、喜悅與悲愴交織的民族記憶。從時間來看，即使從 1931 年「九‧一八」事變到 1937 年「七‧七」事變期間以及抗戰勝利後的抗戰文學暫且不論，全面抗戰的時間也足足 8 年有餘，占現代文學史的四分之一。抗戰文學的重要性自不待言。

但是，與此相比，現代文學研究對抗戰文學的關注卻遠遠不夠。在相當長的時間裏，抗戰文學研究局限於根據地文學、國統區文學與上海「孤島」文學，近年來，淪陷區文學也被納入學術視野。區域的劃分自然有其歷史根據與研究上的便宜之處，地區抗戰文學研究也的確取得了可觀的研究成果。然而，既然是一場戰爭，就必然有戰場，文學是否反映了戰場，表現的角度與內容怎樣，都值得認真考察。而令人遺憾的是，現代文學研究所關注的戰場多為敵後戰場，至於正面戰場題材則僅用眼角餘光一瞥而過，即使偶或涉及，也往往缺乏歷史感。有的只說抗戰文學肯定了國民黨部隊下級軍官與士兵的愛國熱情與犧牲精神；有的片面強調文學對軍事潰敗的批判，如一部地區文學史著作本已在部分章節裏難能可貴地肯定了國民黨部隊的一些戰績，可是在論及敘事長詩《桂林的撤退》時，卻又說長詩「著重描寫了在日本侵略軍面前，國民黨反動派的軍隊

從桂林怯懦逃跑，以及由此給廣大人民群眾帶來的深重災難與痛苦。」[1]如此等等，不一而足。戰略戰術上的失誤固然應該批評，但據此認定潰退的國軍為「反動派」，則明顯有違事實真相與歷史邏輯；人民的災難歸根結底是日本侵略者造成的，把它完全歸罪於我軍的潰退，正所謂李代桃僵。

　　抗戰文學研究中正面戰場題材的嚴重闕失，不是孤立的現象，而是同整個歷史研究與歷史教育中歷史主義的缺席直接相關。在中國大陸至少兩代人的抗戰歷史「記憶」中，國民黨消極抗戰，積極反共，抗戰無功，摩擦有術。現實生活中，許多曾經在抗日前線衝鋒陷陣的正面戰場官兵遭受不公正的對待，如四川一位參加過擊落7架敵機戰鬥的抗戰功臣，1946年拒絕參加內戰，回鄉務農，可是1953年竟以「歷史反革命」罪遭受足足20年的牢獄之災。中國遠征軍第一次赴緬甸作戰，雖然給日軍以重創，但整體戰役失利，10萬官兵犧牲了6萬，擔任隨軍翻譯的詩人穆旦，在敵人圍追堵截與野人山瘴氣暴雨毒蛇蚊蚋橫行的死亡線上死裏逃生，1958年卻以「歷史反革命」的罪名被判勞動管制三年。所幸改革開放以來，實事求是的民族智慧與歷史要求漸漸蘇醒，抗日戰爭的歷史面貌逐步復原。南京等地人民政府為正面戰場犧牲的抗日英烈頒發證書，新聞媒體採訪當年正面戰場的抗日軍人，稱之為「愛國軍人」，正面戰場作戰的紀念性建築得以新建或恢復。尤其是2005年4月29日胡錦濤總書記與連戰主席實現國共兩黨歷史性的會談之後，大陸對正面戰場的研究與宣傳力度大幅度增強，過去只有負面形象的杜聿明等國民黨高級將領的抗戰功績得到肯定。

---

[1]　蔡定國、楊益群、李建平《桂林抗戰文學史》，廣西教育出版社1994年7月第1版，第505-506頁。

　　事實上，抗戰期間，國共兩黨雖有「兄弟鬩於牆」的一面，但主要的方面還是「外禦其侮」。抗戰分為正面戰場與敵後戰場，八路軍、新四軍及華南敵後抗日武裝主要在敵後戰場作戰；國民黨部隊也有轉入敵後戰場的，但就其主體而言，則支撐著正面戰場。抗日戰爭是在長達 5000 公里的正面戰場與幅員 130 餘萬平方公里的敵後戰場進行的。兩個戰場彼此需要，相互配合，協同作戰，才最終贏得了抗日戰爭的偉大勝利。

　　正面戰場大型會戰有淞滬會戰、太原會戰、南京會戰、徐州會戰、武漢會戰、南昌會戰、隨棗會戰、長沙會戰、桂南會戰、棗宜會戰、上高會戰、中條山會戰、浙贛會戰、鄂西會戰、常德會戰、豫湘桂會戰等 22 次，此外，還有遠征軍兩次赴緬甸作戰；重要戰鬥 1100 餘次，小規模戰鬥近 5 萬次。陸軍傷亡、失蹤達 320 萬人，空軍消耗飛機 2468 架，犧牲 4000 餘人，海軍幾乎全軍覆沒。[2] 犧牲的少將以上高級將領 150 餘名[3]，如第 33 集團軍總司令張自忠、第 36 集團軍總司令李家鈺、第 29 軍副軍長佟麟閣、第 9 軍軍長郝夢麟、第 29 軍軍長陳安寶、第 3 軍軍長唐淮源、第 42 軍軍長馮安邦，師長有趙登禹、王銘章、饒國華、劉家麒、戴安瀾、王竣、寸性奇、彭士量、許國章等。其中，生前有上將軍銜和殉國後被追封上將軍銜的至少有 8 位，將領以下團、營、連、排長數以萬計。正面戰場殲滅日軍約 53 萬人，連同受降日軍 128 萬多人、偽軍 104 萬多人，正面戰場共消耗日偽軍 285 萬多人。擊斃（或擊落飛機使其斃命）日軍將領 40 人以上，其中有海軍大將大角岑生等。

---

[2]　參照郭汝瑰、黃玉章主編《中國抗日戰爭正面戰場作戰記》，江蘇人民出版社 2002 年第 1 版。

[3]　另有兩種說法：211 名，120 餘名。

　　正面戰場的作戰，重創了日本侵略者的狂妄氣焰，粉碎了其速戰速決的戰略企圖。由於中國堅持抗戰，使日本逐漸陷入了「中國泥潭」而不能自拔的困境。從 1938 年 12 月到 1941 年 12 月太平洋戰爭爆發的 3 年時間裏，日本內閣像走馬燈一樣連續更換了 7 任。正面戰場的頑強抵抗，對敵後戰場的建立、發展起到了支援作用。正面戰場與敵後戰場的協同作戰，顯示了中華民族的頑強意志、必勝信念和自立於世界民族之林的生存能力，使國際社會刮目相看，贏得了美、蘇的航空支援及太平洋戰爭爆發之後美、蘇、英更大規模的寶貴支援，更為結成國際反法西斯同盟、直至打敗法西斯陣營奠定了基礎。可以說，後來中國獲得聯合國安理會常任理事國的重要地位，與正面戰場的抵抗密切相關。

　　抗戰期間，中共中央文獻中就已對兩個戰場的區分有明確的認同。1938 年 1 月，中共中央軍委主席毛澤東在分析八路軍一年半所取得的戰績的原因時說：「沒有正面主力軍的英勇作戰，便無從順利的開展敵人後方的遊擊戰爭；沒有同處於敵後的友軍之配合，也不能得到這樣大的成績。」[4] 1943 年 7 月 2 日發表的《中共中央為紀念抗戰六周年宣言》中說：「整個中國戰場上，六年來的作戰，實際上是被劃分為正面與敵後兩大戰場，這兩個戰場的作用，是互相援助的，缺少一個，在目前就不能制止法西斯野獸的奔竄，在將來就不能驅逐這個野獸出中國。因此，必須增強這兩個戰場互相援助的作用。」[5] 中共中央領導人對正面戰場壯烈殉國的張自忠、王銘章、戴安瀾等高級將領，都曾給予高度評價。如毛澤東、秦邦憲、吳玉章、董必武題贈給台兒莊戰役中戰死在滕縣的王銘章上將的輓

---

[4] 毛澤東《〈八路軍軍政雜誌〉發刊詞》，載《毛澤東軍事文集》，軍事科學出版社、中央文獻出版社 1993 年版，第 2 卷第 444 頁。

[5] 《中共中央文件選集》，中共中央黨校出版社 1986 年版，第 12 冊第 240 頁。

聯是:「奮戰守孤城,視死如歸,是革命軍人本色;決心殲強敵,以身殉國,為中華民族增光。」第200師師長戴安瀾殉國於第一次赴緬作戰,毛澤東贈送的輓詞是:「外侮需人禦,將軍賦采薇。師稱機械化,勇奪虎羆威。浴血東瓜守,驅倭棠吉歸。沙場竟殞命,壯志也無違。」周恩來的輓詞是:「黃埔之英,民族之雄。」朱德、彭德懷的輓聯是:「將略冠軍門,日寇幾回遭重創。英魂羈緬境,國人無處不哀思。」

　　人民群眾儘管對正面戰場一些部隊的不戰而退與軍紀混亂頗有怨艾、甚至憤恨,但總體上來說,對正面戰場寄予厚望。當正面戰場傳來捷報時,人民歡欣鼓舞;當正面戰場遭受挫折時,人民為之痛苦、憂心。人民群眾冒著生命危險支援前線部隊作戰,台兒莊大捷飛傳四海,徐州人民慰勞作戰官兵,贈送寫有「民族救星」的錦旗。

　　在整個中華民族都動員起來的抗戰中,天性敏感的作家怎麼會對正面戰場無動於衷?老舍在《火葬·序》裏說得好:「歷史,在這階段,便以戰爭為主旨。我們今天不寫戰爭和戰爭的影響,便是閉著眼睛過日子,假充糊塗。」中國作家在抗戰中沒有閉著眼睛假充糊塗,而是熱切地關注抗戰,積極地投身抗戰,書寫了大量表現正面戰場的文學作品。抗戰文學正面表現正面戰場的戰略方針、前線戰況與戰局的發展,熱情歌頌正面戰場官兵浴血奮戰的愛國胸襟和犧牲精神,如實描寫戰事的慘烈以及軍隊建設、軍民關係等相關細節;與此同時,也揭露了戰略與戰術的不協調、舊軍隊遺留的軍閥作風以及個別部隊的不戰而退等弊端。正面戰場文學與敵後戰場文學共同描繪出抗日戰爭的壯麗畫卷,同表現淪陷區、大後方、敵後根據地、日據下的臺灣、太平洋戰爭爆發前的上海「孤島」與香港的文學一道構成了抗戰時期中國社會生活全景圖。

　　由於戰爭局勢的發展，也由於政府當局在抗戰相持階段不斷加強文化統制，排擠異黨力量，國共摩擦時而加劇，妨礙了更多的作家對正面戰場的傾力表現，加之作家生活方式與前線生活仍有相當距離等原因，抗戰中後期正面戰場的表現不如抗戰前期那樣聲勢浩大。但總體來看，作家為表現正面戰場做出了艱辛的努力，甚至付出了鮮血與生命的代價，取得了豐碩的成果，留下了關於抗戰的珍貴的民族記憶。

　　今天，當我們撥開迷霧，重讀這些融入了作家的熱情與激憤、也凝結著作家的鮮血與生命的作品，我們被帶回到硝煙彌漫的歷史現場，為英烈的浴血奮戰與悲壯犧牲而強烈地震撼，為現代文學能有如許不辜負時代的巨大建樹而感到欣慰，同時也為現代文學界對正面戰場文學發掘與研究的遲緩而深感慚愧。

　　我們應該珍惜這筆中國現代文學乃至世界反法西斯文學的寶貴財富，我們有責任發掘、整理與出版史料，全面啟動關於抗戰文學與正面戰場的研究，並將其不斷推向深入，藉以填補現代文學史不應有的空白，也為中國抗日戰爭歷史面貌的全面恢復做出應有的貢獻。

文學感悟與中國現代文學研究

　　有一本韓國學者寫的韓國現代文學史著作，在脈絡分明的敘述中流貫著一股高屋建瓴的理論氣勢。可是讀過之後，韓國現代文學究竟是怎樣一種狀況，卻仍舊不甚了然。看得出來，著者很在意自身的理論感受，竭力按照時髦的理論觀照歷史，把抽象出來的結論告訴讀者。然而，由於忽略了對文學經典的感悟，便使得文學史成為一系列歷史事件的鏈條，也變成後來的理論的演習場，閱讀效果與著者要介紹文學史的意圖大相徑庭。由此聯想到中國現代文學研究，何嘗沒有類似的問題。

　　50 至 70 年代的現代文學史著作，大多數是按照文藝運動史、思想鬥爭史模式建構起來的，刀光劍影遮蔽了豐富而生動的文學現象，雷鳴電閃扭曲了文學史的本來面目。但凡今天還能夠讓人回頭去讀的，只有那些堪稱鳳毛麟角的史料豐贍與感悟深細的著述。80 年代以來，思想解放大潮帶來了現代文學研究的大發展，「回到歷史，回到文學」，成為現代文學界的一種追求，作家作品、社團流派與文學史的研究中，審美感悟都得到了重視。這無疑是歷史性的進步。但是，一則「運動思維」與「鬥爭思維」尚有巨大的慣性，二則百餘年來從西方引進的邏輯學與分析方法對於學科的建構與發展仍有積極意義，三則方興未艾的文化研究與思想史研究在有助於拓展與深化文學研究空間的同時，也或多或少地沖淡了對審美感悟的關注，因而拿形形色色的觀念或「主義」來絕對化地闡釋現代文學的現象並不鮮見。譬如，「啟蒙」復蘇時，現代文學史被描述成決無支流的啟蒙長河；「救亡」壓倒「啟蒙」之說提出後，現代

文學史又被看作救亡與啟蒙交替登場的歷史舞臺;「現代性」一出場,立刻成為大走紅運的流行色,不管什麼文學現象,如果不掛上現代性的招牌,仿佛就失去了在現代文學史上的立足之地;諸如此類,不一而足。歌德那句名言「理論是灰色的,而生活之樹常青」,在現代文學界可謂盡人皆知,可是到了研究活動中,卻被許多人丟在了腦後。他們試圖用只是具有一定有效性的概念去強迫具有多樣性與無限可能性的文學現象就範,其結果表面上可能實現了體系的「自足性」,實際上抹殺了文學史的原生態。文學不是為了某種概念產生的,或者說為了概念而產生的文學是注定沒有生命力的,那麼,試圖用任何一種概念來「一統天下」式地整合文學史都是看不見成功希望的冒險。一種概念或方法流行開來,如同地毯式轟炸的廣告一般鋪天蓋地出現在各種會議與出版物上,總給人一種滑稽的木偶感覺。文學史是由洋溢著生命靈氣的生命個體構成的,文學研究應該從這些生命個體出發,而不應從現成的概念與建構體系的需要出發。而要把握作家作品這些生命個體,就無論如何離不開感悟。就此而言,感悟是文學研究的基礎。

現代文學批評史上,重視或輕視感悟的經驗教訓可謂多矣。成仿吾,當他以「同情」的態度看待批評並從事批評實踐時,能夠走進作品情境,把握藝術的生命脈搏;而當他違背「同情」的原則,從概念出發、又攙雜了宗派情緒批評《吶喊》時,顯得多麼的橫暴無理!難怪魯迅批評他「在創造社門口的『靈魂的冒險』的旗子底下掄板斧」,「以『庸俗』的罪名,幾斧砍殺了《吶喊》,只推《不周山》為佳作」。在《吶喊》印行第二版時,魯迅索性將《不周山》刪除,「向這位『魂靈』回敬了當頭一棒」。

魯迅既有深厚的中外文學造詣,又有文學創作的切身體驗,因而當他評論現代文學作品時,力求深入到作品的情境中去,每每能

夠以簡潔的筆墨，收切中肯綮之效。《葉永蓁作〈小小十年〉小引》分析作品的主人公：「舊的傳統和新的思潮，紛紜於他的一身，愛和憎的糾纏，感情和理智的衝突，纏綿和決撒的迭代，歡欣和絕望的起伏，都逐著這『小小十年』而展開，以形成一部感傷的書，個人的書。但時代是現代，所以從舊家庭所希望的『上進』而渡到革命，從交通不大方便的小縣而渡到『革命策源地』的廣州，從本身的婚姻不自由而渡到偉大的社會改革……」《柔石作〈二月〉小引》說書中的青年蕭君「極想有為，懷著熱愛，而有所顧惜，過於矜持，終於連安住幾年之處，也不可得。……大概明敏的讀者，所得必當更多於我，而且由讀時所生的詫異或同感，照見自己的姿態的罷？那實在是很有意義的。」魯迅在兩個主人公身上，隱約看到了自己曾經有過的相似的心路歷程，把個性體驗融入其中。如果把這兩篇小引稱為評論中的「有我之境」的話，那麼為二蕭所作的序則可以說是「無我之境」。《田軍作〈八月的鄉村〉序》指出，在作者筆下，東北「失去的天空，土地，受難的人民，以至失去的茂草，高粱，蝲蝲，蚊子，攪成一團，鮮紅的在讀者眼前展開，顯示著中國的一份和全部，現在和未來，死路和活路。」《蕭紅作〈生死場〉序》則充分肯定作品以「女性作者的細緻的觀察和越軌的筆致」，描繪出「明麗和新鮮」的生活場景，傳達出「北方人民的對於生的堅強，對於死的掙扎」。魯迅雖然沒有東北生活實感，但他以甲午戰爭、尤其是「九一八」以來國難深重的體驗，從作品展開的畫卷中深切體味到失土之痛，因而同樣能夠以寥寥數筆，傳達出作品的精髓。無論是「有我之境」，還是「無我之境」，都有一個或顯或隱的「我」在，都出之以融會著理性燭照、感情投射與審美體味的文學感悟。所以，幾十年過去，我們還是能夠感受到審美感悟的穿透力與生動性。相比之下，同樣出自魯迅筆下的《葉紫作〈豐收〉序》就顯得

生澀一些，主要是在文學觀念問題上作文章，因為魯迅對於葉紫所描寫的題材並不熟悉，對作品只有思想傾向上的認同，而缺少感受上的疊合，切入作品情境的感悟尚嫌不足。由此可見，即使身為魯迅，如果感悟不到位，也同樣寫不出評論的精品。

　　比魯迅在文學批評上傾注了更多心血的茅盾，其文學批評同樣瑕瑜並存。《魯迅論》說魯迅「不是一個站在雲端的『超人』，嘴角上掛著莊嚴的冷笑，來指斥世人的愚笨卑劣的；他不是這種樣的『聖哲』！他是實實地生根在我們這愚笨卑劣的人間世，忍著悲憫的熱淚，用冷諷的微笑，一遍一遍不憚煩地向我們解釋人類是如何脆弱，世事是多麼矛盾！他決不忘記自己也分有這本性上的脆弱和潛伏的矛盾。」「他的著作裏卻充滿了反抗的呼聲和無情的剝露。反抗一切的壓迫，剝露一切的虛偽！」《吶喊》與《彷徨》描寫的「『老中國的兒女』的靈魂上，負著幾千年的傳統的重擔子，他們的面目是可憎的，他們的生活是可以咒詛的，然而你不能不承認他們的存在，並且不能不懍懍地反省自己的靈魂究竟已否完全脫卸了幾千年傳統的重擔。」這發現是何等的深刻，概括是何等的準確，表述是何等的生動！之所以能夠達到如此深度，是因為茅盾不僅與魯迅具有相通的歷史感、時代感與鄉土感，而且進入到魯迅的文學世界中去，從筆鋒、語調、色彩、形象、意象、意境、氛圍中品味魯迅的性格與精神、作品的意蘊與風格。《王魯彥論》關於魯彥對鄉村小資產階級心理和鄉村的原始式的冷酷的揭示，指出了魯彥區別於其他鄉土作家的重要特點。這一發現也與茅盾的個人生活經驗有關，他的烏鎮生活閱歷和敏於心理體察的浙人文化性格，使他找到了走進魯彥文學深層的切入點，發生了審美共鳴。《徐志摩論》、《女作家丁玲》等，雖然也能見出一些閃光之處，但由於政治意識過強，使得整體上要遠遜於《魯迅論》和《王魯彥論》。

至於《關於〈李有才板話〉》等，政治意識高張，而審美感悟缺席，更是相形見絀。

　　李健吾、沈從文、李長之、唐湜等人的文學批評之所以受到歡迎，多年以後魅力不減，根本原因就在於他們是從文本出發，融會以個人的心靈智慧，尋找審美感悟的切點，而不是從概念出發，為某種流行的觀念尋找例證。歷史的經驗教訓告訴我們，感悟是文學研究的基礎，作家作品評論是如此，文學史研究也不例外。

中國現代小說史研究中的若干問題

　　在中國現代文學的四種體裁中，若論數量最大、讀者最多、建樹最突出、影響最深遠，當屬小說。與此相應，關於現代小說史的學術積累也最為豐厚。在通史、分期史、地域史等性質的現代文學史中，小說佔有重要位置自不待言，單以專門的小說史性質的著作來看，據不完全統計，就有十幾部之多。其類別有小說通史、小說流派史、地域小說史、形象視角的小說史、通俗小說史等。成績毋庸置疑，但要想有所突破與拓展，須先明瞭以往的現代小說史研究存在著怎樣的問題。

一

　　先來談重規律輕現象的問題。

　　在一些學者看來，對於文學史研究來說，現象是表層的、無足輕重的，而規律才是深層次的、最重要的，規律的總結方能見出學術層次的高低，而規律總結的怎樣，關鍵在於是否掌握了某種理論與方法。這其實是一種誤解。這種規律意識的極端性表現，是在接觸大量歷史資料之前就有一個源自某種觀念或某種需求的規律預設，然後到史料中去尋找例證，合則採納，不合則視而不見。當把階級鬥爭為綱、路線鬥爭為綱之類的政治觀念作為預設規律之源時，其「規律」同文學歷史的實際相去甚遠，是無源之水、無本之木、沙灘之塔，也許在一定背景下因其符合時代「流行色」而能走俏一時，然而一旦事過境遷，立刻成為隔日黃花。歷史已經證明，

這種演繹式的「研究」是一條死胡同。

　　小說史研究，固然可以借助某些觀念、方法，但即便是合適的研究工具也不能代替研究的對象，更不必說不能等同於研究的目的。研究的對象是紛紜複雜的小說史現象，研究的目的在於再現歷史的基本面貌，對於重要的文學現象給出科學的闡釋，並就其來龍去脈做出規律性的總結。要達到這些目的，必須從現象入手。可是，實際上，由於規律意識過強，忽略了大量重要的歷史資訊的搜集、分析與利用，使不少小說史著作歷史描述失之單薄、評價缺少足夠的史實支持，因而規律提煉的準確性及其涵蓋的廣闊性也不能不大打折扣，本來應該根深葉茂的小說史變得枝葉寥落甚至主幹彎曲。作家是小說史的基本元素之一，談及作家，應該關注其生存狀態、心理狀態同創作（創作過程、作品的題材、主題與風格等）之間的關係。譬如張恨水初期章回小說藝術上有些粗糙，就同他四處奔波的報人生活與同時創作幾部小說（最多時有 7 部）的寫作方式有關，作品中關於纏綿悱惻愛情的描寫除了章回小說的傳統因素之外，也是他個人婚姻生活不如意的一種折射。《八十一夢》對貪官污吏等社會腐敗現象諷刺得那樣犀利，顯然植根於作家對戰時重慶生活的觀察與體驗。為了說清作品的背景與題材的現實性，不妨引入有代表性的社會事件與作家苦況。再如張愛玲作品的陰冷色調，如果不結合作家特殊的家世與生活經歷來看，闡釋總嫌隔膜。在這種情況下，作家的身世、經歷與生存狀態的引入對於小說史來說就算不得贅筆了。現代小說與古代小說的一個重要區別是「生產流程」不同，現代大多數小說是先在報刊上發表而後才結集或以單行本出版的，連載方式、發表周期、編輯要求、讀者反饋等因素，對作品的情節發展、性格塑造、語言風格等都有直接的影響。小說史研究應該納入「生產流程」的考察，關注作家與報刊編輯、出版商、讀

者之間的關係，包括出版商獲利與作家收益二者的比例，一部暢銷書或經典之作究竟印行了幾版，每一版有無改動及為什麼改動，每一次發行了多少冊，對一般讀者與小說發展產生了怎樣的影響，其讀者群的分佈有何特點，等等。小說的寫作與出版同新聞檢查制度有著直接或間接的關聯，有一位海外漢學家就專門研究二十世紀三十年代的新聞檢查制度問題，可是在本來十分注重政治與文學關係的我們這裏，對此卻缺少系統、深入的考察，實在是應該早日彌補的遺憾。小說發展史是豐富多彩的，小說史著作自然可以有多種視角、多種寫法、多種取捨，但小說史既然稱史，無論哪一種都應該反映出歷史原生態的豐富性與生動性。乾巴巴幾條筋的小說史，普通讀者讀不進去，拿它當教材的大學生也不過把它當作考試的敲門磚而已，學的時候就沒有什麼能夠吸引他、打動他，考完試自然也就置之腦後了。這種小說史大半是專家圈子裏看的，將其視為學術性的表徵，頗有幾分文人自戀的意味。學術性並不等於單純的抽象性，上乘的歷史著作不應排斥歷史還原的豐富性與生動性。重規律而輕現象的問題不止於小說史，毋寧說是歷史學科的通病。在當代許多通史著作裏，歷史被簡約為政治史、軍事史、經濟史，讀者從中看到的只有政壇人物走馬燈似的你方唱罷我登場，至於黎民百姓的生活怎樣，婚喪嫁娶、吃穿住行、言談舉止等等，皆屬「小道」，入不了正史。而想一想《史記》何其豐富，何其生動，有多少錯綜交織的歷史線索，有多少堪稱經典的細節描寫。相比之下，今人撰寫的歷史著作豈不是大為遜色？司馬遷並非不重視尋找歷史規律，「究天人之際，通古今之變」就是再清楚不過的表述，但他是潛入到歷史的深層去體驗、去探求，而不是先存一個什麼預設；他是用歷史現象來反映歷史，而不是急於用所謂規律來概括歷史、代替歷史。原生態的湮沒使得歷史著作枯燥無味還只是問題的表層，

問題的要害在於煞費苦心找出的規律是否符合歷史實際，尚需存疑。真正的規律應是從歷史實際出發歸納總結出來的，而且在歷史著述中應有原生態的支撐。在這方面，不僅現代小說史，而且整個歷史學界都應該意識到問題的嚴重性，早日寫出現象與規律渾融一體的歷史著作來。

歷史現象林林總總，歷史著作自然不可能事無巨細一概納入，而是需要選擇最具典型性的現象來表現歷史。就作家的典型性而言，不能用刻板的、單一的標準，而是應該用變化的、多元的標準，如從歷史身份、社會影響、文學建樹等多重角度來遴選，這樣才不至於漏掉具有典型性的作家。有的作家以獨特的身份進入小說史，如張資平，你可以批評他的作品格調凡庸甚或低下、他的小說藝術粗陋，但他寫出了現代文學史上第一部長篇小說《沖積期化石》，而且他的新式言情小說創作量那樣大，並一度擁有不少讀者，張資平在文學史上已經成為三角戀愛小說的一個標誌，小說史就不能不提到他。有的作家以實驗性進入小說史，如施蟄存，自覺地運用心理分析，探索人物深邃幽曲的精神世界，開拓了文學世界的表現空間，小說史若忽略了這樣的作家，不僅失之眼界狹窄，而且也顯得反應遲鈍。有的作家以風格別致進入小說史，如馮至本來是成績突出的詩人，但他的中篇小說《伍子胥》富於詩意，是詩化小說的重要代表。有的作家以性別視角進入小說史，如蘇青，小說藝術說不上有多高，但她以切身體驗來寫受過新式教育的女性在婚姻生活中的磨難與在社會上的掙扎，自有其特點，在淪陷時期的上海確有一定的讀者群。如果只從思想性、或現實性、或藝術性來要求，上述作家可能會落選，小說史將會出現不應有的空白。

時段不長的現代小說史，無論怎樣發掘，具有典型性的作家畢竟有限，而對於作品典型性的辨析，卻有著更為廣闊的前景。《阿

Q正傳》問世 80 年來，海內外好評如潮，同時也不斷遭到置疑、甚至是苛酷的貶抑，但後者並不能湮沒這部經典的輝煌，反倒提供了走近經典的另一條途徑。對《子夜》的評價起伏較大，但無論如何，現代小說史不能沒有《子夜》。《金鎖記》屬於另一類經典，它不關注社會政治，但表現出鮮明的性別政治色彩——作者沒有渲染曹七巧出嫁的包辦色彩，而是通過她最初的認同來表現傳統社會賦予女性的生存方式，通過她後來痛苦的掙扎與扭曲來質疑這種生存方式；它不理會社會現實，但異乎尋常地挖掘了人的心理現實，尤其是女性心理變態後的陰暗心理。蕭紅的《呼蘭河傳》較之《生死場》，藝術上更加成熟，是一部難得的佳作，但在相當長時間內沒有得到應有的全面評價。茅盾就曾經在肯定其藝術之美的同時，對作者的「寂寞」心境及其投射在作品中的「暗影」表示過惋惜[1]。其實寂寞的鄉愁在抗戰時期具有特殊的意義，「暗影」也未始不是戰爭陰雲的折射。《呼蘭河傳》對啟蒙主題的執著開掘，再次表明，這一主題線索並未因五四落潮而中斷，而是在新的歷史條件下更為深沉地向前推進，其意義理應得到文學史研究的確認。以往小說史在主題、題材的勾勒、闡釋上做了很多努力，但這方面仍有很大的空間。譬如暴力問題，現代小說的暴力題材很多，視角及敘事態度並非一律。有的揭露與抨擊壓迫者、剝削者對人民的濫施暴力；有的謳歌被賦予正義色彩的社會底層的暴力反抗，肯定以暴克暴；有的則對社會底層的暴力行為有所分析，如茅盾的《動搖》、端木蕻良的《科爾沁旗草原》、李劼人的《大波》裏有對暴民趁機搶劫、施暴的批判性描寫，趙樹理的《李家莊的變遷》與丁玲的《太陽照在桑乾河上》裏有對群眾在鬥爭地主的過程中的殘忍的過火行為的

---

[1]　茅盾《呼蘭河傳‧序》。

批評，只是過去我們沒有注意到或者有意掩飾了這方面的內容；有的對暴力行為給予精神分析的觀照，如施蟄存的《石秀》；沈從文在早期作品中，有時為了渲染湘西野性，對底層社會的暴力行為不無欣賞之意，但後來對暴力則多了些冷靜的分析色彩，對無休止的血腥復仇持有否定態度。

　　現象是自然存在的，而典型現象則需要挖掘與提煉。魯迅在《中國小說史略》中，兼顧小說的內涵與文體，以「志怪」、「傳奇」、「話本」、「講史」、「神魔小說」、「人情小說」、「諷刺小說」、「狹邪小說」、「俠義小說」、「譴責小說」等的演進，來梳理中國小說的發展歷程。《漢文學史綱要》以「《書》與《詩》」、「老莊」、「屈原及宋玉」、「李斯」、「漢宮之楚聲」、「賈誼與晁錯」、「藩國之文術」、「武帝時文術之盛」、「司馬相如與司馬遷」等為篇名；計劃中的《中國文學史》的分章是：（一）從文字到文章，（二）思無邪（《詩經》），（三）諸子，（四）從《離騷》到《反離騷》，（五）酒，藥，女，佛（六朝），（六）廊廟與山林。[2] 這些標題所擷取或概括的，有的是經典文本，有的是經典作家，有的是文化氛圍，有的是文化象徵，均為能夠反映當時文學面貌與特徵的典型現象，所謂規律自然寓於其中。比較起來，現代小說史研究中雖然也有不乏精闢之見的典型現象概括（諸如思潮、流派與作家個性等方面），但總體看來，從理論框架與體系建構出發已經成為一種研究模式，而從文學史實中提煉典型現象則遠遠不夠。就作家創作個性而言，譬如老舍，一些小說史從市民作家的角度加以闡釋，固然不無道理，確實抓住了老舍小說的精神、題材及語言特徵，但僅僅如此，還不能明確地區別於其他市民作家，而如果從笑與淚交融的角度來看，也許能夠更加貼近審美

2　許壽裳《亡友魯迅印象記》，人民文學出版社 1981 年。

層面，把握老舍小說的美學特徵。以笑與淚為軸心，還可以展開對現代小說史上喜劇風格的探究，諸如李劼人、沙汀、沈從文、張天翼、張恨水，可以將《阿麗思中國遊記》、《鬼土日記》、《貓城記》與《八十一夢》等寓言體小說加以比較研究。再如張愛玲，她的小說裏總能或隱或現地看見一輪蒼涼的月亮，若從這一意象切入，可以發現她那獨特的女性視角、女性體認、人生感悟、奇崛冷豔與淡雅俗白雜糅的審美特色。在歷時性的角度上，不妨把冰心、謝冰瑩、蘇青等帶有女性主義色彩的女性作家從「反月亮」的角度進行對照研究；在共時性的角度上，蒼涼的月亮也折射出日本侵華戰爭給淪陷區人民投下的心理陰影，由此展開對淪陷區文學的研究。

　　只要深入到歷史中去，總能發現一些值得深入研究的典型現象。如有的作品相當出色，卻留有明顯的瑕疵，可謂「半部成功」，如《子夜》就存在著結構的失衡與農村部分的公式化概念化問題；有的作品有了令人稱奇的第一部，第二部的水準卻相去甚遠，有的根本就未能完成，如端木蕻良的《科爾沁旗草原》第二部只寫了五章即告夭折。這些不妨稱之為「半部現象」，透過這一現象可以進行文學的創傷研究，看究竟哪些因素導致了並非個別的「半部現象」。《子夜》試圖全面表現 30 年代中國社會全景，以回答中國社會性質問題，結果局部蒼白，關於社會性質問題的回答也不盡如人意。丁玲的《母親》是一部能夠充分顯示作家創作個性的作品，女性解放的歷程，女性獨特的感受，女性的細膩，因作者被捕而中止，但為什麼逃出牢籠後不能續寫，始終未能完成，留下了永遠的遺憾呢？老舍的《正紅旗下》也只是撩開了一個可以窺得見輝煌前景的帷幕，便不告而終了。「半部現象」的一個重要原因就是政治意志的過多介入干擾了作家正常的形象思維活動。這種研究有助於總結教訓，為將來的文學發展提供借鑒，這其實也是文學史研究的題中應有之義。

　　規律不是空中樓閣，而是潛在於現象之中。抓住了典型現象，就等於抓住了規律，在這個意義上，可以說，典型現象即規律。將歷史原生態還原出來，把典型現象提煉出來，讓歷史本身說話，比研究者的判斷更有力，也可以給讀者提供更多的思考空間以及與歷史和研究者對話的平臺。

二

　　再來談小說史研究中的內外關係問題。

　　最初，現代文學史等同於新文學史，鴛鴦蝴蝶派以新文學的對立面出現在五四時期的歷史敘述中，此後便不見了蹤影，至於創作量巨大、讀者市場廣闊的通俗小說則視而不見。楊義《中國小說史》第三卷[3]第一次為「舊派通俗小說」立專章，論及張恨水以及社會與言情、偵探與武俠小說的幾位代表作家，乃至舊派小說之蛻變，認為「經過五四時期新舊文學的激烈爭論和二十年間的探索性建設，新文學獲得了文壇上正宗地位，並且超越了早期『突圍者』的峻急心態，重新省視自身與大眾讀者的關係。在先後展開的文藝大眾化和民族形式的討論中，逐漸改變了對傳統技巧的鄙夷態度。在民族危機的關頭，舊派作家也不同程度地改變了文學遊戲心態，他們撰寫的『國難小說』多少帶有使命感，不少人向新文學或外來文學借鑒新技巧，對舊技巧進行了不同程度的改良。這就出現了文學的新舊雅俗之間在不同社會層面上的共存、互斥，而又相互呼應、滲透的新格局。」近年來，有學者重審茅盾接編以前一段時間的《小

---

[3]　楊義《中國現代小說史》第 3 卷，人民文學出版社 1991 年。

說月報》，對其「鴛鴦蝴蝶派性質」的認定提出質疑[4]。徐德明《中國現代小說雅俗流變與整合》[5]進而注意到新舊小說「對峙」中的「衍生」，指出了現代大眾小說中的傳統的支撐與滲透，並以老舍為例，探討了新文學作家雅俗詩學的整合。這些都給新文學發展過程中的新舊之間的關係提供了富有啟發性的思路。我們循此可以進一步探索，不止張恨水等人的通俗小說有現代氣息，《呂梁英雄傳》、《新兒女英雄傳》等有傳統色彩，而且像茅盾、端木蕻良、路翎等人的一些作品，表面上看來歐化色彩明顯，但內裏卻含有傳統的底蘊。有學者主張捍衛現代文學的現代性，將舊體詩詞與舊派小說排除於現代文學的研究框架之外。問題在於：即使把現代文學的「現代」不界定為時間概念，而是理解為性質，那麼，在新舊文學的交替轉型階段，新舊之間並非那樣水火不相容，而是相互對峙、相互滲透的關係，二者之間如何斷得開？

　　新與舊的關係說到底是傳統與現代之間的關係。近年來現代文學的研究向上溯及晚清，向下延伸到當代，歷史性得到加強。這無疑是一個值得肯定的趨向。論及作家作品時也頗有一些同傳統小說的比較，譬如《紅樓夢》與巴金《家》、路翎的《財主底兒女們》等作品的比較，還有從現代小說看到傳統文學的韻味，等等。但現代小說與古代小說乃至古代文學的整體性的歷史聯繫怎樣，則缺乏研究，諸如中國古代小說的淵源在神話，神話傳統除了作歷史小說（如魯迅的《故事新編》）的素材之外，在內部肌理、神韻等方面有沒有影響？唐傳奇及《聊齋志異》等小說的詩性與現代詩性小說有沒有關聯？沈從文、蕭紅等人的散文體小說與古代筆記小說傳統

---

[4]　柳珊《1910-1920 年的〈小說月報〉是「鴛鴦蝴蝶派」的刊物嗎？》，中國現代文學研究叢刊 2000 年第 3 期。

[5]　徐德明《中國現代小說雅俗流變與整合》，社會科學文獻出版社 2000 年。

是怎樣一種關係？這裏以路翎的長篇小說《財主底兒女們》為例，從其心路歷程的律動、意象、意境的創造等方面來看，可以說是一部散文體的心靈史詩。在這一點上，與《離騷》頗有幾分相似之處。《離騷》的抒情主人公出身高貴，賦予嘉名，追求自修美德，希冀為君盡忠，無奈得不到理解，反被群小嫉恨進讒。他明知耿直不能討好，但寧可在孤獨、痛苦中煎熬，也不肯同乎流俗、屈節卑躬。為了慰藉孤苦的靈魂，他上天入地，尋找意中人，但所求的宓妃、簡狄、有虞氏二姚，或徒有美貌而品德不佳，或恐他人已捷足先登，或媒人拙弱而閑言稱雄，難以如願。無論怎樣受挫，他都矢志不移，最終志向難酬，便「從彭咸之所居」。《財主底兒女們》雖然時代迥異，文體有別，抒情主人公的忠誠對象被敘事主人公的忠誠對象「人民」所取代，但《離騷》裏的那種「長太息以掩涕兮，哀民生之多艱」的博愛情懷，「博謇而好修兮，紛獨有此姱節」的特立獨行，「豈余身之憚殃兮，恐皇輿之敗績」的社會憂患，「荃不察余之中情兮」的人生挫折，「亦余心之所善兮，雖九死其猶未悔」的精神昇華，在自足與煩惱、遠行與顧念中彷徨的自我裂變的精神困境，「忽反顧以流涕兮，哀高丘之無女」的失望惆悵，「路漫漫其修遠兮，吾將上下而求索」的執著精神，對「時俗之流從」與「溷濁而嫉賢」之世態的厭惡、憤怒與無奈，在這部現代小說裏都能找得到，詩中「溘死以流亡」的預設結局，到小說裏則變成悲壯的現實。心路歷程如此相似，象喻體系也頗多相似之處。《離騷》設置了雙重精神家園，一個是自然形態的，存在於蘭皋椒丘、荷衣蓮裳之中，另一個是神話形態的，存在於昆侖神話系統。《財主底兒女們》也有兩個精神家園，一個是屬於蔣純祖的曠野，另一個是屬於蔣家其他人的蘇州花園。前者的「求女」與後者的「求愛」均為尋找心理安慰的寄託。蔣純祖困頓之際向之傾訴心聲的「克力」，從其神秘色彩

與能同主人公對話的功能來看，其原型恐怕可以上溯到《離騷》裏的靈氛與巫咸。[6]以前由於知識結構與學術視野的限制，現代小說與傳統文學的深刻關聯常常被我們忽略。譬如日本學者丸尾常喜就指出：《阿Q正傳》的結構與中國「鬼戲」的起源「幽魂超度劇」的結構十分相似：一、「鬼」的生涯的陳述；二、審判；三、團圓。[7]再如《故事新編》中現代生活細節的插入，據王瑤指出，與傳統戲劇的丑角藝術有關；如果再放寬視野，當會發現，還與「說話」藝術中隨時插入的段子及民間故事的詼諧插話等有著密切的聯繫。以往談及傳統文學，往往只關注文人文學，而對民間文學卻有意無意地忽略了。自古至今，傳統總是由既有區別、又相互滲透的文人文學與民間文學這兩條脈絡構成的。古代文人創作自覺不自覺地汲取民間傳統，譬如小說汲取「說話」藝術，這已經成為文學史的常識，但在現代小說研究中，由於資料的分散，也由於文人傳統的對民間文學的輕視心理，關於民間文學對現代小說的發展究竟起到了那些作用，並沒有深究。只要擴大視野，放眼民間，就會有許多新的發現。如李劼人小說對四川的擺龍門陣有所汲取，插曲的插入與淡出自由靈動，毫無掛礙；敘事者的旁白既有古代小說批評的評點痕迹，亦有川劇幫腔式的語調，幽默生動，別具一格，敘事力度不同凡響。

現代小說研究不僅要注意內部的張力與歷史的聯繫，也應貫穿與外國文學的橫向比較。從目前所看到的比較文學研究來看，還遠遠不夠。一是比較文學的參照對象大多為翻譯文學，而事實上，有

---

[6] 參照秦弓《〈財主底兒女們〉：苦吟知識份子的心靈史詩》，《中國現代文學研究叢刊》2001 年第 2 期。

[7] 丸尾常喜著，秦弓譯《「人」與「鬼」的糾葛——魯迅小說論析》，人民文學出版社 1995 年。

些產生重要影響的文學作品並未翻譯過來，或翻譯的很少，或翻譯得走了樣。研究者不懂外語，或外語不過關，或資料來源受到限制，無法佔有外文方面的第一手資料，這都給比較研究帶來很大局限性。二是比較研究大多停留在影響層面，而未能進入評價層面。深層的比較文學不能不進入到評價層面，只有大膽地與外國文學比較，才能見出特色，也才能看到差距，使我們的文學能夠儘快突破習焉不察的樊籬，更快地發展。

小說史研究要超越「時代背景＋作家生平＋作品」、「思潮＋流派＋作家作品」、「思想內容＋藝術特色」等模式，就必須從發現問題入手。而無論是要解決哪個方面的問題，都必須有寬闊的胸襟，有廣博的知識，有歷史的眼光，有自覺的創新意識，這無疑給研究者提出了更高的要求。

應該重視翻譯文學研究——以五四時期為例

一、問題的提出

　　五四時期郭沫若曾經有過一種比喻，把創作比作處女，而把翻譯比作媒婆，為此在文學研究會與創造社之間發生過一場爭論。姑且不論那場爭論中的義氣成分和有意無意的誤讀，如何看待翻譯文學，的確是一個很久以來一直存在的問題。二十世紀三四十年代，曾有文學史家把翻譯文學列入文學史框架，如王哲甫《中國新文學運動史》（北平傑成印書局 1933 年 9 月）與陳子展《中國近代文學之變遷》（上海中華書局 1936 年 6 月版），分別將「翻譯文學」列為第 7 章與第 8 章，田禽的《中國戲劇運動》（商務印書館 1944 年 11 月）第 8 章為「三十年來戲劇翻譯之比較」；但是，後來的文學史著述中，翻譯文學卻常常受到冷落，除了屈指可數的幾種專門的翻譯文學史、比較文學史之外，絕大多數對翻譯文學視若不見，或者只是作為背景來看待。而實際上，對於現代精神啟蒙，對於作家的養成、讀者審美趣味的熏陶、文學表現領域的開拓、文體範型與創作方法創作技巧的示範引導、現代文學語言的成熟，乃至整個現代文學的迅速萌生與茁壯成長，翻譯文學都起到了難以估量的巨大作用。翻譯文學不僅僅是新文學產生與發展的背景，而且從對象的選擇到翻譯的完成及成果的發表，從巨大的文學市場佔有量到對創作、批評與接受的廣泛而深刻的影響，都作為走上前臺的重要角色，直接參與了現代文學歷史的構建和民族審美心理風尚的發展，對此應該給予足夠的重視。

二、前驅者的體認

新文學先驅者十分重視翻譯文學。在他們看來，翻譯文學可以作為創作的準備，也能夠充當認識外部世界的視窗與精神啟蒙的工具，但其功能決非僅僅如此而已；翻譯文學作為一種精神產品，具有超越地域和民族的人類普遍價值，作為一種文學作品，具有超越時空的審美魅力。沈雁冰在《新文學研究者的責任與努力》中明確指出：「介紹西洋文學的目的，一半是欲介紹他們的文學藝術來，一半也為的是欲介紹世界的現代思想──而且這應是更注意些的目的。」他在主持《小說月報》全面革新一年之際，回顧說：「我們一年來的努力較偏在於翻譯方面──就是介紹方面。時有讀者來信，說我們『蔑視創作』；他們重視創作的心理，我個人非常欽佩，然其對於文學作品功用的觀察，則亦不敢苟同。」要追尋永久的人性，溝通人間的心靈，提升人類的精神境界，並非一人乃至一國作家所能完成，在這個意義上，「翻譯文學作品和創作一般地重要，而在尚未有成熟的『人的文學』之邦像現在的我國，翻譯尤為重要；否則，將以何者療救靈魂的貧乏，修補人性的缺陷呢？」[1]在《介紹外國文學作品的目的──兼答郭沫若君》[2]中，他再次強調：「翻譯家若果深惡自身所居的社會的腐敗，人心的死寂，而想借外國文學作品來抗議，來刺激將死的人心，也是極應該而有益的事。」魯迅翻譯武者小路實篤的《一個青年的夢》，就是想借此喚醒彼此隔膜、無端仇視的國民；翻譯廚川白村的《出了象牙之塔》，「也並非想揭鄰人的缺失，來聊博國人的快意」，而是覺得「著者所指摘的

---

[1] 《一年來的感想與明年的計劃》，1921 年 12 月 10 日《小說月報》第 12 卷第 12 號。

[2] 1922 年 8 月 1 日《時事新報·文學旬刊》第 45 號。

微溫，中道，妥協，虛假，小氣，自大，保守等世態，簡直可以疑
心是說著中國。尤其是凡事都做得不上不下，沒有底力；一切都要
從靈向肉，度著幽魂生活這些話」。魯迅想借此讓「生在陳腐的古
國的人們」意識到自身的腫痛，以便獲得割治腫痛的「痛快」，防
止「幸存的古國，恃著固有而陳舊的文明，害得一切硬化，終於要
走到滅亡的路。」[3] 五四時期的許多外國文學作品，之所以能夠進
入譯者視野、通過翻譯而與廣大中國讀者見面，就是因為其中表現
的個性主義、人道主義意蘊、民主、自由、平等、科學等現代觀念，
正為新文化啟蒙運動所急需。這類翻譯作品在跨文化交流與現代啟
蒙中也的確發揮了重要作用。

　　作為新文學語體的白話，一是從古代、近代的白話文學承傳而
來，二是從生活中的日常言語汲取源泉，但如何使古代白話轉化為
現代白話，將日常言語提煉成文學語言，則不能不歸功於翻譯文
學。胡適、魯迅、周作人等新文學創作的前驅者，大抵也是現代翻
譯文學的前驅者，他們在閱讀與翻譯外國文學的過程中仔細體味原
作的語言韻味，摸索文學的白話表達方式，從而創造了白話語體。
也就是說，現代文學的白話語體，不僅表現在創作之中，而且表現
在翻譯之中，有時甚或首先成熟於翻譯之中。胡適的譯詩《老洛伯》、
《關不住了》、《希望》等，堪稱《嘗試集》中最早成熟的作品與最
出色的作品。周作人最初成熟的白話文作品也應該說是他翻譯的《童
子 Lin 之奇蹟》、《皇帝之公園》、《酋長》、《賣火柴的女兒》等。

　　正是由於翻譯與創作有著如此密切的關係，新文學前驅者每每
把二者平等相待。現代文學史上第一部新詩集──新詩社編輯部編
輯、上海新詩社出版部 1920 年 1 月初版的《新詩集》（第一編）裏，

---

[3] 魯迅《出了象牙之塔・後記》，北京未名社 1925 年 12 月。

收有孫祖宏翻譯的《窮人的怨恨》、沫若翻譯的《從那滾滾大洋的群眾裏》、王統照翻譯的《蔭》。同年 3 月由上海亞東圖書館初版的第一部個人詩集——胡適的《嘗試集》，也收入譯詩《老洛伯》、《關不住了》、《希望》、《哀希臘歌》、《墓門行》。1952 年，胡適編選《嘗試後集》時，仍然把白郎寧、葛德、薛萊、莪默等人的譯詩收入其中。周作人的散文集《談龍集》收有譯作《希臘神話引言》、《初夜權引言》，徐志摩的散文集《巴黎的鱗爪》收有譯作《鷯鷹與芙蓉雀》、《生命的報酬》。現代第一部創作小說集《沉淪》裏，也收有歌德《迷娘的歌》的譯文。周作人在《藝術與生活序一》中這樣說明集子裏收錄三篇譯文的理由：「我相信翻譯是半創作，也能表示譯者的個性，因為真的翻譯之製作動機應當完全由於譯者與作者之共鳴，所以我就把譯文也收入集中，不別列為附錄了。」二三十年代影響較大的幾套叢書，譯著都佔有相當大的比重，如《小說月報叢刊》收譯著 32 種，佔 53.3％；《文學周報社叢書》收譯著 12 種，佔 42.9％；《文學研究會叢書》收譯著 61 種，佔 57％。

三、五四時期翻譯文學成就及其效應

翻譯文學在五四時期蔚為大觀。《新青年》、《每周評論》、《新潮》、《國民》、《少年中國》、《解放與改造》、《曙光》等綜合性刊物，翻譯文學都佔有一席之地，至於《小說月報》、《文學周報》、《詩》、《晨報副刊》、《京報副刊》、《民國日報‧覺悟》、《時事新報‧學燈》等文藝性雜誌與報紙副刊，翻譯文學更是佔有大量篇幅。「譯文」、「譯叢」、「譯述」、「名著」等五花八門的翻譯欄目與各種重點推介的「專號」、「專輯」，成為報刊吸引讀者的一道亮麗的風景。出版機構也成為翻譯文學的重要園地，單部譯著的出版已嫌不夠，推出

叢書演成風氣。《文學研究會叢書》、《小說月報叢刊》、《文學周報社叢書》、《少年中國學會叢書》、《兒童世界叢刊》、《小說叢集》等叢書中，翻譯佔有重要分量，更有一些翻譯文學叢書競相問世，如《未名叢刊》、《近代世界名家小說》、《歐美名家小說叢刊》、《世界名著選》、《小說世界叢刊》、《世界文學名著》、《新俄叢書》、《歐羅巴文藝叢書》、《世界少年文學叢刊》、《近代世界短篇小說集》、《共學社叢書・俄羅斯文學叢書》、《世界文藝叢刊》等。文學的翻譯及其閱讀成為一種時代風尚，發表與出版翻譯文學成為新聞出版業的生財之道和與時俱進的表徵。

　　五四時期社團蜂起，百家爭鳴，不僅有新文學激進派與保守派、中間派之爭，而且新文學陣營內部也存在著種種矛盾衝突。但無論社會發展觀、文學觀及審美取向有著怎樣的歧異，對待文學翻譯卻都充滿熱情，文學翻譯是五四時期眾多流派的共同行動。

　　眾多社團、流派、譯者對翻譯對象的選擇見仁見智，各有側重，總體上對從古至今的東西方文學都有涉獵，視野十分廣闊。從時段來看，以 18 世紀以來的文學為主，最近延伸到與五四時期同步的俄蘇赤色文學；遠則有文藝復興時期的但丁、莎士比亞、莫里哀等，更遠還有希臘神話、荷馬史詩、伊索寓言等。從國家、民族來看，既有被損害的弱小者，也有強勢者。五四之前，東西方文學的翻譯失衡，除了有限的日本文學翻譯之外，譯壇幾乎是西方文學的天下。後來，東方文學的分量逐漸加重，日本文學的翻譯劇增。從創作方法來看，既有現實主義、自然主義、浪漫主義、象徵主義、表現主義、唯美主義與頹廢主義等，以及多種創作方法交織融會、色彩斑駁的眾多作家。文體形式豐富多樣，雅俗兼備。藝術風格姹紫嫣紅，千姿百態。

　　在翻譯文學的啟迪之下，中國現代文學的表現空間與藝術形式得到極大的拓展。農民這一中國最大的社會群體走上文學舞臺，女性世界得到本色的表現，個性與人性得以自由的伸展，心理世界得到深邃而細緻的發掘，景物描寫成為小說富於生命力的組成部分，審美打破中和之美至上的傳統理想，呈現出氣象萬千的多樣風格。自由體詩、散文詩、絮語散文、報告文學、心理小說、話劇、電影劇本等新穎的文體形式，在中國文壇上生根發芽、開花結果。翻譯還為中國文壇打開了一個新奇絢麗的兒童文學天地，兒童乃至成人從中汲取精神營養和品味審美怡悅自不必說，作家也從中獲得了兒童文學創作的範型和藝術靈感產生的媒質。可以說沒有外國兒童文學翻譯，就沒有中國現代兒童文學。文學理論與文學史著作的翻譯，為現代文學的理論建設提供了寶貴的資源。文學翻譯推動白話作為新文學的語言載體迅速走向成熟，實現了胡適所設定的「國語的文學、文學的國語」。其重要意義不可低估，它不僅有利於全民文化水平的普遍提高，而且為臺灣、香港、澳門同胞的中華民族認同，提供了巨大的凝聚力。翻譯文學與在其影響下茁壯成長的新文學一道向世界表明：中國現代文學正在追趕世界文學潮流，成為世界文學的有機組成部分。翻譯文學不僅為現代文學的發展提供了動力與範型，而且為整個社會不斷提供有生命力的話題，推動了中國現代歷史進程。

　　如此豐富、如此重要的翻譯文學，理當展開深入的研究，以恢復其應有的歷史地位。

易卜生話劇在中國何時開始上演

　　易卜生話劇何時在中國開始上演？文學史、話劇史論著對此要麼語焉不詳，要麼認定為 1914 年。後者的依據為阿英《易卜生的作品在中國》（《文藝報》1956 年第 17 期）。文中說：「到了一九一四年，中國話劇界的先進陸鏡若，在春柳社演出《玩偶之家》的日子裏，更以《伊蒲生之劇》為專題，發表論著於《俳優雜誌》創刊號上。」實際上，「發表論著」是真，而「春柳社演出《玩偶之家》」之說則有誤。

　　陸鏡若在留日期間，加入留學生文藝團體春柳社，從事演劇活動，並且參加日本近代文學先驅坪內逍遙、島村抱月創辦的文藝協會，受其影響，對易卜生產生了濃郁的興趣。清廷駐日公使館恐懼演劇鼓動革命情緒，以演戲的學生一律撤消官費資格相威脅，禁止留學生演劇，到辛亥革命前夕，陸鏡若等春柳社同人大多相繼回國。陸鏡若一度出任過革命後的都督府秘書，不久，於 1912 年初發起組織新劇同志會，1914 年在上海掛出「春柳劇場」的招牌。那時，陸鏡若確曾想上演易卜生的《娜拉》、《野鴨》，同人們也曾有過半開玩笑的想法，要把《海達‧高布樂》搬上舞臺，因為他們覺得海達玩弄手槍，會有良好的戲劇效果。但因為當時維持劇場正常運營每天晚上要換新戲，無暇排演大型劇目，再則擔心觀眾很難理解易卜生，怕費力不討好，結果易卜生劇一部也未搬上舞臺。然而，他始終放不下搬演易卜生劇的希冀。1915 年夏，他去杭州，晚上演戲，白天在西泠印社翻譯劇本，譯完了《海達‧高布樂》等劇。但因積勞成疾，貧病交加，同年 9 月，這位雄心勃勃、才華橫

溢的中國話劇先驅者竟以而立之年猝然身亡,搬演易卜生戲劇成為未了的遺願。

直到五四新文化運動蓬勃興起,魯迅早在 1907 年就撰文稱許的易卜生劇才直接走到廣大中國讀者面前。自 1918 年 6 月 15 日《新青年》第 4 卷第 6 號大張旗鼓地推出「易卜生專號」,到 1923 年 3 月,報刊上發表與出版社出版的易卜生中文譯本已有《娜拉》(又譯《玩偶之家》、《傀儡家庭》等)、《國民之敵》、《小愛友夫》、《群鬼》、《海上夫人》、《社會柱石》、《建築師》、《少年同盟者》等八種。個性解放與女性解放的時代要求以及早期話劇的探索實踐,終於迎來了易卜生劇登上中國舞臺。

最初上演的是《娜拉》。《娜拉》首演於 1923 年 5 月 5 日,由北京女子高等師範學校理化系女生在北京新明戲園演出。這次演出引起了強烈反響,僅 1923 年 5 月《晨報副刊》,就發表了仁佗、芳信、林如稷、何一公、陳西瀅等 5 人的文章以及徐志摩的編後附言,分別談及這次演出。據上述文章透露,演出熱情雖高,但劇場效果並不算好,第一幕娜拉與姬婷的長篇對話時,觀眾就已頗多露出不耐煩的神氣,第二幕未完就有一些觀眾陸陸續續退場了,看到終場的觀眾寥寥無幾。究其原因,一是娜拉對人格尊嚴與女性權利的要求,不能被一些在舊戲的傳統道德中浸染已久的思想守舊者所接受;二是由於話劇在中國演出的歷史較短,一般觀眾尚未養成欣賞話劇的審美習慣,不懂得既然演戲為什麼不唱不舞而只是一個勁兒地說,臺上動作或語言看似略有異常時,台下便像看京劇時那樣出現鼓掌聲,甚至還有叫好聲;三是學生演出技藝尚不成熟,越發使新穎的樣式顯得生澀;四是女性演女角自然、逼真,而女扮男妝演郝爾茂等男角,則與女性演女角反差較大,影響演出效果;五是劇場構造不完美,新明戲園不適應話劇的演出要求,臺上的聲浪分散

了，而台下的聲浪卻被保住而且加以擴大；六是觀眾的不文明——
有些觀眾像看傳統戲劇一樣評頭品足、閒聊打趣，臺上悲傷哭泣，
台下反而發出笑聲，加之與朋友打招呼、咳嗽聲、談話聲、怒罵聲、
關門聲連成一片，熟悉劇情的陳西瀅坐在樓下台前十五排以內，竟
連一個字也聽不清，劇場效果可見一斑。

　　首演雖然留下諸多遺憾，但畢竟把五四時期成為個性解放與婦
女解放象徵的「娜拉」搬上了舞臺，開啟了易卜生劇在中國上演的
先河。隨著易卜生的深入人心，話劇表演、導演與舞美燈光等經驗
的積累，話劇觀眾群體的擴大及其欣賞水平的提高，易卜生劇上演
的劇目逐漸增多，演出效果也越來越好。

泰戈爾獲得諾貝爾文學獎前後

　　1913 年度諾貝爾文學獎授予泰戈爾，讓許多人都感到意外。因為自諾貝爾文學獎設立以來，一直是西方作家的「專利」，這一次卻給了生長於英國殖民地的印度作家；何況對於當時的西方讀者來說，泰戈爾還相當的陌生。

　　但對於泰戈爾來說，倒是順乎自然。聰穎早慧的泰戈爾 14 歲就發表了 1600 行的長詩。他在發表《帕努辛賀詩抄》時開了一個小小的玩笑，附言說在圖書館查書時發現了這位 15 世紀詩人的手稿。結果，一位正在德國攻讀博士學位的學者信以為真，在比較印度與歐洲抒情詩的博士論文中，據此稱讚帕努辛賀是現代詩人難以企及的古典抒情詩人，讓年少的惡作劇者好不得意。到 1912 年，已屆天命之年的泰戈爾已出版了詩集、劇本、長篇小說與中、短篇小說集多種。這年春天，加爾各答市政府在市政廳舉行隆重的群眾大會，為泰戈爾祝壽，並授予榮譽狀，這意味著泰戈爾的文學成就獲得了民族的認可。

　　為了以文會友，他在動身赴歐前，就開始將自己的詩歌從孟加拉文翻譯成英文，在船上，繼續這一工作，到英國時，已經譯出了103 首。一位英國畫家讀了後，激動不已，將詩歌推薦給詩人朋友。葉芝得知後，專程趕到倫敦，讀後感慨說「這些詩顯示了我畢生夢寐以求的世界」。他與畫家邀請了龐德等一批名家來聽泰戈爾朗誦。泰戈爾在一片寂靜中朗誦完了 103 首詩，聽眾沒有一句鼓勵或者批評，長久難耐的寂寞之後，名家一個接一個地告辭。泰戈爾感到十分懊喪，深悔自己不該在名家面前出醜。但第二天，熱情洋溢

的信卻一封接一封地飛來，說明昨天在神聖與完美的詩作面前，他們已經感動得說不出話來。

　　在葉芝等人的努力下，泰戈爾的英文詩集《吉檀迦利》於 1912 年 11 月在倫敦出版。第二年，泰戈爾便以此榮獲諾貝爾文學獎。一些婆羅門學者、教授過去曾經對泰戈爾橫加挑剔，從他的作品中尋章摘句，讓他們的學生用所謂「純潔的」孟加拉語改寫。現在，他們感到了難堪，來了一個 180 度的大轉彎，試圖挽回自己的面子。獲獎消息傳來後的第十天，他們加入一個由 500 多知名人士組成的代表團，乘特別列車來到泰戈爾居住的聖地尼克坦，向詩人表示敬意。泰戈爾回敬他們說：「請原諒，先生們，我無法接受你們如此的厚愛。就像我最困難的時候不需要幫助，最痛苦的時候不需要安慰一樣，現在我不需要祝賀與致敬！」名流們敗興而歸，有的自省慚愧，有的則撰文攻訐。但不管怎樣，泰戈爾從此走向了世界。（本文參考了侯傳文著《寂園飛鳥》，謹表謝忱！）

泰戈爾訪華風波

　　中國與印度都是歷史悠久的文明古國，古時有過密切的交往，近代以來又都遭受西方殖民主義的侵凌，所以泰戈爾對中國一直懷有深厚的感情。1881 年，當他 20 歲的時候，就曾做過一次題為《鴉片——運往中國的死亡》的講演，痛斥以炮艦向中國推銷毒品的英國殖民主義者的蠻橫與無賴。1916 年，他在訪日時，公開譴責日本對中國的侵略和掠奪，結果惹惱了日本當局，官方色彩的報刊對泰戈爾一片噓聲，在他告別日本時冷冷清清，與他剛抵達這個島國時的熱烈場面形成強烈的反差。

　　1924 年 4 月 12 日，已過花甲之年的泰戈爾終於踏上了嚮往已久的中國土地。泰戈爾訪華，是為了譜寫中印友誼與交流的新篇章，更是為了尋找弘揚東方精神文明的知音。第一次世界大戰之後，西方社會對自身價值的深刻反省和對東方價值的重新審視，喚起了泰戈爾對東方精神文明的巨大熱情。所以，他在 46 天訪華期間的講演與談話中，總是高唱弘揚東方精神文明的主旋律。泰戈爾訪華激起了強烈的反響。一方面是熱情的歡迎，新聞媒體對他行蹤的關注簡直超過國家元首；新月社為了祝賀他的 64 歲生日，在協和禮堂演出他的英語劇《齊德拉》，才女林徽因與詩人徐志摩等出演角色，梁啟超發表熱烈的祝詞，還給泰戈爾起了一個包含中印兩國古名的中文名字「竺震旦」，魯迅等名流應邀出席；梅蘭芳為他專場演出京劇《洛神》；在此前後，二十多種報刊發表泰戈爾作品的翻譯與評介，《東方雜誌》、《小說月報》等名刊開闢泰戈爾專號或專欄，一般的中學生也以能夠背誦幾首泰戈爾的英文詩為榮，文

壇學界形成了一股泰戈爾熱。另一方面，也有激烈的反對意見。陳
獨秀、瞿秋白、惲代英等化名或以真名發表文章，批評泰戈爾的東
方精神文明自足論，《中國青年》第 27 期的全部內容都是對泰戈爾
的批評。批評者認為，過分地稱頌古老的精神文明，會妨礙中國的
現代進程，泰戈爾的非暴力主張，也不切合需要急風暴雨般的革命
方能實現民族解放的中國國情。甚至還有激進的青年到他講演的會
場散發反對泰戈爾的傳單，擁護者看了傳單，憤怒地撕碎，兩派鬧
得不亦樂乎。泰戈爾忙問是怎麼回事，擔任翻譯的徐志摩不得不說
出實情，接待者與講演者都弄得好不尷尬。泰戈爾弘揚東方精神文
明的熱情大受挫折，大大壓縮了原定的講演計劃。5 月 30 日，泰
戈爾懷著依依不捨的深情踏上了歸程。

章太炎的白話文

　　在人們的印象中，章太炎作文好用古奧文言，其實，他也寫過白話文。1909、1910 年在《教育今語雜識》上發表的「社說」、「演說錄」即是，這些文章由他親自持交張靜廬，1921 年 6 月 20 日由上海泰東圖書局結集出版為《章太炎的白話文》。由於其中誤收錢玄同的一篇《中國文字略說》，錢於 1923 年有過聲明，後來有人以為書中各篇均出自錢玄同，實為誤會。1921 年署「辛酉春夜觀鑒廬印」的《太炎學說》，上卷為白話文體的講演錄。胡適的《中國哲學史大綱》（卷上）1919 年 2 月出版後，送給章太炎一本請教。章氏看過後，於 3 月 27 日給胡適回了一封只用句號和引號的白話文信，對書有肯定，也有批評。信開篇寫到：「適之你看。接到中國哲學史大綱。盡有見解。但諸子學術。本不容易了然。總要看他宗旨所在。才得不錯。如但看一句兩句好處。這都是斷章取義的所為。不盡關係他的本意。仍望百尺竿頭再進一步。」1922 年 4 月至 6 月，章太炎應江蘇教育會邀請，在上海講學。曹聚仁整理講演記錄，於 1922 年 11 月 1 日由泰東圖書局以《國學概論》為題出版；另有張冥飛筆述的《章太炎先生國學講演集》出版。二書均為白話文體。

輯 2　文化觀察

相聲的尷尬

　　引人發笑本是相聲最具個性的特徵，但近年來，頗有些相聲讓人笑不起來，或者笑得勉強，笑得無味。不要說觀眾、聽眾對相聲熱情大減，就連有些相聲演員也「移情別戀」，到其他藝術門類中趕場子去了。

　　相聲的尷尬未必是這門藝術走到盡頭的標誌，因為它不僅有著深厚的歷史積累，而且面臨著廣大群眾強烈的喜劇審美需求。誠然，小品與情景喜劇等新興藝術形式，對相聲的固有魅力是一種挑戰，但主要癥結恐怕還是在於相聲沒能跟上時代的步履、脫離了群眾生活。

　　一是觀念陳舊。改革開放至今已二十多年，社會生活、價值觀念與心理狀態等方面，均已發生了巨大的變化，但有的相聲所取的視角、所用的語言，卻帶著陳舊觀念的陰影。譬如，在一場文藝晚會上，相聲演員為了活躍氣氛，加強臺上臺下的交流，表演中聯繫到台下的一位觀眾，特別強調「就是那位白髮的老同志」，結果非但沒有達到預期的喜劇效應，反而讓那位本來算不上「老」的觀眾感到有幾分尷尬。過去是「人過三十天過午」，五十幾歲就成了老人，被稱為「老先生」是莫大的恭敬，而現在，二三十歲是「男孩兒女孩兒」，四十歲左右還算年輕，五十幾歲正當盛年，過了六十五歲才是初老，有誰願意讓人當作老人看待呀。再如隨著社會的發展與觀念的開放，獨身生活已經成為都市的一道風景，離婚率漸呈上升趨勢，再婚現象早已司空見慣，在這種背景下，再拿大齡未婚與再婚當笑料，其效果可想而知。

　　二是趣味庸俗。相聲最早屬於街頭藝術，帶有濃郁的生活氣息，也免不了沾染上一點油滑、惡謔、庸俗的低級趣味，譬如拿體貌特徵來取笑，甚至嘲諷殘疾人的生理缺陷，再如以長輩自居，討個輩分上的「便宜」之類。如今，相聲的審美品位從整體上來說無疑是提高了，但傳統的低級趣味仍然時有流露，甚至有時油滑得大失分寸，連抗戰史上莊嚴、悲壯的「八女投江」也當成調笑的作料。相聲作為一門表演藝術，在帶來笑聲的同時，既要有精神上的啟迪，又要有審美趣味的昇華。沒有笑硬要去擠笑，或者不惜以作弄人的尊嚴與調侃莊嚴為代價來換取一點淺薄廉價的笑聲，不僅是對觀眾良知與感情的踐踏，而且是相聲藝術上的倒退。

　　三是迴避現實。現實生活中有多少讓人開懷大笑或莞爾一笑或含淚苦笑的事情，有多少新鮮事物需要去扶植，有多少歪風邪氣需要去鞭撻，有多少德行瑕疵需要去婉諷，然而不知從何時起，相聲的現實色彩淡化了，諷刺鋒芒減弱了，相聲繞著問題走，揀些皮毛之事不疼不癢地調侃幾句。相聲對與人民大眾的喜怒哀樂息息相關的現實問題如此淡漠，人民大眾對相聲不回報以冷漠才怪。誠然，直面現實有著各種各樣想得到想不到的難度，前些年就曾經發生過相聲惹是生非的事情，但相聲要想生存並發展，就非得貼近生活、直面問題不可。

　　歷史轉折期既會產生豐厚的喜劇素材，也更需要絢麗多彩的喜劇藝術，這樣看來，相聲就有了一個良好的發展機遇。能否擺脫尷尬、再創輝煌，關鍵在於能否與時俱進，能否和人民同呼吸共命運。

皇帝戲

近年來，仿佛是為了趕一個什麼節氣，皇帝戲接二連三地湧向銀幕、螢屏，有時打開電視連換幾個頻道，都躲不開龍顏的喜怒。朝代由近及遠，從末代皇帝上溯到秦始皇；風格五花八門，有嚴肅的正劇，也有戲說的喜劇。有的演員因扮演皇帝而聲名鵲起，有的皇帝戲因明星擔綱而愈增廣告效應。一時間，你也皇帝，我也皇帝，影視幾成皇帝的天下。

把皇帝當作藝術表現的對象，任由藝術家褒貶臧否，也聽憑觀眾評頭品足，這應該說是歷史的進步，正如今日百姓可以在故宮、景山、天壇、頤和園、承德避暑山莊閑庭信步一樣。但皇帝戲的流行並非只是社會進步、思想解放的表徵，恐怕還與國人精神深層潛在的皇帝情結有關。

從西元前 221 年到 20 世紀初，中國封建帝制綿延了兩千餘年之久，出現過大大小小幾百個皇帝。皇帝至高無上的地位，統治萬民的權力，獨斷專行的作風、鋪張奢侈的享樂等等，給民族精神打下了深刻的烙印。

最明顯的就是對皇權的恐懼而崇拜。「天地君親師」，以君為本，君主以天子自居，代行父天母地在人間的統治權。《詩經》裏就有：「溥天之下，莫非王土。率土之濱，莫非王臣。」到了秦始皇正式定名皇帝之後，帝王之權更加了得：臣民生殺予奪，聽憑皇帝一人。君叫臣死，臣不敢不死。大臣無辜被賜死，反倒要叩謝皇恩。臨死謝恩者也許是奴性已經鑄定，也許是惟恐皇帝株連九族。因為皇帝殺起人來，連西方中世紀臭名昭著的宗教裁判所也望塵莫

及。西班牙宗教裁判所在三百五十年裏，大約處死了三萬餘人，而明太祖朱元璋一次黨獄就株殺了三萬餘人。為了保住皇權，皇帝連父親、叔父、兄弟、姐妹、妻子、兒女以及開國元老、身邊親信都能大開殺戒，何況普通臣民。關乎身家性命，誰人還能不懼？懼而敬畏，卻也自然，正如人類早期苦於毒蛇猛獸侵害無力抵禦，苦於雷擊、暴雨、洪水、海嘯、地震等自然災害無法抗拒，遂轉而拜之為神，祈求保佑。況且皇帝畢竟是人，只要崇拜得法，且趕上龍顏無雲，或許能夠分享一點恩澤也說不定。所以，儘管人人皆知宦海風波險惡、「伴君如伴虎」，但千載悠悠，巴望著一人之下、萬人之上的位子者數不勝數。

有所懼與有所求，就導致了五體投地的崇拜與絕對服從的臣服。「臣服」一詞恐怕外語很難傳神、簡潔地翻譯出來，換成白話文似可以叫作無條件服從。臣服是皇權的產物，它不需要皇帝以外的人的獨立思考，它的現代翻版就是「理解的要執行，不理解的也要執行」。服從是行為，崇拜則屬於心理。但心理每每要外化成行為，臣民對皇帝山呼萬歲即其一例。據學者考證，「萬歲」用於對皇帝的致敬，最早是漢武帝精心炮製的彌天大謊，說他登上了嵩山之巔，吏卒都聽見山神向他高呼「萬歲」。既然神靈都要三呼萬歲，那麼臣民還不該快快效仿！「萬歲」歡呼了兩千多年，直到末代皇帝被趕下了金鑾寶座，還震天動地地「山呼」了好些年。

具有諷刺意味的是，在七十年代末出生的一代對「山呼」現象已經陌生了的現在，居然還有人對此深感興趣。據《光明日報》1996年11月16日第四版報導，湖北某公司一個因貪污、受賄罪被判處十五年有期徒刑的副經理，栽倒之前在喜歡聽奉承話的經理兼書記面前，「用喊『萬歲』的手段，加送2000元現金，就完全架空了『一把手』。」由此可見，「萬歲」的遺毒何其深遠！

　　單是崇拜就已極易走向狂熱的執信、過度的依賴、奴性的服從，再加上刻意的奉承與迎合，便有了令人作嘔的拍馬。皇帝位極人尊，從諫如流者鳳毛麟角，喜歡拍馬者卻比比皆是。帝王所喜，權臣所趨，吹吹拍拍演成封建社會官場的一大流弊，捧皇帝也成為文學藝術的一種惡癖。禍國殃民的昏君在應制詩的歌功頌德中成了明君聖主，皇帝的過失較之臣民更容易被諒解，甚至悖德行為也往往予以美化。唐玄宗與楊貴妃之戀，經由詩文的藝術闡釋，流傳至今，早已成為「在天願為比翼鳥，在地願為連理枝，天長地久有時盡，此恨綿綿無絕期」的愛情絕唱了。

　　皇帝的權威消解了社會倫理的善惡標準，人間的皇帝變成人們懾服、敬畏的神靈。民間迷信帝王的神力，以為帝王有鎮邪驅魔的本領，帝王所用的衣飾、用具也沾上了可以驅邪的靈氣。舊時戲業中人，每遇送葬隊伍從舞臺周圍經過時，都要把皇冠、蟒袍、聖旨、尚方寶劍等道具擺放在舞臺上，以為如此，死者的幽靈就不會侵害戲班及其生計了。甚至在二十世紀下半葉，在某些地方還產生出現代神話：「聖地」不得說「聖人」的「壞話」，一旦觸犯聖怒，將會翻車死人；已被破獲的不止一個偽宗教組織，也都曾以「天子再世」為號召，可見皇帝夢的頑固滯重。

　　人們對皇帝的崇拜甚至也隱含著某些方面的豔羨。人從本能來說，是避苦趨樂、且樂無止境的。但在現實生活中，為了協調人自身欲望與生命延續、人際之間、人與社會、人與自然的關係，產生出各種道德規範、行為規範，用以制約本能欲望，以保持社會穩定與持續發展。但是，皇帝貴為天子、身居九五之尊，往往不願恪守德行規範，而是窮奢極欲、貪歡無盡。隋煬帝弒父登基後，大興土木，營建洛陽西苑，方圓二百里，有人造海、人工神山、十六座豪華妃子院，任其冶遊作樂。他還調動民工百餘萬，開河造船，動用

船夫八萬人、儀仗隊九千人，船隊前後相連二百餘里，巡遊江南。乾隆六次南巡，聲勢遠遜於隋煬帝，卻也浩浩蕩蕩，動用縴夫三千六百人、役夫近萬人、馬六千匹、駱駝八百匹、騾馬車四百輛，如此等等。

當藝術文本（小說、民間故事、戲劇、電影、電視等）表現皇帝的這類奢華享樂時，接受者的感受十分複雜：驚歎有之，憤慨有之，豔羨亦或有之。近年來，酒家、飯店、商場、娛樂場所等出現一股「皇帝熱」──以「皇帝」、「皇宮」、「皇后」、「天子」、「玉帝」、「皇家」、「海霸皇」、「皇都」、「皇族」、「王府」、「王子」、「太子」等命名，以皇帝用過、皇帝喜好來做廣告宣傳，照相點以皇帝、皇后服飾招徠顧客等，也與這種皇帝崇拜心理密切相關。

在山高皇帝遠的地方，在天子之怒尚未殃及自身的時候，百姓對於皇帝還有一種精神勝利法，作為恐懼難耐與憧憬不及的補償。魯迅在《談皇帝》一文中稱之為「愚君政策」，並引述了故家老僕講過而且相信的對付皇帝的辦法：「皇帝是很可怕的。他坐在龍位上，一不高興，就要殺人；不容易對付的。所以吃的東西也不能隨便給他吃，倘是不容易辦到的，他吃了又要，一時辦不到；──譬如他冬天想到瓜，秋天要吃桃子，辦不到，他就生氣，殺人了。現在是一年到頭給他吃菠菜，一要就有，毫不為難。但是倘說是菠菜，他又要生氣的，因為這是便宜貨，所以大家對他就不稱為菠菜，另外起一個名字，叫作『紅嘴綠鸚哥』。」因為害怕之極，就幻想其呆，其實，歷史上確有幾個呆皇帝，但殺起人來並不比精明皇帝手軟，即使他本人的腦子不夠用，身邊總有幾個善用皇權的聰明人。百姓「愚君」，結果反倒證明了自己仍不過是皇帝治下的「愚民」，這實在是皇權製造的黑色幽默。如今，結束了皇帝統治的歷史，人民大眾才真正有可能正確地審視皇帝現象。

　　但皇帝題材的走紅並不就意味著正確的「皇帝觀」的形成。除了權威崇拜、享樂欣羨之外，皇帝題材的一哄而上也與近年的文化尋根、弘揚傳統有些關聯。我們有些人尋根熱情的主要投射對象，往往既不是張衡畢昇張仲景祖沖之李時珍，也不是孔孟老莊屈原杜甫李白陸遊李贄黃宗羲顧炎武龔自珍，而是有人向來以為最能代表中華氣象的秦始皇漢武帝唐太宗成吉思汗康熙乾隆等皇帝。

　　既然皇帝是一種不容忽略的歷史現象，也是活生生的生命個體，並且具有雄才大略的皇帝對中國歷史確實起到了應該銘記的重要作用，當然完全有理由納入藝術的視野，甚至也不必計較皇帝戲數量的多少。問題在於如何表現，採取什麼視角，選用什麼材料，因為這些關係到表現出來的是怎樣一個皇帝乃至怎樣一種帝制。

　　同是一個皇帝，在不同人的眼裏定然不盡相同，甚至大相徑庭。佞臣與賢臣、宦官與宮女、寵妃與廢後、正史與野史，給本來就有多重性格、多副面具的皇帝描繪出形形色色的形象，我們信哪個？

　　中國大大小小朝廷的幾百個皇帝，不盡是昏庸無能之輩，還真有那麼幾位令國人自豪的開創基業或中興國運或力挽頹勢的「聖君」「明主」。但是，慷慨悲歌「大風起兮雲飛揚」的漢高祖劉邦，為何要對開國元勳大開殺戒？頗為女性爭了一口氣的武則天，為何母性泯滅，連自己的親生兒女也不饒過？很有點勵精圖治之概的崇禎皇帝，為何抵擋不住草莽英雄李自成？封建帝制決定了帝王性格與帝王命運，帝王個人的韜略、能力阻擋不了朝代的更迭乃至整個封建專制的土崩瓦解。

　　如果我們現代的藝術家在正面表現帝王功業時忽略了對專制性質的揭露與鞭撻，那麼，將來我們的下一代會不會說既然皇帝如此英明為何還要推翻皇帝，會不會說只要換個皇帝何必推翻帝制，會不會大家都去皇帝陵前祭祀而使黃花崗七十二烈士墓備受冷落呢？

　　如今藝術的娛樂功能與票房行情看漲，教育功能與認識功能則漸受冷落。但諸種藝術功能無論你承認與否，都在藝術傳播中發揮著各自的作用。如果當人們看多了皇帝戲後，欽佩起君王的說一不二，豔羨起後宮三千，欣賞起宮廷趣味，而對上陽白髮人的無言哀怨、對被賜自盡之忠臣的叩謝皇恩、對黎民百姓的饑寒交迫則無動於衷，我們的皇帝戲還能恬然地照舊演下去嗎？

　　藝術家未必要當歷史學家，但必須具備起碼的歷史主義精神。皇帝戲並非已無戲可演，但歸根結底要由人民創造的歷史來作權威的評判，背離歷史精神的信手塗鴉必將受到歷史的無情嘲弄。

歎徐志摩們命運多舛

電視連續劇《人間四月天》播出之後，演員情意纏綿的表演頗讓一些觀眾著迷，徐志摩作品與有關傳記也跟著熱銷一時。但徐志摩、林徽因等各自的後人，卻不約而同地提出了尖銳的批評，認為這部電視劇「胡編亂造」，將一個虛構的庸俗的「愛情故事」強加於人。如果僅僅是親人出於對尊長的避諱倒也罷了，問題在於劇中的主人公同生活中的人物原型的確有著不小的距離。這裏僅以徐志摩為例，對新詩發展的貢獻姑且不論，即以人格來說，也有其柔情似水而不失風骨、矛盾叢集而堅忍不拔的魅力。他對待感情生活，其實是嚴肅負責的，而決非輕浮貪婪的公子哥之流可比。他一旦決定與張幼儀離婚，去追尋「靈魂之伴侶」，便執意前行，失去豐厚的經濟資助也在所不惜；當他與陸小曼婚後在思想感情上出現了嚴重的裂痕時，胡適等友人曾勸他離婚，就連向來維護妻子權益的胡適夫人江冬秀也居然贊同他離婚，但他不想為了自己的解脫而放棄對陸小曼的責任，不願看見自己所傾心相愛過的人因自己的離去而毀掉，於是，寧可自己苦苦地忍耐與艱辛地奔波。徐志摩重感情、愛新詩，但並非一味陶醉於個人的小天地與藝術的象牙塔之中。1928 年 5 月初，日本帝國主義製造了屠殺中國軍民 5000 餘人的「濟南慘案」，國民政府山東特派交涉員蔡公時被日軍割去耳、鼻後，與 17 名外交人員同遭殺害。徐志摩對日益加重的民族危機深感憂慮，對帝國主義藏在體面招牌後面的可惡嘴臉深惡痛絕，對一味退讓、昏庸無能的當局義憤填膺，痛斥「外交部長是欺騙專家，中央政府是昏庸老朽的收容所」。他在文學觀念上對左翼抱有異議，但

並不妨礙他在反專制、爭民主的鬥爭中站在進步陣營一邊。1930
年冬，光華大學校務委員會開除了受命鬧事的國民黨黨員學生，結
果得罪了上海市黨部，擔任校務委員的徐志摩不得已而離開光華大
學。1931　年春，胡也頻等「左聯」五烈士犧牲之後，他冒著危險
贈送全部旅費，資助丁玲帶著烈士的遺孤回鄉。像這樣一位複雜的
歷史人物，僅僅取其感情生活的一角，加以虛擬性的放大，甚至扭
曲，無疑模糊了人物真實的、整體的面目。誠然，電視劇在表現歷
史人物時，可以有所側重、有所剪裁，但一切藝術處理應以完整、
準確地把握人物性格為基本原則，而不應為了商業價值去任意割裂
人物性格。古代人物，因其年代悠久而變得雲煙縹緲，可以給創作
者提供較大的想像空間；而新文學史距離較近，大至歷史氛圍、小
至生活細節，都可以從深知已故作家生平的同輩與親人以及大量的
文獻資料那裏得到確鑿的見證，因此，創作者的想像空間相對來說
要小一些。倘若為了強調某個側面而犧牲整體、為了趣味而損傷元
氣，為了利潤而玷污真實，只能說是對歷史的不負責、對故人的不
尊重。

　　問題不止於如何對待已成故人的現代作家，新文學作品的改編
也存在著對原作忠實與否的問題。有的文本被做了傷筋動骨的大手
術，人物性格、情節結構被改得面目全非；有的仿佛被做了劣質的
美容手術，非但沒有使作品煥然一新地走上螢幕，反倒落下了難看
的傷疤與深深的隱痛。將小說改編為影視，改編者自然有再創作的
自由，但自由不是毫無節制的任性妄為，基本框架不應做大的改
變，否則就不如完全另起爐竈，何必在人家的綠蔭上縱馬施威呢？

　　新文學史雖然只有短短的三十年，但名家輩出，精品薈萃，的
確是一座擁有豐厚的思想、文化、文學資源的富礦。比起那些不知
天高地厚的恣意否定來，將新文學作家及作品引入影視，應該說是

有見識的舉措。因為這樣不僅能夠為急需提高原創力的影視增添活力，而且可以使新文學走進千家萬戶，起到一點開放式現代文學館的作用。問題在於：無論是寫人，還是改編作品，總要善待新文學。

華麗表層難掩發掘之淺

　　根據張恨水同名小說改編的四十集電視劇《金粉世家》，在其播出之前就通過金碧輝煌的畫面與頗為誘人的廣告詞吊起了觀眾的胃口：「油畫式的氛圍　唯美視覺享受　《金粉世家》演繹最華麗的『京華春夢』　陳坤走出《像霧像雨又像風》　董潔告別《幸福時光》　青春偶像的靚麗旗幟　引無數顆心再次感動」。待到這部電視劇在螢屏上播出，卻未必產生如此預設的審美效應。是因為伊拉克戰爭分神，還是緣於 SARS 病魔作祟？也許都不無關係，但為什麼同一時段有的電視劇就能吸引觀眾的目光？比如《走向共和》，重播的《空鏡子》也仍然讓人流連忘返。我作為一個現代文學研究者，看張恨水小說的改編劇目本來應有親切感，然而對這部電視劇卻覺得那樣陌生。這恐怕與電視劇對原作主旨的改動有關。

　　小說女主人公冷清秋出身於破落之家，為總理公子金燕西的甜言蜜語和顯赫家世所吸引，芳心蕩漾，嫁了過去。不想結婚之後，金燕西獵豔成癖、放蕩不羈的本來面目暴露，與有著豪門背景的前情人白秀珠舊情復燃，又同女戲子勾連往還，打得火熱。嫉妒失望的冷清秋自閉小樓，以佛學來慰藉自己，最後趁著一把火悄然離去。作者對冷清秋的不幸婚姻固然懷著同情之心，但對她的愛慕虛榮與輕信、幼稚也不無嗔責之意，對她的反省、覺悟與最後的抉擇自然是給予幾分贊許。《金粉世家》是言情小說與家庭小說的融合，言情並非著意於兩情繾綣，而是意在感情生活的反省與洞察，言情與家庭之中，重點是在後者。道德批判的鋒芒並不單單指向悲劇的直接釀造者金燕西，而且更指向他所賴以產生的家庭制度與男權傳

統。金燕西的行為並非獨一無二的個案，而是豪門巨族不思進取的紈絝子弟的通病，金家三個公子雖然都是家有豔妻，但無一例外地在外尋花問柳，其實他們的所作所為不過是父親金銓私生活的翻版。金銓道貌岸然地反對兒子納妾，可是他自己納了兩個妾還嫌不夠。金氏父子的所作所為，不只是個人品德的敗壞，而且透露出深遠的社會文化背景。

在男權中心的傳統社會裏，兩性地位嚴重傾斜，有錢有勢的男人可以無休止地追求性欲、佔有欲等本能欲望的滿足，而他們的妻室卻只能關在高門深院裏等候男人的恩賜，或者遭受男人的冷眼甚至欺凌。金家姐妹不是出於血緣關係去支持金燕西，而是反過來聲援外姓人冷清秋，女性的同情心背後掩映著對男權傳統的反抗。冷清秋的傲然對立以及最後不辭而別，連同金氏姐妹的支持，其實是對家庭乃至整個傳統社會男權權威的挑戰。家庭本應是天倫之樂的伊甸園，親情融融的芳草地，但在張恨水筆下的這個金粉世家，夫妻之間、嫡庶之間，甚至母子之間，都充滿了陰謀、欺騙、猜忌、角鬥，親情被撕扯得七零八落。大家庭的污濁內幕及其土崩瓦解前後的巨大反差，既揭穿了舊的家族制度的虛偽性與腐朽性，也帶來了情節上平淡中見奇崛的張力，對讀者產生了強烈的吸引力。市民社會頗感到親近有味，尤其是婦女們，最愛看這類小說。1927 年 2 月 14 日到 1932 年 5 月 22 日連載期間，以至後來十幾年，在一些應酬場上，常有女士們就書中的故事當面向張恨水諮詢。

但是，在改編者筆下，《金粉世家》卻被製作成「描繪了一幅亂世之秋發生在封建大家族的淒美愛情畫卷」的「愛情巨製」。這等於改變了原作的基調。本來，小說所表現的時代距今已有八十年上下，要體味當年的歷史氛圍已屬不易，何況在原作的框架內對基調做出如此之大的改動，難怪讓人不時地覺得演員只是在鏡頭前努

力完成各種規定動作，而並未真正入戲，即沉浸在作品的歷史情境中。愛情誠然是感人的動因，但愛情有深沉與膚淺之分，情境有真實與虛假之別，脫離現代文學作品所提供的特定歷史情境，單靠唯美視覺中愛情的恣意渲染與「青春偶像的靚麗旗幟」，怕是難收「無數顆心再次感動」之效。《金粉世家》的問題並非只是個案，近年來頗有一些電視劇，不是著力於表現社會歷史的真實與人性世界的複雜，不是追求人生境界的提升，而是一味在佈景、服飾上下功夫，營造華麗的外表，或者熱中於玩奇鬥炫，追求感官刺激，場面大則大矣，情節奇則奇矣，氛圍或有如詩如畫之概，刺激也頗能招來可觀的廣告，但終究掩飾不住意蘊的蒼白、情調的膚淺、甚至精神的扭曲。當時或許熱鬧一陣，但很快就會被無情地遺忘。

現代文學留下了豐富的遺產，可以說是影視創作的沃土。即拿張恨水來說，若論小說的社會容量與影視改編的期待市場，《春明外史》恐怕要勝過《金粉世家》。《春明外史》猶如民國初年京都生活的「清明上河圖」，其世情描繪帶有濃郁的風俗畫特徵，就其表現生活的廣闊性與社會文化批判的尖銳性而言，在二三十年代長篇小說中相當出色。作於三四十年代之交的《八十一夢》，堪稱中國現代文學史上寓言體小說之傑作，如果說寫實性的表現有困難的話，那麼製作成動畫片或漫畫影視片，其上天入地、出入古今的自由空間，其鞭闢入裏的諷刺鋒芒，該產生多麼巨大的藝術魅力。張恨水之外，更有許多具有改編潛力的小說，譬如端木蕻良的《科爾沁旗草原》、路翎的《財主底兒女們》等。只是越是這樣厚重的作品，就越是需要改編者的深沉眼光與藝術才華，當然還應有寬容的文化氛圍。華麗的表層追求容易，歷史與人性的深層發掘則難，而唯其艱難，才有望獲得長久的生命力。

馬失前蹄

　　前些時，我在介紹張恨水小說的社會風俗畫特色的電視節目裏，說到寓言體諷刺小說《八十一夢》寫豪門得勢，哈巴狗翻毛雞都可以乘上空中電車，從錢眼車站上車，直入雲霄。難怪車站門將「順治通寶」改成了「孔道通天」。正所謂一人得「道」，雞犬登天。這一描寫，很容易讓讀者想到一則令人氣憤的醜聞：太平洋戰爭爆發後，許多知名人士困在香港，一時難以脫身，而當朝權貴孔祥熙的太太卻帶著雞犬箱籠乘飛機回到重慶。消息傳出，輿論譁然。昆明學生還爆發了聲勢浩大的倒孔遊行。這一故實，我在一本書裏曾經寫過。可是，也許是第一次錄製電視節目有點緊張，也許是因為歷史知識本來就不是爛熟於心，所以，竟然鬼使神差地說事件是發生在「太平洋戰爭爆發之前」（同類事情在太平洋戰爭爆發之前在內地曾經發生過，張恨水的諷刺實有所據）。後來節目播出了，聽說還製作成 VCD 海內外發行，我真是感到無地自容。

　　類似的舛誤不時能在各種媒體上看到。一位歷史學者在講到武則天時，引述了她的一首題為《如意娘》的詩：「看朱成碧思紛紛，憔悴支離為憶君。不信比來長下淚，開箱驗取石榴裙。」這位學者把第一句詩解釋為：淚眼模糊把紅裙子看成綠裙子。自然詩無達詁，但如此解釋似乎離譜，莫如理解為：眼看著紅花謝盡只剩下綠葉，禁不住思緒紛紛，「看朱成碧」形容光陰流逝。古代詩詞中與此相似的用法不少，譬如唐代王勃《上巳浮江宴韻得遙字》有「綠齊山葉滿，紅洩花片銷。」武元衡《春興》有「楊柳陰陰細雨晴，殘花落盡見流鶯。」韓愈《晚春》有「誰收春色將歸去？慢綠妖紅

半不存。」宋代李清照《前調》:「昨夜雨疏風驟,濃睡不消殘酒。試問卷簾人,卻道『海棠依舊』。『知否?知否?應是綠肥紅瘦。』」

　　我曾經在《中華讀書報》「家園」版上發表過一篇短文,題名《越界的風險》,是說做比較文學研究時如果不對相關學科多下些功夫,容易出現紕漏。現在想來,何止於比較文學,做任何學問,都應該拓寬視野,把基礎打得牢固一些。文史向來不分家,談文學往往離不開歷史,歷史研究也常常要以詩文證史,如果功夫不到家,稍不留神,就會馬失前蹄,貽笑大方。

女人應該什麼樣？

　　讀了岳洪治先生的《丁玲不像女人》（中華讀書報 2001 年 7 月 11 日第 10 版），不禁產生一個疑問：女人應該什麼樣？難道只有善於「做作」，擅長「風情」，才算得上「合格」的女人，而「豪爽、大氣、襟懷開闊的性情舉止」，「對理想的追求和對事業的執著」則是男性的專利？女人的性情本來就千姿百態，即使是延續了幾千年的封建禮教的桎梏，也無法完全抹殺女人的個性風采；何況近代以來伴隨著一系列社會革命或改革的婦女解放運動，逐漸把女性推上廣闊的社會舞臺，使其個性有了前所未有的發展機遇，女性世界的精神風貌發生了歷史性的改觀。丁玲出生在近代以來領革新風氣之先的湖南，承領過五四精神的沐浴和向警予等先輩的影響，發奮自強，以屈原「雖九死其猶未悔」的執著與湘妹子的潑辣，向男尊女卑的傳統挑戰，向黑暗的舊秩序挑戰，展現出個性鮮明的新女性姿態。

　　儘管丁玲早年及晚年都表示過她不以女性為標榜，但從其創作來看，女性色彩一直十分強烈。早期小說，幾乎全是女性題材，有知識女性在愛情生活與事業選擇中的彷徨歧路與焦灼不安，有鄉下婦女朦朧的個性覺醒與盲目抗爭，有少女同性戀的可笑執迷與痛苦掙扎，還有風塵女子被銷蝕了自尊與正常生活願望的自得其樂的墮落。她旗幟鮮明地站在女性立場上，為女性寫真，替女性辯護，以女性的身份與筆觸，大膽、率直地寫出了女性的性欲渴求與性感體驗以及女性複雜多變的幽曲心理。在她佈置的舞臺上，女性是不容替代的主角，始終位於動作衝突、敘述推進的中心位置，即使是傳

統文學裏男性當仁不讓的性愛主角，也每每讓位於女性。投身社會革命大潮之後，她仍然堅持女性的視角。《新的信念》與《我在霞村的時候》，描寫兩代女人在敵寇的獸性摧殘下頑強地活下來，並且如鳳凰浴火一樣獲得新的人格，成為出色的抗戰宣傳員或情報工作者。現代文學史上，表現受侮辱的女性的作品頗有不少，但若論對傳統貞操觀念的挑戰姿態則首推丁玲。雜文《三八節有感》，更是以犀利的詞鋒，批評根據地存在的男權陰影。即使像《太陽照在桑乾河上》，人物刻畫的成功，也有女性觀察與體驗的底蘊在起作用。

　　岳先生的文章自有別的可取之處，但拿「丁玲不像女人」做標題，醒目固然醒目，卻容易使人對丁玲也對女人產生誤解。我在1981年長春的一次會上，有幸見過丁玲，那時，她已是77歲高齡，但那飽經滄桑的深沉眼光中，仍然透露出女性特有的澄澈靈秀，給我留下了深刻的印象，至今難以忘懷。

眼界與雅量

　　應該肯定姚春樹、袁勇麟先生所著《20 世紀中國雜文史》（福建教育出版社 1997 年 11 月第 1 版），作為國家社會科學基金專案的成果，確實是一部厚重之作，該著首次對 20 世紀中國雜文的歷史脈絡做了系統而清晰的梳理，歷史淵源的追溯、時代背景的分析與雜文創作的闡釋等等，均能見出著者的深厚功力。該著問世以來，報刊上多有好評，能夠榮獲幾個重要獎項更是其學術建樹的有力證明。但我在這裏要說的則是一點不足，即這樣一部八十餘萬言的學術著作，書後竟然沒有列出參考文獻。據我所知，研究中國現代雜文的學術專著，此前至少有兩本值得注意：一本是張華主編的《中國現代雜文史》（西北大學出版社 1987 年 9 月第 1 版）。這是現代雜文史的開創之作，雖然在觀點、結構、表述等方面尚有待完善，但正如曾彥修先生在《序言一》中所說，該書確實佔有和研究了大量的原始材料，它所反映的 1918-1949 年間的雜文發展情況是相當全面的，而且提出了一些可貴的獨立見解。林非先生在《序言二》中關於現代雜文特質的透徹闡釋也頗為該書增色。再一本是姜振昌著《中國現代雜文史論》（人民文學出版社 1995 年 10 月第 1 版）。這本著作在雜文流派的形成、創作特徵及其歷史作用以及流派之間的關係等方面，也有獨到而深入的論析。這樣兩部專著，理當進入姚、袁二位先生的視野，如果說在搜尋並梳理百年雜文史料與進行描述和分析的艱苦勞作中，忽略了這兩部研究著作，不能不說是一種遺憾。對他人在同一選題或相關選題上的研究成果達到「窮盡」的程度，很難做到，但至少比較重要的成果總應該有所涉

獵。因為汲取他人研究中的經驗教訓，無疑會使自己的研究邁上一個新的臺階。我曾讀過一位海外華人學者的作家傳記，他在研究資料目錄中列入了該書出版前幾個月才見到的文獻，看那文獻的出版日期，竟在其《後記》的修改稿之後，大概是在看校樣時加進去的，其寬廣的眼界與虛懷若谷的態度實在值得欽敬。對他人的研究成果，如果曾經閱讀並有所汲取，那麼應該列入參考文獻，以示對他人權利與創造的尊重；即使沒有明顯的汲取，將其作為一種本來不多的研究資料介紹給讀者，也顯示出著者的雅量。

　　如今書評多說好話，筆者也曾寫過一些只說好話的書評，但想到學術的發展其實是離不開否定性批評的，姚春樹先生在《20 世紀中國雜文史‧後記》裏對「專家和讀者的批評指正」的「熱烈期待」也給我以鼓舞，遂寫出上述意見，算是給這部力作找一點白璧微瑕。

越界的風險

　　比較文學，無論是國別之間的影響研究、平行研究，還是更為複雜的跨文化、跨學科研究，都需要對單一學科的跨越。越界常常會打開新的視野，取得令人欣喜的收穫，但也潛在著一定的風險。最近，讀到三本各有所長的比較文學著作，獲益匪淺，但對其「硬傷」頗感遺憾，覺得有必要說一說。

　　一本是《異域的召喚──德國作家與中國文化》（寧夏人民出版社 2002 年 8 月第 1 版）。著者充分發揮德語專長，並且以相當深厚的學術功力，分「德語文壇『中國』形象之變遷」、「德語文壇中國文化之回聲」、「德語文學漢譯史話」三個部分，對德國作家與中國文化的關係做了系統的梳理與較深的闡釋，在框架設置、觀點論述及史料鈎稽等方面均有值得稱許之處。但第三部分「1、德詩漢譯之端緒──王韜、蔡鍔、梁啟超」，卻有幾處硬傷。329 頁所說的鄭關應，實際上應是鄭觀應，這大概是排版之誤，姑且不說。331 頁把 1860 年英法聯軍火燒圓明園的暴行當作 1900 年八國聯軍所為，與史實有違。333 頁把陳獨秀的《文學革命論》歸於梁啟超的「如椽巨筆」，從前後文來看，並非偶然筆誤，而是名副其實的張冠李戴。

　　第二本是《二十世紀中俄文學關係》（學林出版社 1998 年 4 月第 1 版）。這部著作是中國第一部全面系統地梳理二十世紀以來中俄文學關係沿革的專著，其開創性在我所十分尊重的先生所寫的序文中有所肯定，對此我基本贊同。但不能不指出書中有明顯紕漏，如第一章第 2 頁，說「早在明末清初（1618 年）中國順治皇帝就

曾寫信給俄國沙皇瓦西里·蘇伊斯基，表示溝通的願望」。這一句的表述讓我百思不得其解。皇太極於 1636 年改後金為清，那麼 1618 年何來「清初」？順治皇帝愛新覺羅·福臨 1638 年出生，1643-1661 年在位，怎麼可能在 1618 年寫信？接下來的一頁，稱「中國先秦散文中最早被譯介到俄國的是孔子的《大學》……1784 年，他的《中庸》俄譯本問世」。其實，《大學》與《中庸》是宋代從《禮記》中抽出的兩篇，前者約為秦漢之際儒家作品，與孔子相差了幾百年，後者相傳為戰國時期子思（孔子之孫）所作，這一點即使得到確認，祖孫著作的署名權也不是可以隨便置換的。

　　第三本是《東方文學交流史》（天津人民出版社 2001 年 8 月第 1 版）。此書的學術貢獻自然同樣應該予以肯定，但其中有的觀點讓我不敢苟同，提出來作為商榷。74 頁說「中國傳統的漢文化在秦漢之際（西元前 221－西元 220）正式形成」。而實際上春秋戰國時期是中國文化的第一個高峰期，對後世影響深遠的法家、兵家等姑且不論，作為中國文化重要基石的儒家、道家，其核心與整體框架此時均已基本形成。那麼，說「中國傳統的漢文化在秦漢之際（西元前 221－西元 220）正式形成」是否有武斷之嫌？

　　上述三本書的著者，其專業都是外國文學，當他們在自己的專業領域耕耘時，給人以得心應手之感，而前面提到的問題，都是出在他們不太熟悉的領域，由此想到越界研究的確具有相當的風險。我自己的比較文學著述，有多少類似的硬傷，不大敢回頭查驗；現在正在做著翻譯文學的課題，即使小心謹慎，恐怕也難以完全避免露怯。讀書時隨手寫下上面的文字，與其說是批評他人，毋寧說是為了提醒自己。

《幼學瓊林新編》質疑

妻子買來《幼學瓊林新編》等幾本傳統蒙學讀本，說一來讓女兒學一點傳統文化，再者我們也可以跟著補補課。我想此話有理，我們這一代知識偏枯，傳統文化底子薄弱，搭車補課理所應當；孩子趕上了好時候，正應該從小打好傳統文化的基礎。

《幼學瓊林》確如編者所說，像個小百科，天文地理，人情世故，衣食住行，生老病死，包羅萬象，涵蓋甚廣。並且文字簡練，每每對仗，自有一種韻律感；典故迭出，引人進入繽紛而厚重的歷史文化氛圍。校釋者解釋了那麼多典故，並將文言譯為白話，著實下了一番工夫，普及傳統文化，功不可沒，但未曾讀完，便覺得骨鯁在喉，不吐不快。

先來說書中雜糅的封建道德。僅以婦德為例，諸如「姜后脫簪而待罪，世稱哲后」；「司馬懿有賢妻，何辭執爨」；「陳仲妻恐隕德而寧隕於崖，此女之烈者」；「王凝妻被牽，斷臂投地，曹令女誓志，引刀割鼻，此女之節者」，等等。周宣王仗勢縱情聲色，姜后何罪之有？作為妻子委屈自責，卻被譽為「哲后」；司馬妻為保全自己的家庭，竟殺害無辜的婢女，卻被封為「賢妻」；陳仲妻遇強人怕受辱損名，寧可跳崖而死；王凝妻只因爭吵中被店主拉了一下手臂，便有斷臂之舉；曹令女喪夫後擔心家人令其改嫁，竟用刀割掉自己的鼻子。這些荼毒女性的慘烈悲劇，全在封建禮教的大纛下公行，為原書所褒揚。五四以來，封建禮教的荒謬性、虛偽性、殘酷性已被越來越多的人所認識到，但要根除封建禮教的遺毒卻並非易事。時至今日，男尊女卑心理仍然相當嚴重，溺殺女嬰、拐賣婦女、

殘害婦女等案件時有所聞，甚至古老的節烈觀念仍在發生作用。就在前不久，媒體披露一個發生在南方山村的案子：一位少女，在山上勞動時遭受一名鎮幹部猥褻，羞憤至極，服毒自殺。當地群眾在對那個獸性官員表示強烈憤慨的同時，對剛烈少女的自殺表示理解，有一位姑娘說，自己碰上這種事情，也可能會選擇同樣的結局。那個官員受到了法律的懲罰，實屬罪有應得。可是，一個少女的生命就這樣因為一場突如其來的打擊而殞滅了，讓人不能不為之悲惋。以生命的代價來捍衛人格的尊嚴，剛烈固然剛烈，但還是過於沉重了吧。

批判封建禮教、建設現代精神文明可謂任重道遠。不加批判地流布一些雜糅著砒霜的國粹豈不令人擔憂！尤其是蒙學讀本的主要對象是孩子，是否每個讀到《幼學瓊林新編》的孩子都有能夠鑒別精華與糟粕的家長幫助解讀？如果沒有這種可能，讓幼小的孩子自己怎樣去鑒別呢？給孩子純潔的心靈染上污點，一定不是編校者的初衷。那麼，這類書究竟應該怎樣「新編」就是一個亟待探討的課題。無論編校者關心下一代、弘揚傳統文化的動機怎樣純正，目前這種照錄式的編校方法都不能不使動機與效果產生不容忽視的反差。

接下來要說的是文言譯白話中的問題。「人說驪姬專國色，我雲薛女是香妹」中的「香妹」，被譯為「飄香的香丸子」，這種譯法通俗是通俗了，可是給人一種滑稽的感覺。本來，「香」字，舊時文人用來形容女子的事物或作女子的代稱，如香閨等；「妹」一詞在兩性關係中也有其淵遠的文化意味。「香妹」不譯也無不可，要譯或可另尋譯法，但「飄香的香丸子」實在失去了原本的文化韻味。翻譯確為難事，不獨兩種民族語言之間如此，而且漢語的文白之間亦然。如果說「飄香的香丸子」尚屬可商榷一類，那麼，下面所舉

則是明顯的錯謬了。譬如「憑空起事，謂之平地風波」，譯為「空中突然發生事件，像平地裏忽來的風浪一樣」；「聖人」譯為「多是指受命於天的天子」。又如「以蠡測海」，譯為「用蚌殼去測量海水」，意思沒錯，但「蠡」為瓠瓢而非蚌殼；「擊壤而歌」譯為「拍打著土地而歌唱」，而實際上，「擊壤」本是我國古代的一種投擲遊戲。邯鄲淳《藝經》載：「壤以木為之，前廣後銳，長尺四，闊三寸，其形如履。」「擊壤而歌」的「擊壤」，當指擊此遊戲器具之「壤」，而非土壤。再如「夫謂妻曰拙荊」，譯為「丈夫稱呼妻子，叫做拙荊，即拙劣無能的人」，「拙荊」本是舊時對自己妻子的謙稱，從荊枝作釵、粗布為裙的婦女樸素服飾而來，與「拙劣無能」實在是風馬牛不相及。此類錯謬本來查一查《辭海》即可避免，不知編校者為何竟如此粗心疏懶。編校著述，在己能夠立言立身，對人可以惠澤於世。但如此粗疏，立言不慎，何以立身？誤人子弟，於世何益？

　　筆者寫此文心情頗為沈重。一則慮及時下以弘揚傳統文化為旗幟的古書今譯中，此類瑕疵正不知有多少；二則自己也曾有過一些著譯面世，不知是否也有如此出乖露醜、誤人惑世之處，若有尚且不止一二，豈不羞煞我也！評人實乃自戒。

　　（《幼學瓊林新編》，[明]程登吉原本，[清]鄒聖脈增補，夏初、惠玲校釋，北京燕山出版社 1991 年版）

《富士山風韻》序

　　如今，要在中國圖書市場找幾本日本文學著作，並非易事。有好幾次我趕到熱熱鬧鬧的書市去尋訪日本文學書，都是乘興而去，敗興而歸，甚至到專門出版外國文學圖書的出版社讀者服務部，也很少能夠如願。問工作人員有些書怎麼不再版，得到的回答是「不敢印，怕賣不動」。這種心理並非沒有現實根據。說來也怪，儘管中日兩國一衣帶水，且文化上有著較為密切的關聯，但中國人看日本文學的眼光，較之對待西方總有些異樣。試想，假如川端康成、大江健三郎沒有獲得諾貝爾文學獎，會有中譯本文集問世嗎？大江健三郎作品的翻譯簡直可以說是諾貝爾文學獎逼出來的。近年來井原西鶴一度走俏，十之八九是緣於其作品的標題：《好色一代男》、《好色一代女》。

　　明治維新以前一千多年，中國一直是日本的先生，而且日本這個學生曾經是那樣的幼稚，連文字都是借用漢字創造的。明治維新以後，日本文化有了突飛猛進的發展，過去一直是向日本輸出文化的中國，現在反過來不得不向日本學習了。1896 年，中國向日本派出第一批留學生，日本文學也陸續譯介到中國來，20 世紀 20 年代－30 年代，80 年代，出現了兩次譯介高潮。但國人的文化優越感卻根深蒂固，總覺得日本文學能有什麼呀，這或多或少地影響了對日本文學的接受與傳播。另外，中國文學歷史悠久，寶藏豐富，有楊柳岸曉風殘月的婉約，也有大江東去驚濤拍岸的豪放，有講究中和之美的傳統詩教，也有剛健蒼涼的美學追求，而日本文學總體上看，格調淡雅，表現含蓄，陰柔壓倒陽剛，這種美學風格對於中

國讀者來說，似乎缺少足夠的吸引力。然而事實上，由於日本人的善於學習，也由於日本近現代化在東方的領先地位，其近現代文學較之古典文學在美學風格上有了不少變異；在人性與個性的張揚、人性深層的開掘與人之異化的表現等方面，日本至少在進程上要領先中國一步。不管承認與否，20 世紀中國文學的歷史軌迹確切無疑地打上了日本文學影響的烙印。

現在距梁啟超翻譯日本政治小說《佳人奇遇》，已經過去了百年，我們理應以更為寬廣的胸襟迎迓八面來風，以更為沉毅的耐心諦聽遠方新聲，以更為虛心的態度汲取異域養分。正是本著這一想法，我與孫麗華高興地接受了吳俊先生與蔣恒女士代表江西教育出版社的委託，來編選《日本書話》。希望這部書話，能為讀者開啟一個窗口，借此認識日本文學的歷史脈絡與基本風貌，並進而領略一點日本文化韻味。

全書分三輯：第一輯為古代文學，從 8 世紀初的《古事記》到 19 世紀中葉接近尾聲的江戶文學；第二輯為近代文學，從 19 世紀下半葉開始的明治文學到 1925 年截止的大正文學；第三輯為昭和初年以來的現代文學。各輯的排列順序，大體上以作家在文壇登場並發生影響的時間為序。日本文學史上，尤其是近代以來，可以說是名家輩出，佳作迭見，我們在編選書話時，力圖反映名家名作，但有的苦於找不到合適的書話，自己去寫，時間、精力與能力又多有限制，只好付之闕如。

一百年間，幾代前賢與當代同人為日本文學的譯介、研究傾注了大量心血，創造了可觀的業績。本書所選文章的作者就有五四新文學前驅者魯迅、周作人、郁達夫、巴金等，也有 30 年代就活躍在文壇的豐子愷、夏丏尊、樓適夷、章克標等，還有 50 年代以來、尤其是改革開放以來為日本文學的傳播與研究勉力而為的老中青

三代譯者、研究者。按說本書應該盡可能多地選入重要譯者、研究者的代表性篇章，但是由於書話體例與整體篇幅的限制，一些曾使我們擊節稱快的佳作就不能不忍痛割愛了。對同一位作家或同一部作品，也每每有幾篇各有千秋的好文章，出於篇幅長短和儘量多反映一些譯者研究者成果的考慮，本已選來複印剪貼完畢的一些文章也只好放在了另一邊。由於時間的緊迫，加上編選者視野的局限，遺珠之憾在所難免，若能得到方家的諒解，我們多少可以減輕一點心中的不安。在此，我們對所有在日本文學的翻譯與研究方面作出過貢獻的前賢與當代同人表示敬意，對已選文章的版權所有人的理解與支持致以衷心的感謝。

　　在編選過程中，我們碰到的學理性文章多，而短小精悍、生動活潑的隨筆少。這一方面可以見出我們的翻譯界、研究界學術意識強，另一方面也至少反映出兩個問題：一是普及意識淡薄，二是個性的壓抑。日本文學翻譯過來，並非只是為了給專家學者看，廣大的讀者群還是在學術界之外，既然如此，寫一點關於作家作品的隨筆豈不有益於廣大讀者？譯序也好，譯後記也好，特意寫的書評書話也好，總應該見出作者的感情傾向、獨到見解以及文體風格等個性特徵。但我們所見到的不少文章，缺乏鮮明的個性，見解是某種流行觀念的演繹，感情極力克制而不外露，語言表現也是千人一面，這等文章難以流傳，自在不言之中。借此機會，我們願向譯界、學術界同人呼籲：為了廣大讀者，為了翻譯與學術事業，也為了舒展壓抑已久的個性，讓我們都來寫一點見情見智、生動活潑的書話。編選者願與同人共勉。

目錄的位置

　　目錄是引導讀者讀書的路標，按說自然應該放在醒目的位置，翻過扉頁，便是目錄，讓人對全書的構架一目了然，是順序而讀，還是抽讀、跳讀，任憑讀者自由選擇。但在實際上，目錄的位置卻五花八門。

　　有些書的目錄前面排有總序、序、前言、引言或緒論，有的序不止一篇，而且又是長篇大論，以至於目錄前的文字版面竟有幾十頁之多，讀者尋找目錄真須磨練一份耐心。有的序雖然排在目錄前面，但到底還能進入目錄，有的則乾脆連目錄也不進入，仿佛與此書沒有什麼關聯。有一本頗有品位的書，序文精練透徹，出手不凡，可惜由於序文未入目錄，而作序者的草書署名又是龍飛鳳舞，結果讓圈外人很難辨認清楚那位作序者的大名。

　　前言、引言等居於目錄之前，大概是對序的位置的模仿，而序之所以「名列前茅」，恐怕是因為：一、包括目錄在內的書稿完成之後才請人作序；二、出於對作序者的尊重；三、強調序的重要。這裏面，有的屬於技術因素，有的屬於文化因素。技術問題的解決，在電腦排版已經普及的今天，可謂易如反掌。但要改變因襲的慣例及其內含的傳統文化觀念則要複雜得多。　出版者或者以為序在目錄之前乃屬古已有之，或者以為位置的前後關乎等級秩序，或者以為區區小事無傷大雅，總之一仍其舊，讓讀者在本來無須費神的地方枉費精神。

　　目錄的問題不止於此。最近在書店見到一本編選名人言論的書，目錄的位置倒是醒目，只是在每章的題目下，密密麻麻地擠滿

了幾十篇選文的小題及括弧裏的作者名字，仿佛成千上萬聚集在一起的南極企鵝，讓人很難分辨他們各自的面目。更奇的是一本作家散文集，從封面翻到封底，根本找不見目錄的蹤影，開始以為是印刷廠漏裝了，可再一看這套散文叢書裏的另外幾本，全都是如此，給人一種赤膊見客的感覺。

　　歸根結底，書是給讀者看的，排版設計應以讀者為本位。只要確立了這種觀念，目錄的位置問題自當迎刃而解，讓讀者犯難或不快的種種現象會越來越少的吧。

如何面對混沌

　　在路遙拿出了《平凡的世界》、周克芹拿出了《秋之惑》之後，有批評家曾斷言，這是他們的封頂之作，面對批評家的犀利詞鋒，作家自不服氣，你有什麼理由下這樣的斷言？然而天公不作美，英年早逝使得這兩位作家無法以創作實績回答批評家的挑戰，這是十分遺憾的事。

　　逝者長已矣，來者猶可追。批評家如何對待作家，批評應持怎樣的尺度，著實值得我們深思。批評不是攀緣創作大樹的青藤，而是與創作根鬚相連、枝葉相擁的孿生樹木，是借助創作闡釋人生、社會與宇宙的一種富於個性的話語，既然如此，卑躬屈膝的捧與居高臨下的罵都有悖於批評的本性，而無益於創作的生存發展。真正的批評即使讓創作者臉紅一時，總能使之心底服膺。批評須有膽量，然而膽量並不能代替批評尺度。從主客體角度來看，有批評家的主體尺度，也有與此相對的創作客體尺度。缺乏主體尺度，批評就成了人云亦云，毫無個性可言；失去了客體尺度，批評就成為向壁虛構、自言自語。無論哪種情況，都不能直面創作、立足文壇。關於路遙、周克芹的「封頂」之論均屬後者，其誤區就在於低估了作家的巨大潛力與他們所堅持的現實主義道路的廣闊前景。

　　聰明的作家同行惋惜路遙寫得很苦很笨，但其聰明之處也在於沒有否定那種又苦又笨的寫法同樣能夠展現生命的輝煌，同樣能夠像蠶一樣不斷地蛻變、更新。鳥有鳥的活法，蠶有蠶的活法，要評估它們的生命價值，要預測它們的發展前景，就要依據其各自不同的生命規律。對待作家的創作也是同理。不能因為在比較傳統的現

實主義創作那裏看不到多少「先鋒派」與「後新潮」的嘗試，就大失所望地斷言其已經「封頂」。事實上，既然《平凡的世界》已不僅超越了《人生》，而且也見出了《創業史》未曾見過的新芽，有什麼理由斷言生活積累豐厚、生命意志頑韌的路遙不會邁出新的步履呢？問題不在於路遙，而是在於某些批評家以主體尺度代替了客體尺度。

　　文學史上這樣的教訓實在不少。創造社批評家從自身的表現主義與浪漫主義尺度出發，批評魯迅的《吶喊》初版本除了《不周山》一篇尚屬表示作者「要進而入純文藝的宮廷」的「傑作」之外，《狂人日記》、《阿Ｑ正傳》等都是「淺薄」、「庸俗」的「自然主義」作品。魯迅不但不能心服，而且還輕視了這位「勇士」，當《吶喊》印行第二版時，乾脆將這一「傑作」刪除，讓人看看《吶喊》是否就真的只剩下「淺薄」與「庸俗」。

　　太陽社批評家從自身把握的政治尺度出發，宣佈「阿Ｑ的時代已經死去」，魯迅已經落伍。但歷史證明，不僅中國，而且世界，不僅當時，而且現在，都存在著眾多的阿Ｑ，魯迅作為跨世紀的文化巨人，不僅當時是、而且現在仍然是中華之民族魂。這裏，我想起《莊子・內篇》裏的一則寓言：南方之帝儵與北方之帝忽走訪中央之帝混沌。混沌熱情地接待了他們。儵與忽商量怎樣才能表達謝意，認為人都有七竅藉以視、聽、吃、呼吸，但混沌偏偏沒有，不妨給他鑿幾個竅。就這樣，他們每天為混沌鑿一個竅；到了第七天，七竅鑿成，可是混沌卻死去了。

　　富於個性的創作猶如混沌，自有其獨特的內在尺度。如何對待混沌，正是批評家自身面臨的嚴峻挑戰。如果做批評家如同儵、忽一樣省事，恐怕普天之下不會爭相「下海」，而是紛紛爭搶批評家桂冠了。

讀什麼

　　古人說，三日不讀書，面目可憎。這可真是名副其實的老皇曆了。如今，你去問風華正茂的少男少女，最近讀點什麼？一定會碰到不屑的目光：「讀什麼，你老土吧！當今網路時代，網路世界無邊無際，還不夠你看的？竟要讀什麼書！」也有人不管網蟲怎樣抨擊「平面媒體」，照樣喜歡咀嚼那些充滿了奇聞逸事的各色小報，還有花花綠綠的雜誌。報紙的版面那麼多，雜誌的可讀性那麼強，資訊五色繽紛，鋪天蓋地，簡直讓人喘不過氣來，哪裡有閒暇去讀書？於是，幾年前有了「小姐少爺請讀書」的幽默呼籲。不過，凡事不能以偏概全，書還是有人在讀，譬如：有人喜歡看那洋味十足的「漫畫書」，有人偏愛老照片一類以圖取勝的「圖片書」，有人青睞那些配有多彩插圖的「明星書」，有人在觀看纏纏綿綿的電視連續劇的同時，要參照著同題的「電視書」。各色「畫書」紛紛登場，真可謂進入了「讀圖時代」。

　　網路是資訊社會的視窗，不去充分利用就會使人閉目塞聽；報刊與日常生活息息相關，自然也無法拒絕那份溫柔；圖畫書拓展了認識與審美的空間，理當成為我們閱讀的對象。但是，上網、讀報、看圖，並不能完全取代傳統意義上的讀書。

　　書海無涯，選擇什麼來讀，結果會大不一樣。如果只是像追逐服裝流行色一樣，什麼流行讀什麼，可能會追趕得氣喘吁吁，而所獲無多。有的作者善於作秀，有的出版者財力雄厚，「地毯式轟炸」的廣告術能把一本平庸之作吹得天花亂墜，讓人不買一本好像有眼不識泰山，不掛在嘴邊仿佛落後了一個時代。其實，越是吹得不著

邊際的，越要提高警惕，謹防廣告誤導。

　　新書不能不加以關注，但經過歷史篩選淘洗的經典作品總要讀上一批，當然最好是讀透幾種。經典包含著豐富的社會文化資訊，可以給我們永恒的啟迪。讀透《史記》，有助於認識中國政治結構與文化結構的基本構成；讀透《紅樓夢》，不僅會感動於情感世界的波瀾起伏，而且能夠深刻認識「關係圖」所象徵的傳統社會肌理，還會承領到中國審美智慧的熏陶。讀透魯迅，有助於認識國民性的癥結和歷史與現實的複雜矛盾，並且感受到民族脊梁的人格魅力。閱讀經典未必會遇見「顏如玉」，未必會找到「黃金屋」，但無疑可以使我們變得深沉而非浮躁、清醒而非昏瞶，深刻而非膚淺，可以使我們深邃地認識曲折幽深的歷史，從容地面對紛紜變幻的現實。文學經典的藝術魅力，還會滋潤我們的心靈，給我們以想像的翅膀，不再像現在這樣：寫封手機簡訊也要依賴專業寫手，弄得滿世界的問候都千篇一律。

讀一則老廣告

　　翻閱 1924 年的一份報紙副刊，一則「中國心靈研究會」關於《電鏡催眠法》的廣告，引起了我的好奇心。不看則已，一看不禁啞然失笑，七十幾年前的老廣告，其思路、語言與今日某些廣告或廣告式的做派何其相似。姑且擇要摘錄，以便奇文共欣賞。為便於閱讀，給那密密麻麻、令人眼暈的文字加上標點。

　　先看功效：「研究催眠術，有祛除煩惱、治療疾病、戒絕煙賭、教訓子弟、感化凶頑、防禦盜賊、鑒別邪正、偵探秘密、幻遊世界、趨吉避凶、制伏猛獸種種益趣。」以筆者孤陋寡聞，知道催眠法雖在心理治療等醫學實踐上有所應用，但對「戒絕煙賭」等「益趣」卻百思不得其解。如果此法有效，為什麼抽大煙的惡習要等到新中國才蕩滌一清？近年毒品回潮，泛濫成災，個別官員從國庫裏拿錢去賭城狂賭，欲除此類災禍，莫非得求救於催眠法不成？「防禦盜賊」，不知是要把每一個懷疑的對象借催眠使其從實招來，還是確認盜賊後，以催眠來令其束手就擒？至於以催眠「制伏猛獸」，更是匪夷所思。

　　接下來看資格：「本會提倡催眠學十有餘年，教授治療富有心得。」所謂「中國心靈研究會」何時成立，何時終止，均不得而知，但聲稱自身出道已久，修煉或治病「富有心得」，乃是古往今來江湖騙子招徠庸眾的通例。

　　再來看貨色：「今於面授函授之外，出版《電鏡催眠法》一書……附有電鏡一台，係由外洋定製運滬，精靈堅固，久用不壞。」強調「外洋定製」，一定是為了提高貨色的信譽度，這與當今某些國貨

標籤上寫滿了外文如出一轍。「附有電鏡」,也很容易讓人想起近年來看上去挺漂亮的某些書的附送光碟。「全書百餘頁,插入銅版照片四十幅之多,每幅加以詳細說明。不論何人,按圖索驥一讀即曉運用電鏡,任將何人施以催眠法無不著手成功。」教授催眠法的書,竟用四十幅照片,是為了簡明易懂,還是為了填充篇幅,未見文本,難以判定。不過說「任將何人施以催眠法無不著手成功」,顯然是吹牛皮說大話。這與現在書攤上或通過其他渠道滿天飛的致富資訊之類,可謂大有異曲同工之妙。

最後看價格:如此神效之書配鏡,「廉價出售,期收普及之效。」廉價讓利到什麼程度呢?「定價大洋十元,現時只收成本大洋三元。」何等慷慨,竟以三折出售,真可謂「放血折本跳樓價」。

這則老廣告,讓人笑過之後卻難以輕鬆起來,因為陳舊騙術的一再襲用,正說明社會前進的步履何其艱難。不過老廣告也再次提醒我們:越是說得天花亂墜的東西,越是要敢於質疑。

官氣與學風

　　中國素有「學在官府」的傳統，西周時就有天子的大學「辟雍」與諸侯的大學「泮宮」等等。官府辦學，就勢必帶有官氣，主管學務者是官員自不必說，就連教師也叨光被稱為教官。這一稱謂在古代以中國為師的日本那裏保留至今，教師退休也跟著叫「退官」。官學的學生是官員的後備隊，教學內容要為培養官員服務。隋朝初創的科舉制度為庶民子弟提供了更多的入仕機會，但主考官的官員身份與腐敗的官場風氣使得士子紛紛夤緣攀附，以便為金榜題名後的仕途得意鋪路搭橋。與「學在官府」相對，還有一個源遠流長的民間辦學──私學──傳統，其代表當首推孔夫子。但私學通常難以擺脫官氣的籠罩，因為私學的成績如何，老師的束脩能否得到保障，飯碗能夠維持多久，要取決於弟子考入官學乃至當官的比率與官品的高低。像明清之際李贄、黃宗羲、顧炎武等人那樣在私學中堅持與官氣對峙的學風，實在是鳳毛麟角。官氣污染學風，扭曲了一代代士子的心靈，探究真理的勇氣與執著遠不如鑽營官場的熱忱與技巧那樣普泛，也導致了中國古代教育與學術的畸形發展，意識形態色彩濃郁的經學過熱過熟，而探索自然奧秘的科學技術則不甚發達。學風被官氣所玷污，一部《儒林外史》表現得淋漓盡致。

　　乘戊戌變法之風成立的京師大學堂開啟了中國近代高等教育的先河，但在初期仍然籠罩著傳統的陰影。先是慈禧太后為首的封建頑固派的政變險些使其夭折，幸而不廢，擔任教官的也多為翰林院的腐儒，照舊講八股文的作法，大學堂的學生只有參加科舉考試取得舉人、進士頭銜後，才有做官的資格，每到科舉考期，大學堂

學生便紛紛告假趕考，因為對於他們來說，不管是進新學堂，還是考老八股，目的都是為了當官。1905 年科舉制度廢除，但傳統的影響還在，許多學生入學還是為了找「恩師」靠山，謀求升官發財捷徑。進士出身的學生以老爺自居，上課鈴響，要由其自帶的聽差來請。上體育課時，品級不高的教員喊口令要畢恭畢敬地喊：「老爺，向右轉！」品級不低的教員自然要擺官架子，校園裏學術空氣淡薄，而衙門習氣濃重，誰官大誰為尊，誰有背景誰氣壯，誰有錢誰牛氣。一些有錢的師生閑極無聊還去逛「八大胡同」（妓院），以致當時有「兩院一堂」（參議院、眾議院、京師大學堂）之譏。學生中還流行著一種「結十兄弟」的壞風氣，就是十個氣味相投的同學結拜為兄弟，畢業後誰的官大，其他人就投奔到他的門下，撈個一官半職，如果這個官是買來的，那麼費用要均攤。學校的分配制度也與官氣緊密相關，1907 年第一屆畢業生中的最優等和優等者就分等授予官職。官員承擔著管理國家的重任，自然應該受到良好的教育，因而培養合格的官員理應成為教育的職責之一，但是，舊教育把當官作為幾乎唯一的培養目標，把封建官場的勢利、巴結、傾軋等歪風邪氣引入學苑，就扭曲了教育，污染了學風，延宕了社會發展的進程，這一痼弊必須予以革除。

五四新文化運動給中國教育帶來了生機。早在辛亥革命勝利之初，蔡元培曾受命主持教育部，建議將京師大學堂改為北京大學，積極推進改革，但由於時機尚未成熟，收效不大。1917 年 1 月，蔡元培到北京大學赴任，掌一校之政。他從招生制度到教師聘任、從課程設置到教學方法、從領導體制到學風建設，大刀闊斧地實行改革，倡導自由、平等、民主、科學新風，橫掃腐朽的衙門習氣，風雲際會，成績輝煌。為了淨化學風，他還在北京大學發起組織進德會，並率先垂範，列為乙種會員，即除了不嫖、不賭、不娶妾之

外，又加上不做官吏、不做議員二戒。他不以學官為官，辦學只為育人，能有所為就盡力而為，否則激流勇退，決不戀棧。蔡元培對於中國現代高等教育的發展與現代學風建設，實在是立下了一座不朽的豐碑[1]。

新中國的教育事業有了劃時代的進步，尤其是改革開放以來，發展更是迅猛。民辦學校如雨後春筍，與公立學校一道構成一個覆蓋全社會的教育網路。社會發展的多重需求，就業市場的廣闊無垠，職業觀念的巨大變化，從根本上改變了官氣壓倒一切的舊式格局。然而，近年來學風中卻出現了某些不和諧音，其中之一就是傳統的官氣有所回潮。譬如，有關部門對於大學生參加某項活動的許諾是畢業後優先分配到大機關，有些學校對畢業生跟蹤調查的成才標準格外看重幹部的級別，有個小學據說為了幫助學生樹立自信心，竟設立了許多「官銜」，讓每一位學生都當上「某長」。社會生活中一時難以消泯的官本位現象，加之教育部門的無奈適應或主動迎合，使得一些學生自覺不自覺地向官看齊，在一次人才招聘活動中，一家單位收到某校幾十份自我推薦材料，發現自稱擔任同一屆校學生會主席的竟有十幾人之多。有些論著的選題既不是從歷史與現實出發，也不是著眼於未來發展，而是在一個相當封閉的圈子裏做一些經院哲學式的演繹，說一些人云亦云的套話、空話，因為這樣可能容易獲得資助，說不定還有晉升的機會。在職官員攻讀學位成為一時風氣，官員提高素質，無疑是利國利民的好事，確有不少官員通過實實在在的學習，獲得了名副其實的碩士或博士學位。這不僅提高了幹部隊伍的層次，而且給高等院校注入了理論聯繫實際

---

[1]　蔡元培推進北京大學改革情況參照梁柱《蔡元培與北京大學》（修訂本），北京大學 1996 年 5 月版。

的清新之風。然而，也有個別人只是巧取學位，課堂上不見其身影，學校裏不見其行蹤，考試「吃小竈」，學校或為了錢，或懼於權，或趨於勢，睜一隻眼閉一隻眼，把學位拱手送人。這樣做的結果不僅有損於中國學位制度的嚴肅性，助長了不正之風，而且嚴重地敗壞了五四新文化先驅者開創的學風傳統，挫傷了莘莘學子的學習積極性。如此等等，不一而足，實在令人憂慮。

　　學風既是社會風氣的反映，又關係到未來社會的發展，我們不應掉以輕心。在當今舉國上下加大精神文明建設力度之際，我們應該大聲疾呼：掃除官氣，淨化學風。

讀潘家錚院士文章有感

　　從 2002 年 5 月 17 日《光明日報》科技周刊上，讀到潘家錚院士的《正視儒家思想對科技發展的負作用》，覺得很有震撼力。這篇文章的長處至少有如下幾點：

　　一、以科學家的實事求是精神與辨證思維看待儒家思想，在肯定「其中許多內容具有合理核心」的同時，著重指出了儒家幾種錯誤觀念——天不變道亦不變、今不如昔論、輕視和貶低工商、反對競爭等——對科技乃至整個社會發展的負面作用。

　　二、思想鋒芒犀利。比如：「以前常說，農民革命是推動歷史進步的動力，但從生產力發展情況來看，得不出這一結論。」歷史事實的確如此，每一次大規模的農民起義都給社會帶來了極大的災難性後果，災難性的程度與起義的規模成正比。農民起義的重要動因是社會財富再分配，而實際上，造成了社會財富與生產力的大破壞，農民並沒有實現他們的願望，只不過替他人做了改朝換代的工具。就現實政治而言，無限拔高農民起義，幾近乎潛在地為以暴力方式解決現實社會不公問題提供歷史依據。再如：「不要認為過去的傳統在今天已經消失，我看中國今天的教育模式就沒有什麼改變。在這種模式中，可以教出一大批戴深度眼鏡的好學生和國際大賽上的冠軍，但出不了大思想家、大科學家、大文學家、大工程師。」教育的癥結在於儒家循規蹈矩、權威認同的傳統，中學課堂上難以培養創新思維，課業過重，壓得學生很少有時間去廣闊的知識領域自由馳騁。現在，即使一些以高分考入名牌大學的學生，也表現出兩個突出的問題：一是高考疲勞綜合症，長時間的考試訓練使他們

產生了厭學心理，由疲勞過度轉為放鬆過度；二是習慣於滿堂灌，缺乏積極的參與意識與創新精神，學習效果不佳。這些問題應該引起教育界的注意，將教育改革引向教育觀念的深層。

三、理論聯繫實際，不僅有歷史依據，更有現實針對性。

儒家負面傳統的影響在現實生活中隨處可見。比如懷舊的社會心態。孔孟遠則追慕三代以上的堯舜之治，退而求其次——禹湯文武時代；現在不少人的心目中，二十世紀五、六十年代仿佛成了黃金時代，有人甚至覺得文革也有可取之處，於是一些帶有個人崇拜色彩的文革歌曲經過一番拙劣的包裝，重新粉墨登場。這種變形的歷史記憶在傳統的懷舊心理基礎上產生，使人不能正確地面對現實矛盾，積極尋求解決矛盾的辦法，而是沉浸在虛假的回憶之中。這種固著的懷舊心理不利於改革的積極推進。

再如道德至上觀念。道德無疑是要大力倡導的，但如果道德要求過高、過重，壓抑了個人的合法權益，就應予質疑。有一位少年從上小學開始背他的一個殘疾小夥伴上學，他的行為得到學校、社會的鼓勵，一直背到中學，長年累月的重負，影響了這個少年的身體發育，最後得了不治之症。像這樣的好人好事，報導宣傳時要慎重，應加以分析，什麼是他應該而且能夠承擔的，什麼是他不應承擔的，不能一味強調他的道德高尚。他的個人權益受到損害，學校與社會都有責任。最近《光明日報》報導解放軍某部首長認真考慮戰士休息日要保障休息的要求，這就是人性化的管理，是歷史的進步。這一報導具有現代眼光。

又如重經典而輕實踐、重權威而輕民間。理論界、學術界對經典咀嚼得津津有味，套話、官話、大話喋喋不休，就是不願意或者不敢觸及實際問題。如此理論、學術，除了給自己一個飯碗之外，對社會發展有什麼用處，值得懷疑。讀潘院士的文章，我一方面很

感動，另一方面很慚愧，人文社會科學界這麼多學者，按說對儒家文化很有發言權，為什麼說不出潘院士那樣的話？

近年來，理論界、學術界、輿論界，出現了持續高漲的弘揚傳統文化熱潮，有的資深學者還提出了21世紀是中國文化的世紀的動人口號。在這種情形下，像潘家錚院士這樣對傳統保持清醒的態度尤其顯得難能可貴。

感謝《光明日報》發表潘院士文章的膽識，希望今後還能看到這樣的好文章，並且將文章的實事求是精神、辨證思維、思想鋒芒與理論聯繫實際的學風在整個報紙的各個版面體現出來。

人文奧運的內涵

　　北京在申辦 2008 年奧運會的時候，提出了一個響亮的口號：科技奧運、綠色奧運、人文奧運。在這個口號裏，科技與綠色體現的是當今世界潮流，而最有中國特色的則是人文奧運。對於世界上大多數人來說，中國仍是一個神秘的國度：是怎樣一種人文精神支撐著中華民族走過了漫長的五千年歷史，至今仍保有勃勃生機，在一些人希望看到殘局的時候，中國卻偏偏創造了經濟騰飛、社會穩定的奇蹟？楊瀾在陳述報告中曾經動情地引述元朝時義大利旅行家馬可•波羅的典故，她充滿信心地說，如果奧會給中國一個機會，2008 年北京將給世界一個驚喜。瞭解神秘的中國，那時一定成了對奧會委員的強烈感召，也成為世界人民對 2008 年北京奧運的殷切期待。

　　人文奧運，這個美麗的承諾不只是申奧的策略，對於我們來說，更具有沉甸甸的分量。

　　首先，人文是辦好奧運的重要保障。良好的自然環境、一流的場館建設、先進的通訊設施固然都很重要，但人文與科技、環境問題息息相關，沒有全民性的環保意識，綠色奧運很難保證，光靠工廠停產來保障空氣質量會蒙受經濟損失姑且不說，解決了空氣問題也解決不了雜訊與環境衛生等問題。雪梨奧運會的開幕式之所以給人留下深刻的印象，不止於點火炬方式的高科技含量，更因為它通過文藝表演及火炬手的選擇等宏觀的構思與細節的雕琢把澳洲的歷史呈現出來，把澳洲獨特的人文景觀展示出來。中國具有深厚的文化底蘊，我們應該把它融入到開幕式的文藝演出之中，充分展示

中國多民族多元一體的歷史進程，展示中華文化的獨特魅力，展示中國人愛好和平的性格，展示中國人的創造力。人文面貌不只體現在開幕式上，也遠遠不止於運動場館、奧運村、新聞中心，整個北京、還有舉行水上運動專案的青島等地都將成為中國面貌的展示窗口，人的文化素質、人的生活質量都將展示在世界面前。如果人文氛圍溫馨祥和，將給奧運會增光，反之，則會抹黑。人文不是一個虛浮的指標，而是有著實實在在的內涵，關係到奧運會的成敗得失，我們一定要務實抓好。這些年來，歌曲創作豐富了，但大眾都喜歡而且容易學唱的歌曲還很少。要借奧運會之機，推出一批唱得開、傳得下去的歌曲。有地方風味的音像製品的開發也有很大的潛力。體育圖書一直相對滯後，這次應該有一個較大的轉機。

　　其次，塑造中國形象是人文奧運的重要內涵。當今世界，雖然全球化的聲浪喊得震天價響，網路全球化已經成為不爭的事實，經濟全球化與科技全球化正在呈現出強勁的走勢。但是，與中國人對世界的瞭解相比，世界對中國的瞭解實在少得可憐。在很多西方人眼裏，中國還是一個蠻荒之地，一個基本人權沒有保障的國度，一個跟世界潮流保持相當大距離的國度。造成種種無知與誤解的原因有許多，譬如地理位置上的距離，漢語的繁難和中國文化傳統的特殊性，社會制度、意識形態的差異，冷戰思維下的傳播霸權，還有海峽兩岸對峙狀態帶來的反宣傳，等等。承辦奧運，是在世界人民面前重塑中國形象的大好時機。我們要通過切切實實的努力，把奧運會辦得圓滿無缺，同時應該充分開發文化產業，諸如京劇演出、武術表演、具有特色的工藝品、美術品、音像製品等，再加上飲食文化、旅遊文化等，讓更多的人瞭解真實的中國。

　　第三，加強人文建設，為可持續發展提供源源不斷的動力。我們中國人愛面子，奧運會這樣的盛會，一定會想方設法辦好。但是，

我們不能只看到 2008 年，要把眼光放得更長，看得更遠。那種奧運會前緊鑼密鼓、奧運會一散萬事大吉的想法要不得。客人來了，灑掃庭除，熱情款待，賓至如歸，客人走了呢，不僅留下一個奧運村和一批運動場館，更要留下一個良好的人文環境。如果客人走後一切照舊，我們的預期目標就沒有完全達到。奧運會不僅是展示主辦國風采的櫥窗，增進友誼的舞臺，也不僅是帶來無限商機的盛會，而且還要成為一個提高國民素質的動力源。

國民素質是一個很大的課題，這裏只談兩種意識。

第一種意識是公德意識。有人把中國人與日本人加以比較，說中國人社會公德不如家庭私德好，日本人則社會公德比家庭私德好。一個可能在家裏對妻子漠不關心的日本人，到了外面，上車一定要排隊，過馬路一定要等綠燈、走斑馬線。我們中國人則往往相反，一個在家對妻子很體貼的人，上車時很可能不排隊，過馬路不願走斑馬線。當然這個比較只是一家之言，但上車不排隊的確是一個多年不癒的頑症。人們仿佛不是要上車，而是要把車擠倒。前幾年，北京有小學生被人們擠倒壓死的，上海也發生過同樣的慘事。再如：三角地草坪上生生踩出一條寬寬的毛道，音樂廳裏正演出時總免不了聽見手機聲，還有中途退場者，天文館裏眾人正看星空時有人照相閃光燈閃得燦爛星空變成「白茫茫一片大地真乾淨」，天壇的柿子樹不時見得到有人拿石頭往下打柿子，如此等等，不勝枚舉。這種公德意識匱乏的現象不改變，怎麼能夠自立於世界民族之林而毫無愧色？

如果說公德意識關乎民族的精神素質的話，那麼接下來談的全民健身意識則關係到民族的身體素質。我們國家看重金牌，當然不無理由，因為金牌代表國家的競技體育水平，可以為國爭光，鼓舞民氣。但如果把所有的工夫都放在競技體育上，而忽略了全民健

身，就使體育變了味兒。競技體育應該成為全民健身的表率而不應是代替品，正像廣播體操的領操員，姿勢優美固然好，可是重要的是要引導大家把操做好，達到群體健身的目的。對於廣大群眾來說，如果大家全把眼睛盯在金牌上就成了問題。一是你在邊上幹使勁兒，不管用，二是給運動員造成過重的壓力，明明有拿金牌的實力，到時候也可能由於過度緊張而馬失前蹄。我們對體育有熱情是好事，給運動員當啦啦隊鼓鼓勁兒，以壯聲威。但不能滿足於只當競技體育的觀眾，還應該成為全民健身的積極參與者。過去吃不飽、吃不好，健身提不到議事日程上來，如今北京人基本上達到小康水平，應該有條件開展更為廣泛深入的全民健身活動。

這裏所說的健身，不只是指跳操，街舞，還包括其他各種鍛煉活動。近年來，儘管北京在全民健身上面投入較大，體育場館多了起來，也有了一些頗具規模的健身俱樂部，還有不少街邊健身場所，企業贊助的健身器械有的還進入了小區，熱心健身的身影明顯比過去多了起來。但是，與發達國家相比，與其他國際大都市相比，與國內有的城市相比，北京人的健身意識還不算很強。坐在門口賣呆的，泡在麻將桌上碼「長城」的，耗電視從「觀眾您早」看到晚上「再見」的，遠比健身者數量要大得多。我走過一些地方，青島給我的印象最深，早晨，海濱大道儘是鍛煉的人。北京早晨不大容易見到鍛煉的人，我早晨跑步，差不多成了異類。有一次，我穿運動服跑步，有一位女摩托車駕駛員招呼我上車，開始我還以為她學雷鋒做好事呢，可是再往前跑，看見她正在向兩個手拿行李的人兜攬生意。另一次，一個男同志騎自行車追上了我，「咳，別跑了，上車吧，」我碰上了一個真正熱心腸的人，但聽我說不急，我就是想跑跑之後，他隨口來了一句「你有病還是怎的」，我並不怪他出口傷人，實在是觀念不一樣。我碰見熟人，他們常打招呼的一句話

是「您遛彎哪」，有一次，碰見一位同事，正在遛狗，她說「你也在遛哪」。在老北京的眼裏，優哉遊哉的遛彎（散步）已經足矣，何必還要汗流浹背地跑呀跳呀的呢？有的人去英東游泳館，身子下了深水池，卻不怎麼動，一個勁兒地貼在池邊聊天。

現在的情形與理想的全民健身還有不小的距離。樹立全民健身意識，需要配套設施與配套制度，包括學校操場向公眾開放的制度與管理等問題，但首先領導層要有這個意識，然後使之成為全民的自覺意識，使體育鍛煉成為全民的生活習慣。幾年前，健美操教練馬華英年早逝，在社會上引起一些議論，我們的媒體不應該迴避問題，而是應該做一點工作。本來，生命是十分複雜的現象。並不是體育鍛煉者不會生病，或者注定長壽。但有一條可以肯定，科學的適於自身情況的鍛煉，可以使人心情舒暢，生活充實。我們的媒體不應該總是盯著哪個明星戀愛了、婚變了，哪個運動員獲得了哪家公司捐贈的住宅啦，諸如此類的事情上，要騰出空來關注一下百姓健身的問題，比如呼籲開放更多的運動場所，指導科學鍛煉等等，形成一個有利於全民健身的氛圍。健康的生活習慣、科學的鍛煉方式不只可以增強身體素質，提高生活質量，而且也可以防止邪門歪道趁虛而入、興妖作怪。

由此看來，人文奧運不是中看不中用的花拳繡腿，而是關係到奧運會成敗得失乃至民族、國家發展前景的戰略要素，不應輕視，也不應變成空談，而是應該化作實實在在的行動。使我們通過奧運，不只收穫獎牌，更要獲得 21 世紀中華民族騰飛的無窮動力。

為同性戀研究進入大學課堂投贊成票

1991 年春，我剛到東京大學時，看見大講堂門口堂而皇之地擺放著大幅海報：同性戀問題公開報告。那時，雖然也知道美國同性戀群體在為爭取各種權利而開展聲勢浩大的運動，但看見同為東方國家的日本對同性戀有如此開放的態度，還是禁不住有幾分驚詫。轉眼間過去了十幾年，中國對待同性戀的態度已經有了相當大的變化，只要沒有侵害他人利益、妨礙社會秩序，公權也不再干涉。現在，聽到復旦大學開設同性戀研究課程，覺得我們的社會真是進步了。

同性戀自古有之。有的緣於生理原因，性激素比例與常人不同；有的緣於社會原因，如長期的關押、戰爭、航海，災荒之年逃荒謀生的男人，沿海地區因男性漁民常年出海打魚而留守家中的女人，因政治、經濟等原因不能適時婚配的群體，因其他緣故兩性比例嚴重失調的群體；有的緣於文化心理原因，如從小生活在女人群裏的男孩，被當作女孩養的男孩，被當作男孩養的女孩，在性心理發展過程中性角色或性指向錯位的個體，在兩性交往中障礙重重或受挫嚴重的個體，學塾、學校、社會上某些群體的不良風習，等等。這些社會文化原因並非必然造成同性戀，但容易成為同性戀發生的誘因。貴族階層、包括有的皇帝，窮奢極欲，追求異樣刺激，豢養男寵，玩弄優伶，這種貴族間流行的「男風」，原因更為複雜。

中國古代正史、稗史、傳記、小說、詩歌裏對同性戀不乏記載與描寫。著名社會學家潘光旦在翻譯英國靄理士《性心理學》時，附有《中國文獻中同性戀舉例》，徵引了不少資料，出處有《詩經》、

《晏子春秋》、《戰國策》、《韓非子》、《史記》、《漢書》、《宋書》、《南史》、《陳書》、阮籍《詠懷詩》、袁枚《子不語》、紀昀《閱微草堂筆記》等。

　　古人寫同性戀，有的取獵奇諧趣態度，如《晏子春秋》。有的以戲謔的筆觸予以嘲諷，如《儒林外史》。有的出以欣羨的心態，如《品花寶鑒》，以優伶為佳人，以狎客為才子，以欣賞的筆調鋪敘纏綿繾綣的同性戀。有的則在不動聲色的描寫中寄寓著作者的主觀傾向。譬如《紅樓夢》，賈寶玉被秦可卿導入「太虛幻境」，幻境雖然溫馨，但畢竟不是久留之地，於是，一副女兒態的秦鍾便被當作秦氏的替代，成為寶玉的戀人。開始，二人天真爛漫，還只是精神上的眷戀。可是，豪門貴宅流行的男風不能不給寶玉秦鍾這些少年一種蠱惑，加之二人就學的義塾魚龍混雜，薛蟠更是把這裏攪得烏煙瘴氣。近朱者赤，近墨者黑，寶玉這個本來就不安分的情癡情種，惹動「龍陽之興」豈不是勢所必然？其後不久，便有了寶玉秦鍾饅頭庵留宿「算帳」之事。而後，寶玉又和唱小旦的蔣玉菡（琪官）關係曖昧，互贈汗巾子，以致襲人怨艾，寵倖琪官的忠順親王派人告到賈政面前，導致寶玉遭到一頓毒打。

　　到了 20 世紀，隨著弗洛伊德精神分析學、靄理士性心理學等現代科學以及受其影響的外國文學作品的譯介，中國人眼界大開，對同性戀開始有了科學的態度。如果說郁達夫的《她是一個弱女子》裏的同性戀描寫，表現的是性格軟弱的少女容易被強悍女子欺辱的性格問題，那麼，更多作品在表現同性戀時則注意揭示其背後的社會文化原因。盧隱《海濱故人》若隱若現地表現幾位女青年之間的微妙感情，浸滿了苦汁的抒寫折射出社會的壓抑。丁玲《暑假中》描寫一群剛剛走出校門不久的年輕姑娘，正值韶光華年，身心奔湧著愛與被愛的渴求，但環境是閉塞的縣城，男女交往尚未完全公

開，心靈又未除盡傳統的陰影，不能無畏地去爭取異性之愛，並且恐懼包辦婚姻的前景，於是便有了鬱鬱的苦悶，苦悶無以排解之時，便有了向同性尋求慰藉的傾向。丁玲在為「女兒國」寫真時，筆鋒指向封閉的社會環境與學校的不良風氣，作品提出了新的問題，僅僅開辦女學還不夠，必須切實關心少女的身心健康。

如今，社會文化環境較之二十世紀二三十年代有了巨大的變化，但這些作品提出的問題在今天仍然值得思考。中國的中小學教育，關注少年兒童性心理健康發展的力度遠遠不夠。少男少女中，有的由於後天文化教養的緣故，性角色體認與性指向發生偏差；有的出於自然本能，在道德約束下不能獲得異性伴侶時，便無意識地尋找同性夥伴，除了感情依戀之外，不能排除曖昧行為；有的受到成人非法的同性侵害而懵懂無知。這些少男少女在成長過程中，倘若不能及時調整性心理使之復歸原位，那麼，進入成年期後，就容易加入同性戀群體。

成人社會的同性戀現象不容忽略。除了自然原因與文化教養方面的原因之外，貧窮而無法如期婚配也是原因之一。據中國衛生部門公佈的資料，中國僅男性同性戀者，就約有 500 萬至 1000 萬，其中愛滋病感染率約達 1.35％，在中國愛滋病高危人群中居第二位，僅次於吸毒人群（轉引自《法制晚報》2005 年 9 月 8 日，原據新華社 2004 年 12 月 1 日電）。所以，同性戀問題不單純是性取向自由度與同性戀者的權利保障問題，而且是與防治愛滋病關係密切的社會健康問題。然而，就整個社會而言，對同性戀現象的認識尚嫌不夠。有一家飯店出於無知，竟然把「龍陽之興」這一傳統社會裏同性戀的別名誤當作壯陽強身的招牌，招搖於街市；有一位就業不久的男青年被文質彬彬的老闆所「喜歡」，懵懵懂懂染上了愛滋病；也有人因為曾經有過或強或弱的同性戀傾向而背著沉重的心

理包袱，遲遲不敢步入婚姻生活；一些源自生理原因或沉溺過深難以自拔而呈現為固著型的同性戀者，不敢公開自己的性取向，擔心影響自己的社會評價；有的為了取得社會的認可，勉強與異性結了婚，但給雙方都帶來了痛苦而非幸福。

在這種背景下，大學把同性戀研究引入課堂十分必要。一則有助於加強青少年自身的心理分析，及時調整青少年在成長過程中容易發生的性心理指向的偏差；二則有助於提高學生對同性戀的科學認識，正確對待社會中客觀存在的同性戀現象；三則可以使人在日常交往中一方面防範同性戀者的越軌侵犯，以使身心健康成長，另一方面也防止對同性的過度親昵，招致他人的誤解；四則有助於向社會傳達科學資訊，提高社會的文明程度。為此，我要對同性戀研究課程進入大學投一張贊成票，並且主張在中小學性心理教育中，也要適當加進去一點關於同性戀的科學知識。

輯 3　讀書・讀人

夏目漱石的《愛情三部曲》

　　夏目漱石在日本人心目中佔有特殊的位置。大正五年（1916年）12 月 9 日，漱石不幸病故，據說，這一天哀悼漱石的人數遠遠超過死於同日的日俄戰爭名將大山岩元帥。東京大學校園裏的不忍池，夏目漱石在東大任教時常去那兒散步，他的小說《三四郎》也把那兒作為人物活動的一個舞臺，為了紀念夏目漱石，東京大學將不忍池改名為「三四郎池」。多少年來，那裏已經成為人們緬懷先哲、追慕遺風的一處名勝。現在使用的 1000 日圓紙幣，把夏目漱石肖像作為主體圖案，更是令漱石成為婦孺皆知的人物。

　　夏目漱石之所以受到如此推重，是因為他不單單是一位傑出的文學家，而且是偉大的思想家。他的創作把日本傳統文化的寧靜、幽雅與西方近代文化的激情、思索融為一體，呈現出清澄而深邃的風格。他欣賞西方個人主義的責任感與自主精神，但又擔心民族傳統文化的精華在近代化的過程中被丟掉，他提出「則天去私」的原則，試圖使日本文化能夠健康地完成向近代化的轉型。他的文格清朗而別致，人格崇高而親切，他對人間有著寬厚的愛心，同時又疾惡如仇，對不義決不退讓，更不巴結。日本政府曾經打算授予他博士學位，被他毅然拒絕。僅僅是這一舉止，就非一般人所能為。

　　1905 年《我是貓》問世後，夏目漱石名聲大震，於 1907 年 4 月辭去東京大學教職，進東京朝日新聞社，專心從事文學創作。他的《三四郎》（1908 年）、《後來的事》（1909 年）、《門》（1910 年），人物與故事情節各不相同，但題材均涉愛情，主題意蘊頗有一脈相承之處，所以通常被稱為「愛情三部曲」。《三四郎》的主人公小川

三四郎，從閉塞的外縣來到開放的首都上大學，一切都是那樣的新鮮而難以捉摸，在懵懵懂懂的不知所措之中見出他那淳樸可愛的性格。上學途中在名古屋與女性旅伴秋毫無犯地同宿一夜，被對方哂笑為「沒膽量」，這一插曲仿佛預設了他後來在愛情生活中的失落。他暗戀開朗活潑、自主性強的美禰子，但怯於表白心迹，而且自己又沒有名貴的出身，更沒有勇氣去競爭，只好眼看著意中人同一個上流社會的男子結婚。三四郎的稚拙純樸與美禰子的聰穎圓活，是一對各有長短、相依相生的矛盾。對於這兩種性格如何品評，如何選擇，不僅在當時，而且在當今，都是讓人困惑的問題。所以，這部作品從問世以來，就一直受到讀者、尤其是年輕人的喜愛，直到今天，仍被當作引導年輕人涉足人生的「教養小說」，暢銷不衰。

《後來的事》的男主人公代助，先前也是一個三四郎似的「思索者」，感情豐富，而怯於行動，多為他人著想，而不甚顧及自己。他本與好友菅沼的妹妹三千代默默相愛，但是當同窗平岡向他傾訴了對三千代的感情之後，他竟以「俠義心」壓抑了自己內心的「自然」，為平岡親執伐柯。當時他還為自己能夠如此「高尚」而自得，但三年過去，他才發現「自然」不可抗拒，他飽嘗了「自然」的復仇給他帶來的痛苦。恰巧婚姻生活並不幸福的三千代回到東京，代助才有了彌補生命過失的機緣。他的自我完全覺醒了，他終於以「自然」戰勝了「意志」，由「思索者」變成了「行動者」，勇敢地向三千代袒露了壓抑已久的愛情。面對著傳統道德的壓力，以及代助父親斷絕經濟資助等困境，代助與三千代決心遵從「自然」的導引，共度愛的人生。

《後來的事》關於利己與利他的思索較之《三四郎》前進了一步，它把自我確定為觀察世界的中心，把個人當作生存的基點，這正反映了日本近代精神發展史上的一大飛躍。但在精神發展的實際

歷程中，情況還要複雜得多。譬如《後來的事》設定平岡是一個不配與三千代相愛的浪蕩子，這樣一來，實現愛情的個性意志與解救不幸女子的人道情懷融為一體，代助就減輕了不少來自內部的心理壓力。可是，如果三千代的丈夫沒有道德上的過失，而且又很鍾愛三千代，結果又會怎樣呢？

《門》就把主人公宗助擺在了這樣的困境。在那年從暮冬初春到櫻花凋零時節，大學生宗助與同學、朋友安井之妻阿米，被一場意想不到的感情風暴襲倒，等他們爬起來時安井已退學，他倆背上了不義悖德的惡名，只能直面人生，攜手前行。被社會拋棄並不可怕，最可怕的是他們總感到仿佛被什麼幽靈跟隨著，在自己心底的某一部分潛藏著見不得人的結核性的恐怖物，這就是社會道德在他們人格系統中的代表——超我——的懲罰。他們在與社會對抗的同時，更要同自身人格中的超我進行抗爭。他們雖說輾轉南北，經濟上也算不上富裕，但夫妻和諧，日子過得倒也安詳。可是忽聞安井要來鄰家作客，而且鄰居也邀宗助作陪，宗助方寸大亂，急避山門中修禪十日，總算躲過這場「災難」。阿米感歎說：「謝天謝地，春天總算來臨了。」宗助卻想到：「不過，冬天轉眼又要來的呀。」是啊，對於宗助來說，超我的折磨永遠是轉瞬即來的冬天。若不然，為什麼一聽到鄰居說起配對的青蛙遭致路人飛石的話題，也要膽顫心驚呢？夏目漱石把這對生命意志的勝利者置於道德意志的拷問之下，一方面對他們寄予同情，另一方面，恐怕也出自於一種要對個人主義給予制約的動機。人不能壓抑生命意志（「自然」），應該張揚自我，勇於進取，但是如果一味索取，勢必侵犯他人的權益。為了使全社會的自我都得到合理的保障，必須提倡利他、博愛的人道主義。《門》的這一主題開掘已超越了愛情題材本身，這個思路在夏目漱石後來創作的《道草》、《心》、《明暗》等作品中，一直貫穿下去。

　　夏目漱石的生活道路充滿了坎坷。1867 年，他出生於東京一個「名主」（街道事務管理者）之家，上有四個哥哥三個姐姐。從小他就不被父親喜歡，送給人家當養子，心靈稚嫩敏感的少年時代，生父與養父為他的戶籍問題鬧得不可開交，給他的心底留下了創傷。婚姻生活也飽嘗苦澀，甚至不無絕望。但為了家庭責任，他咀嚼著痛苦，勉力維持下來。《門》裏的思考以及沉鬱的情調就折射著他那憂鬱的面影。早在 1894 年底至翌年初，夏目漱石曾去鎌倉圓覺寺進山門參禪。1910 年小說新作在《朝日新聞》連載之前，夏目漱石讓他的弟子、作家森田草平給小說考慮一個題目。森田草平找評論家小宮豐隆商量，他們從哲學家尼采的《查拉圖斯特拉如是說》一書中找出「門」作為題目，得到夏目漱石的認可。《門》的確有點哲學意味，主人公宗助入山門參禪未果而歸，這象徵著什麼呢？是人生在世即永遠無法解脫的苦境，還是東方文化與西方文化碰撞、交會過程中迷人而惱人的巨大困惑，抑或還有其他？這著實費人思量。

田山花袋與《棉被》

　　田山花袋（1872-1930），出生於群馬縣的一個沒落士族家庭。1905 年作為從軍記者，參加了戰場主要在中國東北境內的日俄戰爭，因前線報導而名噪一時，但使其更有廣泛影響、並且在文學史上佔有一席之地的，還要說是 1907 年問世的中篇小說《棉被》。

　　主人公竹中時雄是一個作家。他對韶光已逝、而且不能與他心靈溝通的妻子早生厭倦，巴不得來點什麼新鮮的刺激，打破沒有半點漣漪的單調乏味的生活。正在這時，年輕美麗的芳子慕名前來求教。19 歲少女的青春魅力點燃起心中潛在的火種，他感到了二度青春的萌動，感到心底憋悶過久的愛的風暴一遇機會就會奪圍而出，把他的一切既定關係——家庭、社會地位等一舉衝破。他愛得發狂，但他還不敢，或者說芳子沒有給他提供這樣一個機會。芳子只是把他當作先生來尊重，他眼裏所見的嫵媚並非有意的親昵甚至撩撥，而是少女在尊者面前女兒情態的自然流露。或者也可以說時雄沒有利用少女的清純來展開自己的攻勢，事實上不少性愛的成功不是兩顆心以同樣的速度相撞，而是在有一定好感的基礎上，一方首先發動攻勢，另一方幾乎在猝不及防的狀態下就被俘虜到愛情的懷抱裏。竹中時雄不是這樣的勇敢者、果斷者，他不知道希冀愛情首先應該希冀自己，一個一味退縮的人，尤其是男性，很難獲得自己所希望的愛情。芳子的芳心被年輕的學生田中吸引走了，竹中時雄的戀愛幻想打破了，失望的幻滅與強烈的嫉妒把師長應有的寬厚化為變態的報復，他在精神上折磨芳子，逼迫芳子道出隱私，又使出撒手鐧，請來芳子的父親，把已顯露出文學才華的芳子接回閉塞

的鄉下。芳子的青春之戀被他拆散了，他品嘗了報復的快意。但與此同時，芳子的離去也使他失掉了可以慰藉枯燥心靈的美麗幻影，他只能趁著芳子的行李尚未運走時，狂嗅芳子棉被上的「遺澤」，再就是情不自禁地哭泣。

　　作品的題材清晰地打上了作者親身經歷與心路歷程的烙印。還是在隨軍出征之前，田山花袋結識了岡山縣的岡田美知代。少女美知代由對花袋作品的喜愛而對作者表示仰慕與愛戴，對夫妻生活早有倦意的花袋如同久旱逢甘霖，鴻雁頻傳，陷於熱戀之中難以自拔。他把這段經歷寫入作品，用他自己的話來說，「既不是懺悔，也不是故意選擇那種醜事而寫下來，只不過把自己在人生中發現的某種事實展現在讀者面前罷了」。赤裸裸地展示人生的真實，這正是自然主義的藝術追求。在展示的過程中，作者心中的積鬱未始不得到宣泄。田山花袋的藝術追求與坦誠勇氣誠然可嘉，但從他話語裏所用的「醜事」一詞，也可以看出當時傳統觀念對人的壓抑之重。作品對性心理表現得如此大膽、露骨、細膩、逼真，惹起衛道士群起而攻之。島村抱月為《棉被》辯護道：「這部小說是赤裸裸地大膽揭露個人肉慾的懺悔錄。……自然派的作品，從不加掩飾地描寫美醜，進一步偏向專門描寫醜惡，它的這一特點已被這篇小說充分印證了。雖說是醜，卻是人難以克制的野性的聲音。作者在書裏拿理性跟野性互相對照，把自覺的現代性格的典型向大眾赤裸裸地展示出來，到了令人不敢正視的地步。這就是這部作品的生命，也就是它的價值。」歷史證明了這番辯詞的力度，直到今天，讀者還能從《棉被》窺見二十世紀初日本知識份子得不到自由發展的性愛心理，以及它所折射的文化氛圍。饒有意味的是，二十世紀二十年代中國文壇上，郁達夫的小說集《沉淪》所惹起的風波，幾乎是《棉被》風波的翻版。

有島武郎尋蹤

　　我最早知道有島武郎，是緣自魯迅。在《隨感錄六十三「與幼者」》裏，魯迅徵引了有島武郎小說《與幼者》的好幾段文字，稱許有島武郎是一個對幼者充滿愛心的覺醒者，希冀將來的世界消泯了眷戀與悽愴，惟有對於一切幼者的愛存在。魯迅對有島武郎十分推重，在他與周作人合譯、1923 年 6 月上海商務印書館出版的《現代日本小說集》裏，他選譯了有島武郎的《與幼者》和《阿末之死》，在《關於作者的說明》裏徵引創作談《四件事》，向讀者介紹有島武郎的創作觀。魯迅早期買下的個人全集，小說家惟有有島武郎一人。魯迅的創作，譬如《小雜感》與小說《離婚》等，分明折射著有島武郎的光影。魯迅是我最尊崇、最喜愛的作家，有島武郎被他如此看重，不能不引起我的興趣。

　　1991 年 4 月至 1992 年 3 月，我有幸在東京大學丸尾常喜教授指導下進行二十世紀初中日「人的文學」的比較研究，有島武郎自然成了我的重點關注對象。隨著閱讀面的擴大，尤其是丸尾先生帶我去北海道尋訪有島武郎的生活與文學蹤迹，這位大正時期的人道主義作家的身影、面容乃至心理世界與生命軌迹，在我的眼前鮮活起來。

　　明治 11 年（1878）3 月 4 日，有島武郎出生於東京小石川水道町五十二番地的有島之家。父親有島武當時任大藏省關稅局少書記官，三年後升至關稅局大書記官，不久，又被提拔為地位顯赫的關稅局局長兼橫濱稅關關長。橫濱是一個繁華的國際商港，氤氳著濃郁的西方文化氛圍。在父親安排下，武郎五歲時，便與妹妹一起

每天到一位美國牧師家中，學習英文，熟悉美國人的風俗習慣，翌年8月又入橫濱英和學校，接受歐美式教育。明治20年（1887），武郎考進貴族學校學習院，不久，因其品學兼優被選為皇太子明宮嘉仁殿下（後來的大正天皇）的學友，每個周末進皇宮兩天，伴皇太子學習和遊戲。

武郎的母親喜歡讀書，愛好藝術，武郎兄弟三人後來走上藝術道路，便有母親的氣質遺傳與潛移默化的影響。武郎在學習院中等科期間，就已表現出對繪畫、文學與歷史的濃厚興趣，開始了文學創作嘗試。中等科畢業後，他沒有走常規之路：先升高等科，再上東京大學或京都大學，而是獨闢蹊徑，遠上北海道，去讀札幌農業學校。個中原因：一是身體多病，久居東京怕於身體不利，而札幌當時還是邊遠小城，接近自然，有利於健康。二是北海道剛剛開始開發，蠻荒初墾，百業待興，對於久居大都市的有志青年更具吸引力。三是武郎認為，明治維新給政治與工商業帶來了新氣象，農業則因襲舊套，無甚長進，而沒有農業的近代化，日本的近代化將是不完善的，為此，他立志做一個「農業革新之魁」。四是札幌農業學校幾任校長具有很大的感召力，創始人美國教育家克拉克在美國南北戰爭中投筆從戎，擔任大校指揮官，戰功卓著，戰後美國政府授予他少將軍銜，他辭而不受，全身心投入於教育事業；時任校長新渡戶稻造是著名教育家、思想家，在日本享有盛譽，又是武郎母系的親戚，另外，他的外甥女信子與武郎曾經有過純真而熾熱的初戀。

武郎在札幌農業學校度過了五年學習生活，留美三年多，獲得文學碩士學位，歸國之後，又回到母校東北帝國大學農科大學（前身即札幌農業學校），教授英語，並兼任學監，給學生上修身課。他的修身課，不是照本宣科的說教，而是結合自身學生時代的思想

苦悶與性苦悶的切身體驗，與學生進行平等的交流與探討，因而受
到學生的熱烈歡迎，每次課都是座無虛席。他視野開闊，造詣深厚，
興趣廣泛，待人親切，他的歸來，給母校帶來一股清新的風。

　　札幌，從1896年來此求學到1915年為了妻子養病而離開，有
島武郎在這裏前後度過了十二年生涯。可以說，札幌是他飽吮知識
的搖籃，步入社會的開端，文學啟航的港口，從上帝腳下走向自由
天地的轉捩點。八十多年後的今天，我來到被有島武郎視為他「真
生命的故鄉」的札幌。當年的農業學校舊址，已經成為這座北方大
都會的市中心，舊房多已拆除，代之而起的是一幢幢新的建築，只
有昔日學校演武場的時鐘塔（「時計台」）還矗立在那裏，成為永恒
的歷史紀念。現在的北海道大學校園裏，立有克拉克紀念碑，望著
頂端的克拉克教授的頭像，我仿佛聽到他那影響了有島武郎等大批
熱血青年的名言：「青年們，要胸懷大志！」當年有島武郎住過的
學生宿舍惠迪寮，現在被精心保存歷史文物的札幌人移到北海道開
拓村（開放式的野外博物館）予以復原。步入其間，聽著武郎作詞
的雄壯校歌，看著他所扶持過的壁報，可以想像有島老師與學生打
成一片、深受愛戴的情景。

　　在北海道開拓村，我來到了遷移復原的上白石有島故居。1910
年4月，有島武郎與武者小路實篤等同道一起創刊了標誌著大正文
學重要流派白樺派誕生的《白樺》雜誌，5月，他正式退出獨立教
會，把曾經皈依上帝而並不安寧的心靈轉向天地廣闊任憑馳騁的文
學世界。在完成了這一生命中的重要轉折之後，有島武郎於1910
年8月搬到上白石居所。在這裏，他會見了慕名來訪的不速之客木
田金次郎，這位十七歲青年勇敢同命運抗爭的強韌意志與美術才能
給他留下了深刻的印象，後來他以木田為模特創作的小說《與生俱
來的煩惱》，成為足以傳世的精品。在這裏，他迎來了長子行光的

出生，對產婦的觀察後來融入他那感人肺腑的《與幼者》的創作之中。在這裏，他還寫出了《一個女人的面影》，1919 年在此基礎上增訂續寫完成的長篇小說《一個女人》，以其深邃而豐富的精神意蘊與別致而成熟的藝術建構的完美融合，堪稱大正文學的代表作。

在有島武郎身上，寬廣的人道主義胸襟與強烈的個性主義意志水乳交融，渾然一體。他在札幌期間，幾年如一日地義務給貧民夜校上課。他的小說《阿末之死》，通過阿末自殺等一系列慘劇的描寫，表現出底層社會的悲苦命運，抨擊了缺乏愛心的冷酷氛圍，呼喚人道主義的關懷。這篇作品寫於北十二條西三丁目居所，有島武郎在這裏從 1913 年 8 月一直住到 1915 年 3 月離開札幌。走出開拓村之後，我又來到遷移至札幌藝術之森公園復原的這座故居。這座二層樓房的設計出自武郎的手筆，一派洋風再現出 20 世紀初南風北漸的時代氛圍，也顯示出有島的開放視野。如今，它不僅作為有島武郎的紀念場所向人們開放，而且也作為大正時代的代表性建築得到重視。

1916 年，妻子、父親的去世給武郎的感情帶來創傷，但蚌病成珠，痛苦、抑鬱反倒激發了他的創作激情，使他的創作生涯出現了新的轉機。《死及其前後》、《該隱的末裔》、《克拉拉的出家》、《迷路》、《與幼小者》、《與生俱來的煩惱》、《一個女人》等劇本、小說與《不惜奪愛》、《易卜生的工作》等評論相繼問世，有島武郎進入了創作的鼎盛期。人道情懷與個性風采，敏銳的感覺與深邃的思索，豐滿的感情與洗練的表述，傳統的細膩委婉與異域的曠達豪放，在他的創作中相依相生，宛如自然天成，因而他在文壇上享有盛譽。

有島武郎雖然出身於官宦之家，但始終心繫庶民百姓，他的人道情懷不僅表現在作品裏，而且付諸生活實踐。1922 年 7 月，他

徵得家人的同意，赴北海道狩太農場，正式發佈懸案已久的農場解放宣言，把父親留下來的田產無償地送給農戶。他原想以「共產」來為解放了的農場命名，由於大學方面與狩太村長等人顧忌由此惹來政治上的麻煩，遂改稱「共濟」，後來農場以「有限責任狩太共生農團信用利用組合」的名義註冊運行。有島武郎這一驚世駭俗之舉，同他早年所受託爾斯泰的薰陶和近期俄國十月革命的影響有關，但歸根結底緣於他那言行一致的生命追求。他的高尚人格與傑出的文學業績贏得了人們的由衷景仰與深切懷念。他的幾處故居得以精心保存，札幌市資料館設有有島武郎紀念室作為常設展，札幌市內與岩內町雷電海岸カスベ岬等多處立有有島武郎文學碑，在舊日狩太農場的土地上，還建起了以有島紀念館為中心的有島公園。

在一個大雪紛飛的冬日，我與丸尾常喜教授一道乘車前往位於ニセコ町的有島公園。走進造型別致的有島紀念館，我立即沉浸在有島武郎的世界裏。有島武郎用過的筆，穿過的衣裳，繪畫稿，親筆信，小說手稿，文學作品的各種版本，珍貴的實物與歷史照片，真實地再現出有島武郎求索與奉獻的一生。從農場解放紀念碑，我仿佛看到了當年農戶乍聽到解放宣言時的疑慮、困惑與一旦明瞭時的歡欣、感激。從研究論著的多量與紀念館的精心設計以及工作人員自豪而親切的表情上，我也深切感受到有島武郎在日本人心目中的崇高地位。

為了趕車，我們戀戀不捨地告別紀念館。鵝毛大雪仍在漫天飛舞，遠處的蝦夷富士（羊蹄山）顯得朦朦朧朧。公園裏的有島武郎像在朦朧而嫵媚的雪山背景下顯得愈加凝重而生動。有島抬起右手正在說著什麼，他是在宣佈解放農場的決定，還是在講述「該隱的末裔」的悲愴故事？我的思緒像漫天雪花翩翩飛翔。

有島武郎的情書

　　1937 年 6 月 27 日，五十二歲的瑞士女士蒂爾黛抵達東京，在日本輿論界引起一片讚歎之聲。蒂爾黛是有島武郎的異國情人。早在 1906 年，有島武郎結束了美國留學生活，歸國途程繞道歐洲旅遊，在瑞士北部小城沙夫豪森逗留一周。當地為招待日本客人而組成了一個富士山俱樂部，成員中有位美麗活潑的姑娘蒂爾黛，二人一見鍾情，難捨難分。有島武郎希望與她結婚，但遭到父親的拒絕，未能如願。蒂爾黛後來放棄了與另一男子的婚約，終生未嫁。有島武郎則遵從父命娶了安子為妻。熱戀的嚴重受挫，也許是後來有島武郎與波多野秋子一道情死的原因之一。有島武郎與蒂爾黛是一對至情之人，雖是婚姻未成，但情緣猶深。從蒂爾黛去蘇黎世送別有島武郎的翌日開始，兩人通信長達十六年之久。其間，蒂爾黛曾把她創作的歌曲寄給有島，而有島一有了新著也先寄贈給她。二人天各一方，關山重重，但心心相印，綿綿情深。戀情與友情交融，如山澗小溪，清澈照人，淙淙動聽。有島武郎去世後，蒂爾黛的房間裏擺滿了他的紀念品，藉以寄託緬懷之情。此番專程訪日，終於了卻了蒂爾黛要親臨情人故土的宿願。她北上札幌，尋訪有島武郎故居，重溫舊情，又去有島武郎終焉之地輕井澤靜月庵，憑弔亡魂，並建了一座紀念碑，銘記衷情。二人之間的情分，誠如有島武郎信中所說：「像我們這般互結同心的愛情，的確是人間的奇蹟啊！」

　　《有島武郎與蒂爾黛的情書》，便是這一人間奇蹟的真實記錄。內容有初戀時熾烈感情的傾訴，有結婚的希望破滅之後無邊悵惘的表白，也有關於婚約情況的通報，還有日常生活、文學工作與

思想轉變的描述與意見的徵詢，當述及日本吞併朝鮮、帝國主義列強暴戾橫行時，字裏行間可見有島武郎怒髮衝冠之狀。這一束情書不僅可以見出一對情侶摯友的深情厚誼，而且呈示出一代文豪思想演進的軌迹與日本民族良知的眼界、胸襟。其意義已經遠遠超出了一般的情書，在某些方面可以與魯迅許廣平的《兩地書》媲美。（只是書中所收僅為有島武郎所寫，而蒂爾黛所寫卻告闕如）因此，它理所當然地引起了中國文壇的注意。情書披露不久，周曙山即從日文雜誌與有島武郎全集中譯出，先在京、滬等地各報副刊上刊出，未及結集出版，譯稿便隨著南京淪陷而遺失。在友人的多方幫助下，方由文通書局於 1949 年 4 月在貴陽推出中譯本初版。書中在五十六封情書之外，前有《蘅序》、《人間奇蹟（代序）》、《獻詩》，後有五篇附錄：《有島武郎及其情死》、《有島武郎的絕筆（歌十首）》、《有島武郎之死》、《芥川與有島》、《文學與民族性》，還有一篇《後記》，敘說翻譯出版原委。初版本封面上畫著一羽可愛的鴿子銜著信自天上滑翔而下，這愛情信使當年給異國情侶帶去溫馨的慰藉，今天也會我們帶來審美的愉悅和人生的啟迪吧。

有島武郎之死

1923 年（大正 12 年）7 月 8 日，日本各大報紙紛紛以醒目的位置刊出報導：有島武郎在輕井澤別墅情死。這的確是一個爆炸性的新聞，一向以愛心博大與個性頑強著稱的白樺派重鎮有島武郎，怎麼竟會以這種方式告別他所摯愛的人間呢？

與他共赴瑤池的是美麗聰穎的《婦人公論》女記者波多野秋子。秋子生於 1893 年，比武郎小十五歲，父親早逝，她由波多野春房撫養。從實踐女子學校畢業後，又由波多野氏教英語，遂於師生之間發生愛情，而至於結婚。婚後，她又入青山學院英文科學習，在一次題目為《男女貞操論》的徵文比賽中，一舉奪魁。1918 年 4 月開始從事的記者職業，使她多有接觸文藝家的機會，她對有島武郎情有獨鍾，十分崇拜。1922 年 11 月，她與有島武郎發生戀情，後來她在給女友的遺言中說：「生活在波多野氏家裏的我這一個小孩子，一直到了現在這樣的年齡，才知道那戀愛的滋味──這真摯的戀愛。」有島武郎對人說：「一隻美麗的鳥飛來把我誘惑著──她就是某社的女記者──寧非是滑稽的事嗎？」曾經受過熱戀的挫折，有過七年平淡的婚姻生活，有島武郎一度對現實中突然而至的愛情不敢抱有多大的希望。但波多野秋子並非尋常女子，她的理智的感悟力與熱情一樣強烈，她的眼睛具有勾魂攝魄的魅力，十二年的奴隸式與機械式的婚姻生活已使她厭倦，何況丈夫還在戀著兩個女戲子，由此生出的三角糾紛在報上炒得沸沸揚揚。她的個性覺醒了，她要追尋真正的愛情，要反抗威嚴而偽善的男權，她把美麗而熱情的目光投向了有島武郎。她在寫給有島武郎的信中說道：「我

啊，實在是愛你，為著愛你而死，都是心願的。」敏感的有島武郎
品味到靈肉一致的愛的熾烈，也覺出了愛的恐怖。情場老手波多野
春房察覺出妻子的變化，當秋子向他提出離婚要求時，立即給予一
頓痛斥。波多野春房甚至無恥地向有島武郎勒索萬元鉅款，作為「出
讓」秋子的條件。有島武郎感到自己與秋子的人格受到了侮辱，當
即嚴辭拒絕。事後第二天，有島武郎與波多野秋子當著友人的面婆
娑流淚，第三天，即 1923 年 6 月 9 日，二人攜手同行，乘車去往
輕井澤靜月庵別墅。二人從容地各自寫畢遺書，在一根竹竿上自縊
殉情。直到 7 月 6 日，才被人發現。

　　櫻花開放時絢麗美妍，盛極一時，然後落英滿地，坦然自若。
日本人特別欣賞櫻花，因為他們從櫻花的盛開與驟落，似乎看到了
他們所崇尚的慷慨就義精神。日本人性喜自然，對於死亡的觀念較
為通脫。近代以來，僅在文壇上，自殺殞命的著名作家就有北村透
谷、川上眉山、芥川龍之介、生田春月、太宰治、久保榮、火野葦
平、三島由紀夫、川端康成等。但有島武郎之死還是顯示出鮮明的
特色。有島武郎為何而死？秋田雨雀說是由於他近來的「虛無的心
情」，另有人說是「圍繞著他的四周的生活上的疲勞與倦怠」。而在
有島武郎自身，則頗有慷慨赴死的豪邁與達到至境的欣悅。他在留
給母親和三個孩子的遺書裏說：「我歷來盡力地奮鬥了。我知道這
回的行為是異常的行為，也未嘗不感到諸位的憤怒與悲哀。但是，
沒有法子，因為無論怎樣奮鬥，我終不能逃脫這個運命。我用了衷
心的喜悅去接近這運命，請宥恕我的一切。」又在留給弟妹的遺言
中說：「我自和秋子戀愛後，我的人生觀，一時竟從黑暗裏漸漸被
導至光明燦爛的境域。我於此足可告慰你們的，便是這死並不絲毫
受著外界的壓迫。我們極自由極歡喜地去迎接這死。現在火車將到
輕井澤的時候，我們還是笑著說著，請暫時離開了世俗的見地來評

議我們。」有島武郎的確是性情中人，他為了自己的理想追求，心甘情願地放棄鉅額財產，也從容自若地捐出寶貴的生命。他向來追求自由，把靈與肉一致的愛情奉為生命的極致，他與秋子的情死，與其說是對傳統觀念的抗爭，對卑鄙小人的蔑視，毋寧說是自由觀念的徹底實踐。

武郎的情死，在社會上引起了強烈的反響，有讚美，也有貶損，有理解，也有困惑。直到八十多年後的今天，在日本，仍有人對有島武郎的死因做探究，也有人為有島武郎情死的價值爭論不休。當年，周作人得知消息之後，寫了一篇深情緬懷的文章，裏面說道：「無論為了什麼緣由，既然以自己的生命酬報了自己的感情或思想，一種嚴肅掩住了我們的口了。我們固然不應玩弄生，也正不應侮蔑死。」有島武郎的自然生命早已長辭人間，然而他的精神生命與藝術生命卻栩栩如生地活在日本近代文明的歷史長河之中，活在嚮往自由的人們的心中。

丸尾常喜：從「鬼」影切近魯迅

　　日本學者丸尾常喜先生 1962 年畢業於東京大學文學部，而後在大阪市立大學大學院師從魯迅的朋友增田涉攻讀中國文學，從那時起便開始了魯迅研究。先後出版過《魯迅：為了花而甘當腐草》（評傳）、《魯迅〈野草〉研究》等著作，其中影響最大的是在博士論文基礎上修訂的《魯迅：「人」與「鬼」的糾葛》。此書 1993 年由岩波書店出版後，在日本學術界頗有好評，資深學者伊藤虎丸教授稱其代表了日本魯迅研究的新階段。1995 年 12 月，人民文學出版社出版中譯本《「人」與「鬼」的糾葛——魯迅小說論析》，中國魯迅研究會在北京召開討論會，予以充分肯定。中國學者的論著中對其觀點多有徵引。譯者還接受常州電臺讀書節目主持人周偉先生的電話採訪，介紹此書的獨特視角。一部外國學者的魯迅研究著作，引起常州媒體與讀者的興趣，固然反映了常州文化生活水平之高與國人對魯迅的熱愛，另一方面，也可見出這部著作確有引人的魅力。時間不長，初版一千五百冊就已售罄，在魯迅誕辰一百二十周年到來之前，人民文學出版社重印二千冊。丸尾常喜先生聞訊十分高興，我作為譯者，自然深有同感。

　　在這部著作中，丸尾常喜借助歷史學、思想史學、宗教學、民俗學等多種方法，對魯迅做了富於原創性的還原式研究。他把「鬼」的影像作為視點，進入了一個幽邃廣袤的文化原型世界。關於《孔乙己》的考察，從經典文化與民俗文化兩個方面追蹤傳統的鬼影。孔乙己因竊書挨打受到人們嘲笑，他在為自己辯解時說出「君子固窮」之類「難懂的話」，「君子固窮」在孔乙己的語言系統中究竟有

什麼意義？丸尾常喜溯源至其出處《論語‧衛靈公》，並旁及《史記‧孔子世家》等，認為「固守其窮」與「固有窮時」二說雖有相通之處，但在孔子本身恐怕是偏重後者。夫子之道大矣，故天下難容。孔子當年說「君子固窮」時，承認道路坎坷有之，以自信而自負亦有之，無可奈何的自我安慰抑或有之。那麼孔乙己把它掛在嘴邊時，他的腦海裏閃現出怎樣的場景呢？是顛簸求仕不遇明主的干祿者群像，還是任重而道遠的理想主義者群像？恐怕只是把那遙遠的君子之夢作為阿Ｑ式的精神勝利法，姑且安慰自己空虛的心靈。「多乎哉？不多也。」孔乙己似乎是說給自己聽的這句話，原出《論語‧子罕》，在孔子看來，君子並不能把「多能」奉為目標。有的研究者認為，孔乙己說此語與原意無關。丸尾常喜則認為，孔乙己無意識中用傳統士人的價值觀念安慰自己不必以不能「多能」為恥，從而減輕社會輿論加給他的心理負擔。「孔乙己越是被緊逼窮追就越是失去口語，代之以文言。他正是在文言文構建的他的觀念世界裏才是自由的。而他的觀念世界恰恰完全堵死了參與現實中與民眾共有的日常世界的通路。」社會的涼薄固然加害於孔乙己，但反過來孔乙己的君子情結也加重了社會的涼薄。在尋繹出孔乙己身上的經典文化陰影的同時，丸尾常喜也發現了民俗文化的鬼影。「在民眾中間，孔乙己頭腦裏的知識沒有任何權威，這就勢必鑄成了在櫃檯前站著喝酒的孔乙己的『寂寞』。」如果民眾看重那些知識，縱使科舉落第，孔乙己與民眾的關係也會是另外一種情形。然而民眾衡量價值的砝碼不是知識本身，而是能否用那些知識換來科舉的功名，若被科舉拒之門外，在民眾心目中就只能是「科場鬼」的落魄淒慘形象。這樣，短衣幫在咸亨酒店對孔乙己的哄笑與他們看舞臺上的「科場鬼」時的笑就有了相通之處。

在阿Q身上，丸尾常喜捕捉到多重鬼影：第一重是積澱在國民性中的「亡靈」，具體說來，就是等級意識以及愚昧、保守、狹隘、精神勝利法等種種精神性的弊端；第二重是民俗文化中的鬼，即孤魂野鬼、餓鬼、幽怨鬼；第三重是「不孝有三，無後為大」、「男女之大防」之類正統觀念之鬼。多重鬼影相疊，構成了一個深深植根於中國精神歷史與民俗世界的深廣的藝術空間。古老的超度幽魂的宗教意識衍生出「幽魂超度劇」、「英雄鎮魂劇」等「鬼戲」，目連戲就保留了一些「鬼戲」的原型。丸尾常喜十分重視目連戲在魯迅文學世界的作用，在本書的第一章就曾用一半篇幅分析目連戲中「人」與「鬼」之間的滲透。第三章闡釋「阿Q＝『阿鬼』說」時，更是把目連戲作為重要參照系，認為《阿Q正傳》的結構與目連戲所保留的「靈魂超度劇」具有同構性：（一）「鬼」的生涯的陳述；（二）審判；（三）團圓；另外，從阿Q「戀愛悲劇」中的挨打出逃、而後在靜修庵菜園裏發現蘿蔔等場面中，也看得出對目連戲的化用。從阿Q的名字到其生活背景，從其精神風貌到其行狀，從整體結構到作品細節，從創作動機自述到讀者審美反應，通過各個方面的周密考證與深入闡釋，丸尾常喜一步一步向「阿Q＝阿鬼說」迫近。

《祝福》裏的祥林嫂向敘事者「我」提出三個問題：人死後究竟有無靈魂，是否真有地獄，死掉的一家人能否見面。論者一般僅僅將這些提問視為祥林嫂愚昧或恐懼的表徵，丸尾常喜則從這裏切入，聯繫到中國傳統觀念中「鬼」的兩義性——對於有的人來說是「轉世」，對於有的人來說則是永生，通過本土儒教文化與外來佛教文化及民俗文化的原型追索，對祥林嫂的生存境況與心理狀態進行深入的闡釋，並探討了祥林嫂之死的宗教意義，進而觸及了人類永恒的救贖問題。

　　魯迅是傳統的叛逆者，也是承傳者，是傳統的批判者，也是重建者。他不僅要對社會上與國民性中有形無形的「鬼」們橫刀立馬，而且必須直面自己身上的「鬼氣」，與之肉搏。魯迅高舉「人」的旗幟，橫掃「鬼」的世界，但他內部同時也充滿了「人」與「鬼」的糾葛。丸尾常喜對魯迅世界的探詢，不限於文學領域，而且直逼其精神世界。他認為，魯迅自身的「鬼」也很複雜，既有傳統社會與傳統文化賦予的古典教養與文化模式，也有傳統與現實一併使之背負的精神創傷與罪和恥的意識；「人」「鬼」衝突不僅有黑白分明的兩軍對壘，也有人道主義與個人主義的二律悖反。作為附錄收入本書的《「難見真的人！」再考》、《頹敗下去的「進化論」》等，即在作品的闡釋中深入到作家自身的矛盾世界。如果說作品的解讀更多的是讓我們看到社會相與國民性的話，那麼，作家精神世界的探尋則有助於我們更深刻地理解一個偉大而複雜的靈魂。

　　雖然丸尾常喜富於靈性的「假說」與細密的考察並非沒有質疑的餘地，但以「鬼」的影像作為視點，的確拓展了魯迅研究的空間，對中國學術界與普通讀者頗有啟迪意義。

　　啟示之一：魯迅作為中國文學與文化的現代轉型期最具代表性的文學家、思想家，是學術研究中一座採掘不盡的富礦，只要我們真正深入到魯迅及其賴以產生的社會文化背景中去，以個性化的眼光去探詢，總會有所發現。改革開放以來，曾經興起了一陣方法論熱，但令人遺憾的是，人們往往樂於介紹與簡單化的貼標籤，卻少有認真的孜孜不倦的實驗者。丸尾常喜原創性的精神、開放性的方法與扎扎實實的學風，對於演繹權威結論與追逐時髦幾成慣性的人們來說，不失為一針清醒劑。

　　啟示之二：魯迅與傳統有著十分深刻的聯繫，丸尾常喜的發現在很大程度上建立在「文化尋根」的基礎之上。過分強調「斷裂」

是革命性的思維模式的影響，歷史發展有突變，更多的是漸變，即使突變也不可能是所謂徹底的「斷裂」。丸尾常喜把魯迅作為一部理解中國的辭典，將魯迅作品所展現的事象返回到他所生活的時空，在歷史、社會、宗教、民俗等意義上加深對魯迅的理解，從而認識魯迅所把握的中國傳統社會。與此相比，只在與傳統「斷裂」的意義上理解魯迅，是不夠的；把魯迅作為「斷裂」的對象，更是淺薄的。

品味苦夢

　　文人敏感、多思，近百年來尤其如此。二十世紀中國社會歷史的風雲變幻，多元文化的碰撞、交滙、融合，民族的喜怒哀樂以及自身地位的升沉起伏，都在作為民族良知的知識份子的血脈裏留下了清晰而深刻的烙印。從近代啟蒙前驅到當今馳騁文壇的耆宿新銳，不懈地追求國家富強、政治民主與精神文明，他們有高亢的激情，也有受挫的沮喪，有明確的方向，也有彷徨的迷惘，滄桑百年，留下了輝耀千古的求索足迹，也留下了回味無窮的精神苦夢。一部百年中國文人心態史，正是二十世紀中國歷史的重要表徵。孫郁的《百年苦夢》（群言出版社 1997 年 9 月第 1 版），擇取梁啟超、章太炎、王國維、魯迅、周作人、胡適、瞿秋白、梁漱溟、陳寅恪、費孝通、唐弢、王瑤、汪曾祺、王蒙、邵燕祥等二十餘位有代表性的文人，予以富有靈性與力度的描述和剖析，讓我們得以窺見極為豐富的心靈世界與悠長的歷史風景。

　　《百年苦夢》沒有忽略這些文化名人在學術與創作等方面的卓越建樹，但其獨特視角在於：從人物在歷史顛簸中的心靈體驗切入，揭示其內心矛盾的個性特徵與歷史意義。梁啟超，以變法維新的壯舉、倡導文學革新與國民性改造的激情和拓展學術的氣魄，為中國近代化做了不朽的鋪墊工作。但他最終由文化激進主義變為文化保守主義，不能不說是一種悲劇性的結局。著者一方面從溫和主義的文化情懷尋找其演變的原因，揭示其內心深處痛苦的衝突；另一方面也指出，「他的思路對一個內亂的世界是無力的，而對一個健全的社會，未嘗不是一種啟示」。談章太炎，著者欽佩他敢疑古

人、求新求變的大氣，也指出他由於過分自傲，不肯在否定自我中尋找人的價值，最終還是陷入困境之中。王國維正當學術巔峰狀態時，卻投昆明湖而自盡。個中原因，眾說紛紜。著者透過《宋元戲曲史》等所表現出來的悠然、持重與《人間詞話》所展示的憂鬱、感傷，看到其清醒而絕望、深刻而灰暗、博大而落魄的矛盾世界，並說，在這個交織著形而上的靈光與形而下的實在、新文明與舊文明、知識與情趣等諸多矛盾的靈魂裏，似乎隱含著現代文化人最深切的苦境。著者的眼光是別致的，他從瞿秋白短暫而壯麗的一生中看到了巨大的文化負載，從烈士的遺墨中讀出一股冷氣，一種在灰黑與光明間搏殺的悲慨之音；從陳寅恪獨立不倚的生存狀態中，既看到了拒絕「俗諦」的偉大，也可惜其熱中於古老文明的迂拙，進而從個案思及一般：「或許，20世紀中國最令人困惑的文化迷津，便是與這類犧牲者的掙扎足迹交織在一起的。」

　　二十世紀中國文人心態掃描，這一選題是新穎的，完成選題的感知方式與結構方式也是獨特的。著者不是從既定的與習慣的觀念體系出發去演繹，避免用「進步」與「保守」之類的概念給複雜的歷史人物下結論，而是以自己的心靈去感知與體味他所觀照的對象，他尊重自己的深切感受，投入自身的真摯感情，在探索過程中與對象發生深深的共鳴，在此基礎上努力找出切合對象實際的語彙予以描述與概括。這對於著者來說，自然是名副其實的痛苦的勞作，但由此獲得了描述的鮮活與分析的剴切。跨越百年的歷史描述，不時閃現出著者的智慧目光與犀利鋒芒，譬如述及胡適的實證主義思路，就把它與八十年代的「不爭論」、「摸著石頭過河」聯繫起來，述及陳寅恪的「遺民心態」，又將其與當前文人的「角色化」聯繫起來，述及梁漱溟的儒學理想，在肯定其拒絕西化的膽識的同時，也指出他陷入儒化烏托邦的天真。百年

苦夢，品味起來難免苦澀，但深入其中，思想者的靈魂自會給我
們以震撼與啟迪。

巴金：時代的赤子

　　巴金靜靜地走了，留給人們綿長的思念、深沉的思索、無盡的話題。

　　巴金曾是一座熔岩噴發的火山，青春的激情洶湧奔騰，注入時代的激流；巴金也曾是一座沉默的雪山，痛苦地體味著寒夜的淒冷與曠野的孤寂；巴金有著一顆永遠不老的童心，坦率地披露心懷，真誠地對待友人；巴金歷經磨難之後，激情猶在，思索彌深。巴金是二十世紀中國最富於個性的作家之一，可是，他那燃燒的激情、憤怒的控訴、痛苦的思索、可憐的怯懦、真誠的懺悔、絕唱般的呼喚，哪一樣不是時代的賜予，哪一樣不是時代的表徵？巴金是時代的赤子，巴金的生命與創作軌迹疊印著二十世紀中國的歷史進程。

　　五四啟蒙運動各種新潮洶湧澎湃，巴金與無政府主義發生了強烈的共鳴。他曾經看見百姓被縣官下令打得皮開肉綻，卻還要向縣官叩頭謝恩；他曾經看見封建大家庭裏長輩的自私、醜陋、墮落，然而卻對晚輩擺出專橫的面孔；他曾經看見在家長制的威壓之下，兄長不得不放棄求學的理想，三姐被迫嫁給漠不相識的男人……。無政府主義主張個性解放、反抗強權，這對於熱血沸騰的少年巴金，無疑具有極大的感召力。他熱心參加帶有無政府主義傾向的社團活動，寫作、翻譯、辦刊、散發傳單，為實現人間的平等與個性的自由發展而嘔心瀝血。1922 年 7 月 21 日，他在《時事新報》副刊《文學旬刊》發表總題為《被虐者底哭聲》的一組詩歌，從此開始了文學生涯。

　　文學創作，在有的作家那裏仿佛柔婉的小夜曲，纏纏綿綿抒發著個人的情愫，而在巴金這裏，則猶如九曲黃河天上來，奔騰到海不復還，滔滔流淌的是被壓迫者的血淚，驚濤拍岸的是覺醒者的控訴，震天動地的是反抗者的行動。由《家》、《春》、《秋》構成的《激流三部曲》，通過高家悲歡離合的歷史，血淚交迸地揭露了封建家族制度與封建禮教殘忍、虛偽的本質及其日薄西山的下場，喊出了青年一代備受壓抑、折磨、摧殘的痛苦、冤氣和憤慨，也展示了他們叛逆的勇氣和覺醒掙扎的艱難歷程，並昭示出反抗者、求索者的美好未來。小說字裏行間流貫著大愛大憎的激情，語調色彩鮮明，敘事節奏明快，題材與文體水乳交融，真實而深刻地表現出二十世紀二三十年代生活激流動蕩、奔騰的形態與氣勢，因而贏得了廣大讀者、尤其是青年讀者的喜愛。四十年代初，桂林的一位中學教師在一本書中對「巴金迷」的現象做過生動的記述：「要是你生活在學生青年群中，你便可以看到巴金的作品怎樣地被喜愛。儘管大熱天，儘管是警報、綠蔭下、岩洞裏，總有人捧著他的作品狼吞虎嚥，上課，儘管老師講的滿頭青筋，喉嚨像火，他們卻在講臺下盡看他們的《家》、《春》、《秋》，有時，淚水就冒充著汗水流下來。夜半巡宿舍，儘管燈光似磷火，也有人開夜車，一晚上吞嚥了六七百面的《秋》並非奇怪。」作品裏的人物經常掛在他們的口上：反抗家庭的，說是覺慧、覺民，奉行作揖哲學的，說是覺新。巴金作品不僅僅是讀者的審美對象，而且提供了現實生活的動力。多年以後，不少老人回顧自己當年投身時代大潮的契機時，都深情地感念巴金作品的動人力量。即使到了今天，年輕一代讀者也仍然能夠為《家》描寫的悲劇所震撼。

　　巴金關注個人的命運，但從未因此而忽略社會使命。「激流三部曲」與「愛情三部曲」裏，個性解放與社會解放緊密交織，《死

去的太陽》反映了「五卅」愛國運動，全面抗戰爆發之後，他毅然放下自己熟悉的題材，寫下了宣傳抗戰的大量散文，創作了抗戰題材的長篇小說《火》三部曲。曾經立志為無政府主義理想而獻身的巴金，在《火》第一部裏描寫了淞滬戰場上國民革命軍抗敵的英勇與犧牲的慘烈，記述了上海人民對八百壯士的無比崇敬，「從這一天起半個城市的居民都到泥城橋附近，對著堅守四行倉庫的八百孤軍遙遙地致誠摯的敬禮。一座洋樓吸引了全上海人的眼光，人們潮湧似地從法租界奔向北方。」少女楊惠敏冒著生命危險，隻身渡過蘇州河，把一面國旗獻給八百壯士，國旗在四行倉庫我軍陣地上高高升起。《火》裏描寫道：戰火點燃的「濃豔像一個巨大的魅影壓在全上海人的頭上。但是在它的威脅下，一面顏色鮮明的旗幟在四行倉庫的屋頂上升起來，昂然隨著風翻飛。僅僅這一面大旗就使得在閘北天空中飄揚的無數的『日章旗』黯淡無光。這一面旗幟代表一種視死如歸的犧牲精神。」

　　日本發動的侵華戰爭，給中國人民帶來了巨大的災難，千千萬萬中國人在敵寇的虐殺下痛苦地死去，在流離失所的逃難中默默地死去，在大後方的困窘與淪陷區的屈辱的煎熬中無聲無息地死去。蕭紅、繆崇群、江村、王魯彥、羅淑、夏丏尊、許地山、彭家煌……那麼多巴金所熟悉的作家，不幸地伴隨著戰爭的硝煙而飛散；巴金的胞兄，好不容易熬到了抗戰勝利，可是熬得油盡燈滅，未完的譯作成為遺稿。巴金抑制不住撕肝裂肺的痛苦，在《寒夜》裏為親人、為朋友、為民族留下了永恒的苦難記憶。

　　二三十年代的巴金，激情如火山噴發的岩漿，憤怒地沖決封建專制與封建禮教的藩籬。進入四十年代，巴金的激情風格注入了剖析透視的新質，從中既可以看見巴金素有的控訴者姿態，也透露出睿智的思想者風采。《寒夜》就表現出青年知識份子在動蕩社會中

的生存困境與精神矛盾。小職員汪文宣家破人亡，誰之罪過？如果不是日本軍國主義者喪心病狂地發動侵華戰爭，不是在戰亂的條件下社會弊端暴露、叢集，汪文宣與曾樹生大學時代的鄉村教育理想怎麼會破滅得如此之快，自由戀愛構築的新式家庭怎麼會坍塌得如此之慘？從這個意義上說，汪家的悲劇是社會的悲劇、民族的悲劇。如果沒有汪母從中作梗，對兒媳冷眼相向、惡語傷人，引發家庭戰事頻仍，兒媳還會忍無可忍地遠走高飛、兒子還會那樣備受家庭風浪的顛簸嗎？當一位母親只是滿足於自己對兒子的單向慈愛，而毫不顧及兒子的個性發展與多重感情權利時，這樣的母愛就失去了無私、博大與寬厚的應有品格，而帶上了自私、狹隘與專斷的瑕疵。她那褊狹的母愛、她那由耳濡目染而來的封建觀念，實際上對兒子的不幸起了推波助瀾的作用。如果曾樹生再忍一忍、熬一熬，那麼汪家的悲劇也許可以避免，也許可以延遲，或者可以減輕。可是，曾樹生是新派女性，比起物質貧困來說，精神創痛更加讓她無法忍耐，讓她頂著「姘頭」的罵名，當一個任婆婆支配、辱罵的舊式媳婦，甚於要她的性命。她受過西方個人主義的熏陶，不認為爭取個人的權利是一種罪過，她愛動，愛熱鬧，要追求享樂，追求幸福，追求新鮮的刺激，汪文宣的忍讓在她看來只是軟弱，汪文宣的病弱身體與生存本領無法滿足她的生活追求，何況家裏有一個處處與她為敵的婆母，外面還有一位英俊瀟灑、執著追求她的上司，她不能在古廟似的汪家枯死，不願在婆媳之戰中消耗青春，不願放棄自由、痛快的人生追求，她為了個人的幸福，終於離家而去，並且寄來了一封袒露胸襟但不無殘忍刻薄的訣別書，斬斷了汪文宣的最後一絲精神希望。這樣看來，汪家的悲劇又是人性的悲劇、文化的悲劇。

《寒夜》是血淚吞嚥的控訴，更是透骨徹髓的深思。作者沒有像以往那樣一針見血地指斥所要抨擊的對象，而是著力刻畫相互衝

突的性格，深入開掘各自的心理世界，充分展示其合理性與必然性，引發讀者去進行思索與裁斷。錯綜複雜的愛與恨，構成一個張力巨大的情感情緒場和一個幽曲深邃的心理世界，形成一個涉及社會批判、倫理審視與幸福本質的哲學探究等多層面的思維空間，讀者一旦步入其中，便不能自已地為其感動，受其啟迪，在仇恨外敵侵略與憎惡社會腐敗的同時，注意到新式家庭在傳統陰影下與動蕩社會裏所面臨的重重危機，意識到母愛一旦陷入褊狹所產生的負面效應，思考個人主義與人道主義的矛盾衝突。

新中國啟程以後，懷有赤子之心的巴金是怎樣的歡欣，他創作了後來改編成電影《英雄兒女》的小說《團圓》，動情地歌頌人民的戰士。可是，令人心驚膽戰的胡風冤案，還有一波未平一波又起的運動，讓這位忠實於時代的作家感到了迷茫。尤其是十年浩劫，黑白顛倒，秩序混亂，國家被推到了十分危險的邊緣，巴金自然難以倖免，自己被打翻在地，連與愛妻蕭珊最後訣別的權利都被剝奪。幸而雲開霧散，改革開放使中國重新煥發生機。巴金，這位五四精神哺育的時代赤子，恢復了獨立思考，復蘇了創作生機。他不是像有的作家那樣一味傾訴自己的不幸，而是大聲疾呼文學要說真話，嚴厲地自我解剖，為自己在迷惘的時代曾有的迷惘而懺悔。「我自己就花費過許多寶貴的時間去學習那些由假變真的東西。而且我當時總相信我是在擁抱真理。我還以為火在心裏燃燒。一覺醒來才發現是許多毒蛇在噬自己的心。一陣煙、一陣霧，真理不知消失在什麼地方。我自己倒變作了一個販賣假藥的人。賣過些什麼假藥，又賣給了什麼人，我一筆一筆地記在賬本上，又好像一刀一劃地刻在自己心上，刀痕時時在作痛，即使痛得不厲害，有時也會妨礙我平穩地睡眠。」（1985 年 8 月《賣真貨》）他反省自己，同時哀痛「多少發光的才華在我眼前毀滅，多少親愛的生命在我身邊死亡。」

（1986 年 6 月 15 日《「文革」博物館》）他深入地追究，不是去計較那些說不盡、數不清的個人恩怨，而是要追究到底是什麼導致了荒謬的產生，希望過去的悲劇不再重演。思想深邃的五卷《隨想錄》，標誌著巴金思想達到了爐火純青的境界，更是浩劫過後改革開放時代中華民族的思想結晶。

巴金作品濃郁深沉的激情，坦誠懇摯的語調，酣暢淋漓的語言，愈到後來愈見深邃的思索，傾倒了幾代讀者。據不完全統計，僅《家》一種，從 1933 年 5 月初版迄今，單行本就有六十種左右，收入各種文集、選集印行者尚不包括在內。《隨想錄》報刊初載、轉載與集子選載不算，全書至少也有十種版本。巴金作品不僅在中國擁有極為廣泛的讀者，而且也被譯成三十餘種外文，走向了世界。他先後榮獲義大利「但丁國際獎」、法國最高的榮譽勳章——法國榮譽軍團指揮官勳章、蘇聯「人民友誼勳章」、日本「福岡亞洲文化獎創設特別獎」。1999 年，經國際天文學聯合會下屬的小天體命名委員會批准，由北京天文臺發現的 8315 號小行星被命名為「巴金星」。

但巴金從來不以作家自得，不以名人自居，而是嚴格律己，把創作視為向中國和人民奉獻愛的工作，把讀者視為衣食父母。他把一顆真誠而純潔的心交給讀者，一旦天晴雲散，發現了瑕疵，立刻毫不留情地自我清算；他發乎真情說真話，而且力求說普通讀者容易懂的話。他曾經留學海外，有著深厚的外文造詣，出版過十幾部外國文學譯作，譯文之準確、流暢、典雅為讀者與翻譯界所稱道，但他的文學創作從來沒有洋味兒十足的晦澀。近年來，文壇上有人以赤裸裸的性感描寫招搖過市，暴露癖與金錢欲得到滿足，而人格尊嚴被踐踏得形如爛泥；有人以「玩文學」自相標榜，技巧雖然不能說一無是處，但流露出油滑惡俗的痞氣；有人賣弄一點外文知

識，不加分析地套用外國概念，連語言也變得佶屈聱牙起來，藉以顯示自己的貴族氣。媚俗惑眾，也許能夠招搖一時，但恐怕行之不遠。浮豔、浮躁、浮淺的流行，愈加顯示出巴金的真誠嚴肅平易是何等的可貴。

巴金總是最敏銳地感應時代的呼喚，最真切地表達人民的心聲。

巴金靜靜地走了，可是巴金的熱情之火、思想之火還在他的文學世界裏熊熊燃燒，還會在千千萬萬讀者的心裏熊熊燃燒。

老舍：笑與淚

　　老舍（1899-1966），原名舒慶春，字舍予，北京人，滿族，1899年 2 月 3 日（農曆戊戌年臘月二十三）出生於北京西城小羊圈胡同一個貧民家庭。兄弟姐妹八人，活下來的只有三個姐姐、一個哥哥和老舍。父親舒永壽是皇城的護軍，每月只領三兩餉銀。1900 年，父親在抵抗八國聯軍的戰鬥中殉國，此後家境更加困窘，靠母親舒馬氏給人縫洗和做雜工維持生計。1905 年，老舍在樂善好施的劉大叔（後出家當和尚，號宗月大師）熱心資助下，入私塾讀書。1909年，轉入小學。1913 年初，小學畢業，考入京師公立第三中學。半年後，因交不起學費，轉考進免費供給膳宿的北京師範學校。幼年性格抑鬱寡歡的老舍，在北京師範學校讀書期間，以口才出眾與習詩作文而引人矚目。1918 年夏畢業，先後擔任小學校長、京師學務局郊外北區勸學所勸學員、南開學校中學部國文教員等職。1921 年開始發表新詩與短篇小說。1922 年上半年，老舍受洗加入基督教。因熱心教會社會服務活動，給燕京大學英籍教授艾溫士留下了良好印象，1924 年被推薦到英國倫敦大學東方學院任漢語教員。

　　海外孤寂的生活喚起了強烈的鄉思，大量英國文學作品的閱讀與好友許地山的創作給他以啟迪與刺激，老舍一連氣寫下了長篇小說《老張的哲學》、《趙子曰》、《二馬》，從 1926 年 7 月起在《小說月報》連載，隨即成為知名作家。1930 年回國後，在齊魯大學、山東大學任教。1931 年 7 月，與北京師範大學國文系畢業的胡絜青結婚。30 年代前半期，發表長篇小說《小坡的生日》、《貓城記》、

《離婚》、《牛天賜傳》等。1936 年辭去教職，專事創作的第一個成果為長篇小說《駱駝祥子》。全面抗戰爆發後，老舍別妻拋雛，隻身奔赴當時的抗戰文化中心武漢，後輾轉到重慶，全身心投入到抗戰洪流之中。抗戰期間，老舍運用小說、新詩、話劇、曲藝等多種文體表現抗戰題材，如長篇小說《火葬》、《四世同堂》第一部《惶惑》、第二部《偷生》、話劇《張自忠》、長詩《劍北篇》等；與此同時，擔任中華全國文藝界抗敵協會常務理事、總務部主任，實際負責全面工作，為抗戰文藝建設做出了重要貢獻。1946 年應美國國務院邀請，赴美講學一年，期滿後留美繼續創作與翻譯，完成了長篇小說《鼓書藝人》與《四世同堂》第三部《饑荒》。

　　1949 年底，老舍歸國，歷任政務院文教委員會委員、全國政協常委、中國文聯副主席、中國作家協會副主席及書記處書記、中國民間文藝研究會副主席、中國劇協理事、中國曲協理事、北京市文聯主席等職。老舍滿懷熱忱歌頌新中國，1950 年創作話劇《龍鬚溝》，引起熱烈反響，1951 年 12 月 21 日，在北京市人民政府委員會和各界人民代表會議協商委員會的聯席會議上，榮獲「人民藝術家」的榮譽獎狀。1957 年 7 月，發表堪稱 20 世紀中國話劇經典的三幕話劇《茶館》。

　　但是，隨著政治運動的愈演愈烈，老舍的藝術創造性幾乎沒有了施展的空間，他生前發表的最後一篇作品是題名為《陳各莊上養豬多》的快板。豈止創作，等到 1966 年文革風暴席地而起，連生存都成為問題。1966 年 8 月 23 日，老舍正在辦公室參加學習，被一群狂暴者把他和二十多位著名作家藝術家一起拉到國子監院裏，用京劇道具打得滿臉是血、遍體鱗傷，被送回北京市文聯後，又受到無知少年的百般侮辱與輪番毒打。直到淩晨兩點多鍾，才被允許讓家人接回。8 月 24 日清晨，老舍拄著手杖，拖著傷體，告

別了年幼的孫女，離開家門。翌日晚上，人們在德勝門外的太平湖西側，發現了老舍的遺體，還有漂在湖面上的不知老舍何時親筆抄寫得工工整整的毛澤東詞《卜算子‧詠梅》。

老舍一生留下了十五部長篇小說、三種未完長篇小說、九部中短篇小說集（收六十餘篇中短篇小說），三十餘部話劇、曲劇、歌劇及改編的京劇，還有大量詩歌、散文、曲藝作品、文學理論批評及翻譯等。

老舍笑著走上文壇，最後以悲憤至極的方式辭別人間。笑與淚貫穿了他的生命歷程與文學世界，構成了老舍風格的顯著特徵。笑與淚給人們以醇厚的審美怡悅，也留下了讓人咀嚼不盡的深長意味。

母親剛強、正直、富於同情心，給老舍的性格打上了深刻的烙印；評書、大鼓、相聲、單弦、雙簧等民間藝術滋哺了他的喜劇天分，加上從小生活在大雜院裏，飽受痛苦的熬煎，看多了世態人情，遂使他漸漸養成了既深解人間冷暖、又能超然物外、既敢於諷世譏醜、又能諒人慰己的幽默心態。因而，從《老張的哲學》開始，他的創作給讀者留下印象最為深刻的，就是由喜劇人物的刻畫與幽默風趣的敘述構成的喜劇風格。《二馬》比起前兩部作品的潑辣恣肆來，要細膩得多。這不僅表現在結構上的講究，更在於人物性格開掘的深入與描寫的工細，在於幽默與諷刺的性格化與內在化。老馬是中國傳統文化養育的典型的「出窩兒老」，他雖然一回官兒也沒做過，可是要作官的那點虔誠勁兒從來沒有歇鬆過。除了請客活動作官的門徑之外，他什麼也不懂。作買賣他一竅不通，不知道隨行就市，不知道廣告宣傳，不知道市場規則，憑一時高興可以把自家古玩店的古玩拿回家欣賞，或者送人當禮物，或者低價拋售差不多等於白送人。他不但不懂，而且向來看不起買賣人，以為拿著血汗

掙錢沒出息，只有作官才是發財大道，他自己作不成官，就把希望寄託在兒子馬威身上。老馬滿腦子作官念頭，實際上卻是真正的沒頭腦，他為中國人的被曲解而不平，可是為了賺一點錢給溫都太太買禮物，卻去給一部污蔑華人的電影當群眾演員。老馬的自恃甚高、自以為是同愚不可及、處處碰壁構成了強烈的反差，產生了雋永的喜劇效果。作品的喜劇鋒芒還透過人物性格直指養成這種性格的文化背景，鞭撻其官本位與保守、僵化等弊端，使笑聲不只是情緒的宣泄，更有了深長的回味。人物活動的舞臺放在英國，英國人不僅作為比較的參照系，以英國文化進步性的一面反襯中國文化保守性的一面，而且也把「日不落帝國」子民的盲目自大與對中國的種種不切實際的誤解、偏見置於喜劇光芒的燭照之下，予以盡情的嘲諷，豐富了作品的文化內蘊，增強了喜劇效果。

寫於「九·一八」事變之後的寓言體長篇小說《貓城記》，展開了一個怪誕而深邃的象喻空間，貓國內政、外交、文化、教育的種種弊端都能看出舊中國的一些影像，貓人昏聵愚昧、麻木苟安、敷衍、窩裏鬥等劣根性也能折射出中國人國民性的若干缺陷，貓國的亡國滅種更是以極言其險的形式警示人們救亡圖存的迫切性，最讓後人稱奇的是作品裏關於學生解剖校長之類天方夜譚似的怪事，竟在幾十年後的「文革」中活生生地上演了。由於情緒的激憤，作品裏溫婉的幽默較多地讓位於鋒利的譏刺、機智的反諷與尖刻的冷嘲。

《離婚》又回歸到幽默。《離婚》與其說是婚姻喜劇，毋寧說是性格喜劇。財政所的一群小職員及其家眷，圍繞著離婚問題而煩惱、焦慮，到頭來哪一個也沒離成，夏日的燥熱化為蕭瑟的秋風。這部作品，論題材，沒有奇遇巧合的浪漫趣事，論情節，沒有大波大瀾的起伏跌宕。但是，作品不乏喜劇的機智、詼諧、情趣，更兼

耐人咀嚼的深意，讓人開卷發笑，掩卷深思。《老張的哲學》等早期作品的幽默，喜歡在文字裏找縫子，或利用人物的滑稽動作招笑，笑起來缺少節制，有時顯得野調無腔，《離婚》標誌著老舍幽默的成熟，雖然也不乏利用語誤與動作失調的機智，且有不少幽默的誇張，但把幽默的基點與重點放在了人物性格的矛盾上面，以人物性格的發展或呈現來控制幽默的分寸。社會諷刺出之以司空見慣的小事、靈機妙用的插曲、神來之筆的雋語，加以幽默的浸淫，便構成了渾然一體的幽默風格。老舍所長不是鋒芒逼人、辣氣十足的六月驕陽式的諷刺，而是清冷透徹、溫婉柔和的中秋明月式的幽默。《離婚》使老舍找到了其情感指向與審美趣味的最佳分寸：笑得機智，笑得自然，笑中有深意、有感傷、有責難、有憐憫，一言以蔽之曰——含淚的笑。老舍的幽默藝術到 30 年代上半期，已是漸臻佳境，《離婚》之外，又有《馬褲先生》、《犧牲》等截取生活片斷、婉諷怪癖陋習的幽默短篇小說，此外還發表了不少形式多樣、意趣橫生的幽默詩文。其幽默足以與狄更斯、馬克‧吐溫、契訶夫等外國作家媲美。

老舍的小說從一開始就不是單純的笑，而是笑中噙淚，除了開懷大笑笑出的淚之外，也有笑到深處悟出的淚，而且還有名符其實的苦淚，也就是說老舍的喜劇風格從一開始就不是單純的喜劇，而是一直有一條或明或暗的悲劇線索相伴，老舍不僅具有出色的喜劇天賦，而且擁有深廣的悲劇情懷。他在精心錘煉喜劇藝術並於其間滲入悲劇因數的同時，也創作了一些悲劇主調的作品，如短篇小說《微神》、中篇小說《月牙兒》、《我這一輩子》等，最有代表性的當屬長篇小說《駱駝祥子》。

祥子靠自己的力量拉車謀生，嚮往拉上自己的車，這是多麼本分的人生、多麼卑微的願望啊！但在祥子的命途上，卻是關山重

重，難以翻越。苦幹三年，終於買了一輛屬於自己的車，可是好景不長，新車就葬送到亂兵手裏。僥倖得到三匹駱駝賣了一點錢，再加上後來掙命攢的一筆錢，未等買車，就被孫偵探敲詐一空。他原想等有了自己的車，生活舒服了一些，到鄉下娶一個年輕力壯、吃得苦、能洗能作的、一清二白的姑娘，可當生計受挫、情緒頹唐時，他胡里糊塗地成了虎妞餓虎撲食爪下的小動物，從此幾欲擺脫而不能，終於按著虎妞的意願結親成家。虎妞給他以性的慰藉與家的溫暖，卻也以過度的性欲要求折損著他的身體，以蠻小姐的脾性戕害著他的自尊。他掙扎在對家的依戀與對虎妞的逃避之中，他雖然憑藉虎妞的錢又拉上了自己的車，但掏空的身子與憋悶的心理使他拉車的景況大不如前。命運之神不肯給祥子一點安慰，就在他即將品味做父親的喜悅之時，虎妞因難產誤治而不幸身亡。殘酷的命運就連這樣一個讓他說不清是愛還是恨的妻子也給奪走，這樣一個讓他說不清是依戀還是恐懼的家也給拆散，作為他生活理想之象徵的車，為了安葬虎妞也不得已而賣掉，祥子已無家可歸。他想娶同病相憐而心心相印的小福子，可是負不起養活她兩個弟弟和一個醉爸爸的責任。等到他生計稍有安頓、前來接小福子時，小福子早已在下等妓院裏不堪蹂躪而自縊身亡了。祥子的悲劇不僅在於他的命運多舛，而且還在於他性格的異化。先前的祥子，有著一副多麼質樸可愛的性格：認真、執著、勤勉、厚道；可是經歷過一連串的沉重打擊之後，祥子變了，變得沒有廉恥，沒有定性，吃喝嫖賭，懶惰、狡猾，揩女主人的油，佔人家的便宜，借錢賴帳，撒謊騙人，告密領賞，他在彎了脊背的同時，也失去了一顆純樸的心。祥子精神上的毀滅比起他生活中的一系列厄運更讓人驚悸哀痛，這也是祥子悲劇較之同一作品裏的小福子悲劇以及其他作品的悲劇更為深刻的地方。

老舍到底不愧為幽默大家，即使在這樣一部悲劇作品裏，他也沒有完全排除幽默，而是從人物性格與作品情境出發，恰到好處地投射以幽默視角。祥子身上有時暴露出一些愚拙可笑的性格弱點，虎妞對祥子的誘惑，假稱「有了」的欺騙，對劉四自以為是的分析，懷孕之後的嬌氣，更帶有喜劇色彩。在悲劇人物身上發掘喜劇因素，不僅豐富了性格內蘊，而且加強了主題的多重義域，把社會批判與文化批判和諧地融為一體。幽默敘事的插入，也使悽楚抑鬱的悲劇氛圍得以適度的調節，形成了起伏跌宕、張弛有致的敘事語調，讓讀者展卷而易於沉浸其間，掩卷而更有餘味咀嚼。

出身於北京大雜院的老舍，對小人物的性格了如指掌，與底層社會的命運息息相通。《我這一輩子》裏的「我」，姓什名誰，我們讀罷全篇也不清楚，但這個娓娓講述自身經歷的小人物卻深深地印在我們的腦海裏了。這一人物之所以能夠讓人難以忘懷，不僅由於他的坎坷命運，更緣於他那淚眼含笑的幽默性格和老舍所擅長的笑與淚交融的幽默敘事。

主人公要強、自信，深為自己的聰明、善良、隨和與勤勉而自許，但社會與命運偏偏同他過不去。他以為憑自己認字與寫字的本事，一出馬就該去當差，可實際上只能去當冥衣鋪學徒。他想憑自己的裱糊手藝，可以安身立命、養家糊口，可是趕上年頭的改變，裱糊匠失去了用武之地，他不得不另覓生計。他原來想像結婚必是件有趣的事，以為憑他的精明帥氣與做事麻利，娶個俏式利落的妻子，過上和美甜蜜的日子不成問題，可到頭來，天配良緣卻化作了勞燕分飛，年輕的妻子拋下他和一兒一女，與他的師哥一同跑得無影無蹤。憑他的經驗知識，他以為到哪兒都可以做個很好的警察局長，可他當巡警苦熬了多少年，才熬上個巡長，剛剛被馮大人點去當衛隊長，不料馮大人還沒到任就被撤了差，他的外任夢想跟著落

了空，回來又失去了巡長的位子，不久連巡警的飯碗也被新來的局長一腳踢飛。時世艱難，命運多舛，幸虧他有一副幽默的心懷，若不然，他怎能闖過一道又一道難關，又怎麼去面對不知還有多少苦難的餘生？幽默是一種達觀的心態，對他人得寬容時便寬容。當他以幽默的心態反觀自身時，善於從弱勢地位中看到自己的強項，用以鼓舞生活的勇氣，在逆境中不斷增強自信。自然，在這一人物身上，有時候，精明只是一種放大了的自我感覺，忠厚不過是缺乏機變的別名，建立在這種自信基礎之上的自尊難免有一點可笑。但人活一口氣，哪怕是身處卑賤地位的小人物也理應有他的自尊，這樣看來，他的自尊就有了一點可敬可愛之處。笑是他應對不平與舒解積鬱的法寶。他對「逗哏打趣」有一種天生的敏感與興味。他是個活潑愛笑的人，善於從別人的縫子裏找到調侃的笑料。笑不止面向別人，也時常指向自己，這樣一來，調侃就變成了自嘲。自嘲裏往往交織著沉痛、委屈與義憤，如同作品裏所說「笑常常和淚碰在一處，而分不清哪個是哪個」。

　　《四世同堂》以百萬字的篇幅表現抗戰題材，足以顯示大家手筆的不僅在於作品的宏偉結構與雄大氣魄，而且更在於觀照生活的獨特視角與開掘深度，以及富於個性的敘事語調。在《四世同堂》裏，的確可以看到淪陷區人民在侵略者鐵蹄之下的悲慘境遇和奮起反抗，但其描寫重心與其說是淪陷區人民的苦難史與反抗史，毋寧說是北平市民的磨難史與覺醒史，作者所選取的是文化心理視角，通過小羊圈胡同居民的心理變化折射出老中國兒女傳統文化心理受挫、困窘、無奈從而在痛苦中變革、演進的軌迹，在戰爭的特定背景下，審視並鞭撻傳統文化的負面性，揭示中國文化精神更新的趨勢與前景。作為一部描寫淪陷區生活的作品，《四世同堂》可以說是愁雲籠罩，但其間卻不乏喜劇的光芒。愁城淚眼，有激忿之淚，

有悲痛之淚，有鬱悶之淚，也有譏刺之淚，有婉諷之淚，有微哂之淚。淚眼的喜劇內涵，不能不歸功於老舍擅長幽默敘事的喜劇天賦與功力。如果說對漢奸丑類的描寫大多屬於帶有辛辣味的諷刺性幽默的話，那麼，對祁老人、祁瑞宣等人物則是溫和委婉的本色幽默觀照，筆觸深入內心世界，揭示出其性格的矛盾可笑之處，這種笑來得自然、雋永。幽默敘事更多的是體現於生動的語言與詼諧的語調。作者的獨到眼光，總能透過恐怖與悲苦的陰雲，發現並抓住幽默的苗頭，予以巧妙的發揮。從藝術表現與審美欣賞的角度來看，由喜劇性格、喜劇場景、幽默語調等構成的喜劇色彩，與淪陷區生活的悲劇氛圍形成一種獨特的張力，二者既是反襯，又是對比，既有調節作用，又有增益效應，愈是悲劇氣氛濃郁，愈能見出喜劇性的荒誕，反之，愈是加以喜劇性的適度張揚，就愈能強化悲劇效果。

《正紅旗下》，視野仍是老舍的創作熱土──北京，萬里之外想起來仍是如在眼前的北京環境，自小就耳濡目染的北京文化氛圍，浸入身心成長史的家庭故事，熟稔其音容笑貌、洞察其內心機微的北京市民，等等，老舍寫起來如魚得水。北京春天的風沙，描寫得讓人如臨其境，讀者仿佛聽得見它的鬼哭神號與萬物的呻吟驚叫，看得見含著馬尿驢糞的黑土與雞毛蒜皮飛向天空、樹叉上的鴉巢在灰黃色的沙霧中七零八落。各色旗人──遊手好閒的八旗子弟，精明強幹的新式旗人，攀附教會的洋奴，含辛茹苦的母親，刁鑽古怪的孀婦，忍氣吞聲的媳婦，等等，都刻畫得活靈活現。幽默找到了最適於它觀照的對象──苦澀而不至於絕望的生活，可憐而尚未走進絕境的苦人兒，可憎可氣而復可笑的人間「蟲兒」，有錢真講究、沒錢窮講究的面子文化；從詞語的色彩到語調的分寸，從性格的刻畫到場景的描寫，從情調的流貫到氛圍的渲染，幽默得到了淋漓盡致的發揮。在熱諷而不無冷嘲的笑渦裏，折射出清末社會

的「殘燈破廟」景象，在溫婉而不無犀利的智慧之光下，透視出旗人文化乃至整個中國傳統文化的病竈。如果這部長篇小說能夠寫完，我們一定可以看到老舍幽默的集大成之作，看到一軸清末旗人生活的「清明上河圖」，看到清末社會劇烈變動的清晰側影，看到五四精神繼承者對傳統文化的深刻剖析與透徹澄清，然而，歷史不允許假設，因時勢所迫《正紅旗下》只寫了十一章、共八萬多字，給人們留下了無法彌補的遺憾。

　　老舍從小熟悉並且喜愛各種傳統的民間藝術形式，深知它們在民間的廣泛影響與巨大力量。抗戰期間，為了更有效地動員民眾，他寫下《新拴娃娃》等鼓書，還用舊劇形式表現抗戰題材，如《忠烈圖》等，另有反映他參加北路慰勞團沿途見聞的長詩《劍北篇》。寫得最多的還是話劇，先後有《殘霧》、《國家至上》（與宋之的合寫）、《張自忠》、《面子問題》、《誰先到了重慶》和《桃李春風》（與趙清閣合寫）等。這些作品，有的表彰抗日將士，有的宣傳民族團結，有的暴露大後方的不合理現象，有的諷刺一些人的性格弱點。除《張自忠》等少數屬於正劇外，大多帶有不同程度的喜劇色彩，幽默風趣，生活氣息相當濃厚。新中國成立後，老舍以飽滿的政治熱情，寫了一批謳歌新人新事新社會的話劇，如《方珍珠》、《紅大院》、《女店員》、《全家福》、《青年突擊隊》等。其中《龍鬚溝》影響頗大。它以龍鬚溝的巨大變遷為背景，通過藝人程瘋子等人物性格的刻畫與命運的改變，反映了新舊社會的天壤之別，唱出了一曲新社會的頌歌。

　　代表老舍話劇創作最高成就的是三幕劇《茶館》。劇本發表於1957年7月《收穫》創刊號。北京人民藝術劇院曾於1958、1963、1979年等多次將其成功地搬上舞臺，受到熱烈歡迎與好評；1980、1983年，又曾幾度赴德、法、瑞、日等國演出，都曾引起轟動，

獲得高度讚揚，為中國話劇藝術贏得了國際聲譽。這部劇作雖然沒有貫穿始終的中心事件，沒有懸念很強的完整故事，但從始至終給人以戲味醇厚的感覺。戲味何來？首先，三教九流聚集的茶館本來就是人生的舞臺與社會的窗口，劇本借助裕泰茶館的興衰與茶館老闆和茶客的視角，將戊戌變法失敗後的清朝末年、軍閥混戰的民國初年、國民黨統治崩潰前夕等三個時期的歷史風貌與時代變遷，風俗畫長軸一般徐徐展開，歷史風雲伴隨著風土人情撲面而來。其次，七十多個登場人物，錯綜複雜的人物關係富於時代色彩。主要人物性格各異，栩栩如生，尤其是貫穿全劇的核心人物王利發，由雄心勃勃、精明幹練、乖巧圓滑，到欲罷不能、心煩意亂、苦悶彷徨，再到心灰意冷、無所顧忌、悲憤自盡，性格的變化與命運的走向成為全劇的焦點，使主題的表現充分性格化。第三，已經在小說中錘煉成熟的悲喜劇交融藝術，在劇作中得到了充分的展現，荒唐事件的插入，喜劇人物的設置，幽默語言的點染，在活躍了舞臺氣氛的同時，也愈加增強了悲劇力度。第四，臺詞簡練、鮮活，高度個性化、生活化，京味十足，充滿了機智幽默，不時蹦出精闢的雋語和俏皮的雙關語。

　　俗白而雋永、清新而醇厚的語言是老舍對現代文學史的重要貢獻。也許滿人或多或少有一點語言天賦，若不然，《紅樓夢》、《兒女英雄傳》等著名白話小說怎麼會都出自滿人之手？老舍繼承了深厚的滿族文化積澱，加上博覽群書，打下了良好的語言基礎。經過最初兩部作品的試練，他逐漸明白了小說的語言應該簡潔、有力、可讀，「把白話的真正香味燒出來」[1]。《小坡的生日》更加自覺地追求文字的淺明簡確，用兒童能懂的話語描寫兒童生活，使作者真

---

[1]　老舍《我怎樣寫〈二馬〉》。

正明白了白話的力量。標誌著老舍幽默成熟的《離婚》，也展示了老舍語言的成熟風韻：真正做到了明白如話，做到了人物語言性格化、敘事語言個性化。《月牙兒》裏，那透出逼人寒氣的月牙兒，時而呈現為一鈎淺金，時而隱入濃雲背後，它是人物命運的象徵，也是人物心理的折射，主人公如泣如訴的自語，伴隨著月牙兒的或隱或現而次第展開，幾分清晰幾分朦朧，悽楚而有節制，語調跌宕起伏，凸現出老舍小說語言如歌行板的詩性的一面。

《駱駝祥子》進一步證明了老舍的語言不僅能在喜劇天地裏縱橫馳騁，而且能在悲劇世界裏運斤成風。他從口語中汲取鮮活的詞語、句式、語調、氣勢、聲音，給平易的文字添上了自然、親切、新鮮、恰當、活潑的味兒，使《駱駝祥子》的語言真正活起來，靈動有神，隨物賦形，聽其聲辨其人，觀其景入其境，確有名副其實的引人入勝之效；並且由於對氣勢與聲音的注重，賦予了語言以流轉動聽的音樂美，可以朗誦。第十八章關於北京暑熱、暴雨和雨後景物的描寫，足以與任何一位元語言大師的文學描寫相媲美。《我這一輩子》裏，老舍在展開主人公的自敘時，總是儘量選用符合人物身份、性格及語境的語彙及修辭方法，使笑與淚揮灑得那樣自然天成。譬如說教官的尸位素餐：「這樣的自然是不多，可是有這麼一位教官，也就可以教人想到巡警的操法是怎麼稀鬆二五眼了。內堂的功課自然絕不是這樣教官所能擔任的，因為至少得認識些個字才能『虎』得下來。」再如說官兒們的貪：「告訴你一句到底的話吧，作老爺的要空著手兒來，滿腔滿餡的去，就好像剛驚蟄後的臭蟲，來的時候是兩張皮，一會兒就變成肚大腰圓，滿兜兒血。」「稀鬆二五眼」、「虎」這樣的詞語和驚蟄後的臭蟲的比喻，是如此的生動與貼切，它們有著一般書面語彙和掉書袋的比喻所難以取代的韻味，在語感上給人以親和力與切中要害的穿透力。又如作品這樣描

寫師哥到「我」家吃熱湯麵時的「吃相」:「他吃得四脖子汗流,嘴裏西啦胡嚕的響,臉上越來越紅,慢慢的成了個半紅的大煤球似的」,如此形象已經暗示出師哥的貪婪,接下來的一句「誰能說這樣的人能存著什麼壞心眼兒呢」,更是以反諷的語調表達了敘事者的道德蔑視。另如描述百姓趁亂搶劫時,說「有的人會推著一罎子白糖,連人帶罎在地上滾,像屎殼郎推著個大糞球。」對於貪婪的趁火打劫者來說,恐怕很難找到比這更合適的比喻來了。以小人物所熟悉的語彙與修辭,來表現小人物的性格與命運,宣洩小人物的快樂與憤懣,《我這一輩子》可以說是成功的範例。以道地而精純的京白,描敘北京的市民生活,刻畫北京市民性格,語體和內涵渾融一體,形成了鮮明的北京地方色彩,也平添了作品的藝術魅力。

老舍寫出了北京的風土人情,但老舍創作的價值顯然遠遠超出了一般意義上的地域文學。他以深刻的人生體驗、特殊的文學天賦與不懈的藝術追求,創造出獨標一幟的笑與淚交融的幽默風格;他的笑與淚決非膚淺的招笑與煽情可比,其內在的鋒芒直指國民性弊端及其社會、文化淵源;老舍的語言為漢語現代化做出了重要貢獻,堪稱20世紀中國文學史的一座豐碑;老舍來自社會底層,他心裏永遠記掛著人民,用平民百姓看得懂、聽起來親切的語言傳達平民百姓的喜怒哀樂,關注平民百姓的命運前途,老舍無愧為「人民藝術家」的光榮稱號。惟其如此,老舍不僅屬於中國,而且屬於世界,不僅為今人所喜愛,而且將千古流芳。

王魯彥的遊子之心

　　1944 年 8 月 20 日，抗戰勝利前夕最艱難的時刻，中華全國文藝界抗敵協會桂林分會主席王魯彥，終因貧病交加，在桂林與世長辭。由於戰事頻仍，當年桂林文藝界同人立下的墓碑竟然不知所蹤，就連墓地所在也難以尋覓。可是，這位嘔心瀝血為人民的作家，並沒有被後人所忘懷。他的家鄉浙江寧波北侖區大碶鎮為之開闢了魯彥文學生涯展覽室，他的作品集不斷有新版本問世，《聽潮的故事》等散文名篇為人們所喜愛，《黃金》等小說成為被文學史家所稱道的經典作品，專家學者與家鄉父老會聚北侖，召開作品研討會，中央電視臺《歲月如歌》系列節目「中國現代文化名人世紀尋根」中的王魯彥專輯，以幽婉的旋律和多彩的畫面講述著王魯彥淳樸而深邃的遊子之心。

　　王魯彥（1902-1944），有著浙東人的剛毅倔強，高小二年級時，因學生所尊敬的校長被校董方面無理辭退，他與許多同學一道憤而停學。後來，他輾轉來到北京，加入蔡元培、李大釗、陳獨秀等創辦的工讀互助團，同時到北京大學旁聽魯迅的《中國小說史》等課。地靈人傑的東海之濱賦予聰慧和韌性，洶湧澎湃的五四新潮給予時代的洗禮，王魯彥自學成才，二十年代初步入文壇，成為文學研究會會員，在其短促的一生中，留下了十一部短篇小說集，一部中篇小說，兩部半長篇小說，四部散文集，還通過世界語翻譯了十一部外國文學作品。

　　在王魯彥的心靈和創作中，浙東鄉土佔有重要位置。當他流徙異鄉時，故鄉的雨，故鄉的天，故鄉的山河與田野，故鄉的釣魚方

式與情趣，故鄉那蔚藍中襯著整齊的金黃菜花的春天，藤黃的稻穗帶著可愛的氣息的夏天，蟋蟀和紡織娘在濡濕的草中唱著詩的秋天，小船吱吱地觸著沉默的薄冰的冬天，還有那故鄉的楊梅──奇異的形狀、可愛的顏色、甜美的滋味，無一不令人相思的楊梅……那讓他魂牽夢縈、遊子思歸的故鄉，不時溢於筆端，呈現出一幅幅明豔的浙東鄉土景象。作家那孤獨寂寞的遊子之心得以慰藉，也讓無數讀者泛起清冽而甜蜜的鄉愁。

　　他以樸實而冷雋的筆觸描繪出那個時代浙東農村的社會生活畫卷。這裏看得見軍閥混戰帶給社會的陰鬱氛圍，看得見小生意人在外來工業文明衝擊下走向破產的滿面悲哀，看得見包含著親情和愚昧的古老的冥婚民俗，看得見鄉民面對天災的無可奈何與荒謬舉措，也看得見農村青年的正直善良、多才多藝，看得見底層社會憤懣的爆發與民族意識的覺醒。從整體結構到細節描寫，都飽含著作者對社會矛盾的焦慮和對人民的同情。王魯彥富於個性的鄉土寫實，當時就贏得了魯迅、茅盾等五四新文學前驅者的肯定，後來也得到文學史家的高度讚揚，楊義在《中國現代小說史》第一卷中稱之為「鄉土寫實流派中成就最高的作家之一」。

　　生活中的王魯彥可謂鐵骨錚錚，而在文學世界裏對人性的體察則細緻入微，心理開掘廣袤而深邃。早期創作所表現的傷感與憤激、迷惘與執著，在五四新文化運動落潮之後具有典型意義。如果想要瞭解那個時期的知識份子心態，他的早期作品也像郁達夫、王統照、黃廬隱、石評梅、丁玲的小說、戴望舒、徐志摩、聞一多、馮至的詩歌與魯迅的《孤獨者》、《在酒樓上》、《野草》一樣，具有精神史的價值。他的戀愛題材小說，表面上看起來似乎是對幼稚愛情的戲擬，實際上真實地表現出青少年在戀愛不同階段的心理真實。他在《菊英的出嫁》裏對菊英娘的心理刻畫尤其入木三分。透

過冥婚風俗的表層，可以看到這位母親對冥婚的熱中，其實不只因為她對夭折的女兒的刻骨銘心的思念，還有她作為丈夫常年在外的商人婦對性愛生活的渴求。個體心理與性別心理之外，社會心理的剖析更為犀利深邃。《柚子》勾勒出專制暴政所必然產生的冷酷心理與冷嘲現象，《許是不至於罷》表現出在一個中產階級匱乏的社會裏帶有普遍性的仇富心理與小有產者的惶恐不安，《黃金》通過主人公經濟生活的一次小波瀾揭示出社會等級意識的無所不在及其戕害人心的嚴重性。《自立》還通過堂兄弟之間的一場官司觸及了嫉妒這種人類的普遍心理，告誡世人：原始欲望一旦失控，親情就會被燒得灰飛煙滅。當年，王魯彥在聽魯迅講授《中國小說史》時，仿佛聽到了全人類的靈魂的歷史，感受到揭去虛飾的巨大震撼力。也許與魯迅的影響有關，王魯彥始終如一地關注心靈問題，翻譯時注意選擇心理內涵豐富的作品，創作中也十分注重心理世界的開掘，這是王魯彥小說區別於其他鄉土文學作家的重要特徵。

王魯彥離開我們已經六十餘年，他的家鄉北侖，如今已經建成世界級大港，遊子倘若歸來，恐怕會彼此相見不相識。然而，不變的是遊子那顆思鄉的赤子之心，是父老鄉親對遠行者的深深牽掛，是故鄉對優秀兒女的無限感念。

林語堂：架起中西文化之橋

在八十年代以前的中國現代文學史敘述中，林語堂給人的印象是片斷而模糊的。通常是述及語絲派時閃露出林語堂怒目金剛的一面，說到三十年代「論語派」（或稱「閒適派」）時，林語堂則變成以倡導幽默、閒適與性靈來替當局粉飾太平的白鼻梁小丑了，此外便難覓其蹤影。八十年代以來，隨著林語堂作品和十餘種傳記與論著的出版，以及電視劇《京華煙雲》的播出，人們看到了一個真實的林語堂。但是，對這樣一位文化性格十分複雜的人物如何理解，對他在中英文雙語創作、翻譯諸方面的建樹及其對於中國現代文化建設和中西文化交流的意義怎樣評價，仍然存在著不少問題。王兆勝先生的《林語堂兩腳踏中西文化》（文津出版社 2005 年 1 月第 1 版），以中西文化的交融為視角來剖析與評價林語堂，頗有獨到的發現與中肯的見解。

誠如林語堂在《八十自敘》裏所說，「我是一捆矛盾，我喜歡如此。」王著在生活方式、情感世界、幽默情懷、文化「對講」、「娓語文體」、藝術觀念與思想信仰等方面，引領我們走進了林語堂的矛盾世界。林語堂對基督教十分熟稔而感到親切，但很早就敢於質疑。他自稱熱心的儒家，對老莊卻情有獨鍾，而人文主義又分明注入了他的精神血脈。說是「行為尊孔孟，思想崇老莊」，可是，二十年代，他作為大學教授，在北京女子師範大學風潮中，用旗杆與磚頭直接同警察搏鬥，他因發表過矛頭直指段祺瑞執政府及其御用文人的犀利雜文，而上了北洋軍閥政府通緝的「黑名單」；三十年代，在《論語》、《人間世》和《宇宙風》上，他大力倡導幽默精

神與閒適性靈小品，與此同時，在執筆與編發的小品中，以春秋筆法針砭政治腐敗、社會黑暗。他由衷而堅定地熱愛中國，盧溝橋事變後，連續發表檄文，筆戰日本，在美國生活多年而保留中國國籍，最後葉落歸根，回到臺灣，可是批評起中國國民性來，入木三分，毫不留情。他以西洋頭腦分析事物，而以中國心靈品味人生。他既能像拼命三郎似地努力工作，又會優哉遊哉地盡情享受生活。剛毅與柔和、進取與退讓、事業與遊戲、守禮與陶情、謹慎與瀟灑、傳統與現代，他能夠在矛盾叢生中追求和諧，從容應對，張弛有致。

如此複雜的性格緣何而來？王著在「地域文化環境」、「家庭的熏陶」與「遊學旅居紀歷」三個方面，向林語堂所生活的中西文化背景溯源。林語堂的出生地閩南龍溪（今屬漳州），毗鄰廈門、泉州、潮州、汕頭，與臺灣隔海相望，唐宋以來，經濟發達，商業氛圍濃郁，近代以來，成為對外開放的門戶，較早接受西方宗教、文化的影響，湧現出嚴復、林紓、辜鴻銘等近代翻譯前驅。林家洋溢著基督教氛圍，父親是鄉村牧師，母親是虔誠的基督徒。林語堂在這種開放活躍、中西交滙的文化語境中度過了對於人格形成至關重要的童年時代，商業文化的內核，向外探求的冒險精神，基督教的文化思想，中西合璧的建築風格等等，在他的心靈深處打下了深刻的烙印。他從小學到大學上的都是教會主辦的學校，練就了西方文化的童子功，聖約翰大學畢業後到清華學校任教，「知不足」的自省意識使他狂補中國文化，調整、豐富了知識結構，留學美、法、德，而後又長期旅居美國，終其一生，在國內外生活的時間大致相當，耳濡目染的生活體驗促進了他對中西文化的融會貫通，使其形成一種獨特的文化性格，用他自己的話概括就是：「兩腳踏中西文化，一心評宇宙文章。」

　　中西文化的交融不僅在林語堂的文化性格上打下深刻的烙印，而且成為他努力追求的文化目標。他從英美引進 humor 並賦予其中國名字「幽默」，倡導幽默來慰藉動盪時代痛苦不安的心靈，融會中外傳統，提倡性靈小品，藉以平衡峻急激烈為主調的文化生態。林語堂的特異之處，不僅在於積極引進與巧妙融會，而且表現在通過英文寫作、以英文翻譯中國經典以及英文講演向海外介紹傳播中國文化。他的英文作品有《吾國與吾民》、《生活的藝術》、《諷頌集》、《輝煌的北京》、《啼笑皆非》、《武則天傳》、《蘇東坡傳》、《京華煙雲》、《風聲鶴唳》、《朱門》、《奇島》、《紅牡丹》、《賴柏英》等。中譯英有《論語》、陶淵明《古文小品》、《東坡詩文選》、明屠隆《冥廖子遊》、明張潮《幽夢影》、沈復《浮生六記》、《板橋家書》、《老殘遊記》，另有《中國的智慧》、《孔子的智慧》、《老子的智慧》等，翻譯介紹涉及孔子、孟子、韓非子、老子、莊子、墨子、王羲之、陶淵明、王維、李白、杜甫、蘇東坡、李清照、張岱、袁中郎、李笠翁、金聖歎、李密庵、曹雪芹等。現代文學史上，用外語寫作的作家不止一二（如魯迅、葉君健等），向海外介紹中國文化者也有辜鴻銘等，但外語創作量之大、介紹中國文化之豐、海外影響之廣，恐怕當首推林語堂。可以說，林語堂架起了一座溝通與融會中西文化的橋梁。

　　王兆勝在分析與評價林語堂的性格與貢獻時，始終把研究對象置於現代文化語境和歷史文化脈絡的坐標系上。書中指出，「新文學是在對中國傳統文學批判和否定的基礎上，以西方文化和文學價值為參照建立起來的，因此，長期以來，中國傳統的『性靈』及其性靈文學被忽略了，而且還被視為『山林文學』或『非人的文學』清除之。」周作人較早關注性靈問題，林語堂更是把「性靈」當作文學藝術中的關鍵字，「覺得使中國文學生生不息、一直充滿活力

的線索,那就是『性靈』,即個性。」林語堂用「性靈」對西方文學的印證,以求對中西文學進行「對接」和「融合」。「這樣,他既看到了兩種不同的文學之間的聯繫,又為中國現代新文學找到了合理的源頭:一個是西方個性主義文學;另一個則是中國的性靈派文學。」這一見解準確把握了林語堂性靈文學乃至整個現代文學的多源性,表現出著者對傳統與現代、中國與西方的歷史辯證理解。對林語堂的分析與評價,見得出對多元文化交滙共存的文化生態平衡的倡導,也隱含著著者對道心——天地自然之心——的執著追求。

何其芳的多樣風采

　　何其芳是著名的詩人、散文家、文學理論家、評論家、學者，他的文學創作、理論批評與學術研究，在中國二十世紀文學史、學術史上佔有重要地位；他投身於時代大潮的無悔追求與坎坷磨難，在中國現代知識份子的生活道路上也具有典型意義。河北人民出版社於 2000 年 5 月推出的藍棣之主編的八卷本《何其芳全集》，收入作者生前親自編訂出版的十四部著作與作者逝世後由其親友編定的兩部作品集以及目前所發現的所有集外文，包括詩歌、散文、小說、文藝論文、序跋以及翻譯作品、書信、日記等，共約二百七十萬字。全集的體例，遵循體裁與編年相結合的原則，基本上保持已經出版的單行本的原貌，續之以集外文補遺，以寫作時間的先後為順序加以排列，全面展示了何其芳的文字生涯、出色建樹與個性風采。

　　何其芳最初是低吟著柔美而沉鬱的詩歌走上文壇的。《預言》所代表的早期詩作，遠承晚唐五代詩詞的纏綿遺緒，近受新月派浪漫主義情調與象徵主義詩風的影響，歌吟著愛情「甜蜜的淒動」，應和著自然清新的旋律，敏銳的感覺、清幽的情致與奇巧的比喻，顯示出年輕詩人的超拔才情。經歷過社會風雨的洗禮，尤其是到了延安之後，何其芳的第二本詩集《夜歌》，詩風陡然一變，低吟淺唱變成粗獷雄沉，婉曲朦朧化為疏朗質樸。抒情者從青春與愛情的大觀園夢境中醒來，面對一個廣闊而嶄新的天地，有覺醒的亢奮，也有留戀的感傷，有滙入集體的歡欣，也有自我剖析的痛楚。詩人的心律已經與整個民族的脈搏諧調共振，感受與表現著中華民族命運的悲愴與搏擊的壯麗。如果說《夜歌》組詩等還略嫌粗糙、詩味

不足的話，那麼，從長詩《北中國在燃燒》的幾個片斷來看，何其芳轉變後的詩風已經走向成熟：形象性和音樂性得到加強，深沉的意蘊有了較為豐滿的審美形式的依託。

　　1936年結集出版的散文集《畫夢錄》，翌年榮獲天津《大公報》文藝獎金，使何其芳成為知名作家。《畫夢錄》獲獎可謂名符其實，它那詩化的意境，散文詩樣的語言，精緻的結構，柔和的語調，濃麗的色彩，真摯而沉鬱的感情，「超達深淵的情趣」（蕭乾代表評委會對《畫夢錄》所下的評語），的確為抒情散文開闢了一片新的園地。但在何其芳大學畢業在天津、山東等地為生活輾轉奔波幾年之後，則有了一本風格迥異的散文集《還鄉雜記》，後來又有收入《星火集》等集子中的雜文創作。作者從「畫夢」變為關注「人間的事情」，個人苦悶的咀嚼逐漸弱化，代之以社會生活的描敘與批判鋒芒的閃爍，藝術上也不再像《畫夢錄》那樣雕琢，風格從玲瓏剔透走向自然、質樸、開闊。

　　何其芳詩歌散文創作風格的這種轉變，多少年來不斷遇到質疑，尤其是八十年代，有學者將其概括為「思想進步，藝術退步」的「何其芳現象」。張炯先生在為《何其芳全集》所寫的《序一》中，不贊同「由於他參加革命而必然導致藝術水平下降」的論斷，認為這種論斷「過於簡單，缺乏具體細緻的分析，不僅不符合何其芳同志的實際情況，更沒有普遍的意義」。他舉出夏衍、田漢、趙樹理、艾青、柳青、周立波、劉白羽、魏巍等作家，都是在參加革命後繼續寫出優秀作品，甚至攀登自己藝術創造高峰的。的確如此，光未然與冼星海如果不是投身於民族解放大潮，怎能創作出《黃河大合唱》這樣的經典作品？在民族生死存亡的重要關頭，作家從個人小庭院走向社會大原野，創作由纖細精緻變為粗獷弘放，實在是歷史的必然。創作風格的變化，不能等同於藝術水平的下降。何

其芳早期詩文的精緻幽婉之美與走向廣闊天地後的質樸深沉之美各有其審美價值，二者之間不是相互否定的關係，而是創作個性發展過程中的不同表現。

從延安時期，何其芳就開始了文學理論批評工作，進入五十年代，他擔任中國科學院文學研究所的領導職務，在文學理論批評、學術研究及其組織領導方面投入了更多的精力。以他所處的地位，在帶有濃厚政治色彩的文藝運動中不能不做一些表態性的發言，這些言論在今天看來，顯然存在著種種歷史局限。然而，難能可貴的是，何其芳的理論批評與學術研究，只要撥開歷史氛圍賦予的迷霧，有些仍然不失其健旺的生命力與誘人的魅力。其重要原因，正如藍棣之先生在《序二——略論何其芳的文學與理論遺產》中所指出：第一，「從實際出發，而不是從定義出發。」如從《紅樓夢》和《阿Q正傳》的人物分析所得出的典型共名理論，從詩歌創作與欣賞所歸納出的詩的定義，從分析屈原作品所歸納的文藝珍品百讀不厭的原因，等等。第二，「力求在學術層面上處理政治性的理論問題。」在《沒有批評就不能前進》集子中，對胡風、俞平伯、胡適、丁玲、馮雪峰等的批評，在政治層面上肯定是批錯了，但在學術層面上卻不能一概而論。堅守學術立場的內驅力，使他有時能夠突破「左」的束縛。如1961年，他在少數民族文學史討論會上的發言《少數民族文學史編寫中的問題》中，以白族傳說《望夫石》為例，說明並不能「把一切作品，一切描寫愛情的作品，都看作是以反映階級鬥爭為主題」。認為對待文學遺產的態度，不能超越歷史，不能用今天的標準來要求古人，不能只看思想，忽略藝術；文學史中兩種文化鬥爭的問題，對於作家與作品要做具體的分析；等等。這些見解在階級鬥爭為綱的時代能夠提出而且敢於發表，殊屬不易，至今對於編寫文學史也仍有啟迪意義。

　　為了保持何其芳文學和理論遺產的完整性和歷史的原貌，編者在編選時不僅未對收入全集的任何文章進行刪節修改，同時，也未將他生前公開發表過的文章從全集裏刪除。譬如：寫於五十年代的《胡風的反動文藝理論批判》、《馮雪峰的反黨反馬克思主義的文藝思想和社會思想》，寫於「文革」前夕的《小說〈二月〉和電影〈早春二月〉的評價問題》、《夏衍同志作品中的資產階級思想》，寫於「文革」期間的談毛澤東詩詞和談魯迅對《水滸》的論述等文章。編者與出版者的歷史主義精神值得充分肯定與大力弘揚，何其芳夫人牟決鳴女士支持這種編選原則的寬闊胸襟也著實令人欽佩。歷史畢竟是歷史，我們無須迴避。當然，正如藍棣之先生所希望的，讀者應該「採取正確的閱讀態度」。正是通過這些真實的歷史材料，我們可以窺見政治生活的不正常是怎樣給被批評者與批評者本身乃至整個文學事業造成嚴重的創傷，從中汲取深刻的歷史教訓，避免悲劇重演。

　　第八卷收入目前所見到的全部書信，其中除個別書信發表過，大部分為首次公開披露。這些書信，展示出何其芳真摯而豐富的性格，也重現了他在「文革」期間的困境，甚至到了 1977 年初，他還在為一首長詩的發表而四處求告，歷史行進的艱難可見一斑。

　　河北人民出版社捨得投入，出版裝幀考究的《何其芳全集》精裝本，為認識與研究何其芳提供了權威的版本，也為二十世紀中國文學與學術的積累奉獻了一塊厚重的基石，其長遠眼光與大家氣度值得稱道。

讀《李霽野文集》

　　李霽野（1904-1997）是經歷了幾乎整個二十世紀的著名作家、翻譯家，五四時期開始文學生涯，一生辛勤耕耘，成果豐碩，出版過短篇小說集《影》、講演集《給少男少女》、散文集《魯迅精神》、《回憶魯迅先生》、《魯迅先生與未名社》、《義大利訪問集》、新詩集《海河集》、格律詩集《鄉愁與國瑞》、古典文學詮釋《唐人絕句啟蒙》、《唐宋詞啟蒙》，譯著《往星中》、《黑假面人》、《文學與革命》、《上古的人》、《不幸的一群》、《近代文學批評斷片》、《被侮辱與損害的》、《簡愛》、《我的家庭》、《忙裏偷閒》、《死後》、《虎皮武士》、《四季隨筆》、《化身博士》、《史達林格勒》、《難忘的一九一九》、《山靈湖》、《妙意曲》等。

　　百花文藝出版社 2004 年 3 月推出的《李霽野文集》，共九卷四百一十五萬字，彙集了上述單行本與未曾結集過的作品，文體有散文、小說、新詩、古典詩詞詮釋、外國文學翻譯、書信等，囊括了李霽野的著譯成果。六十三張插頁，有生活照、手迹、書籍封面畫、未名社舊址照片，還有譯著原作者的肖像與原作插圖等，增加了信息量。展卷而讀，可以看到栩栩如生的歷史人物、真實的文學史風貌、濃郁的時代氛圍以及著譯者的文學個性。

　　從 1924 年秋季開始，李霽野得到魯迅的熱情關懷與細心指導，由此建立起來的深厚感情，成為李霽野從事文學事業的巨大動力與後來的珍貴回憶。他以切身的感受與深情的筆觸，描述了魯迅的音容笑貌與多彩風姿：抑鬱和愉快，平實與機智，辛辣與幽默，悲憤與無奈，果斷剛毅與體貼周到；對書籍封面裝潢色調與標點符

號位置排列的講究，見得出魯迅審美的精緻與工作的嚴謹；多次為青年的生計或出書而慷慨解囊，表現出無私的胸襟；深夜帶病校對年輕作家的稿子，竟至吐血，更是看得出對年輕人的鞠躬盡瘁；聽說一位過去一直得他贈書的女孩已經出嫁，便想到以後不再送書「為妥」，這樣的「世故」頗有人情味兒；魯迅也曾因為路遠與傳言而對未名社同人產生誤解，爽爽快快地寫信來詰責，一旦明瞭真相，便又盡釋前嫌、和好如初，這又分明見出一顆赤子之心。在李霽野的回憶裏，也能夠看到有著篤厚君子風的許壽裳、獻身於翻譯和編輯事業的韋素園、溫文爾雅的瞿秋白、嚴正而和藹的李何林，還有台靜農、曹靖華、韋叢蕪等未名社的同人。

作為未名社的重要成員，李霽野是中國現代文學史的親歷者。他如實記錄了未名社的發起、發展及終結，反映出新文學的艱難歷程。1928 年，因出版李霽野翻譯的托洛茨基《文學與革命》，未名社被查封，譯者與台靜農被捕，關押五十天。1932 年，又發生了荒唐的「最新式炸彈」案：台靜農家裏被搜出一枚「最新式炸彈」，當局煞有介事地逮捕了台靜農等三人，一時間在報端炒得沸沸揚揚。後來查明，所謂「最新式炸彈」，不過是朋友留存作為紀念的其亡父用過的一件化學實驗儀器。險些導致幾人無辜喪生的悲劇以喜劇而告終，但白色恐怖之嚴酷於此可見一斑。

抗戰期間，李霽野隻身逃離無法立足的北平之後，偶然將一時的感想寫成格律詩，多為絕句，用以慰藉痛失國土、遠離親人的孤苦心靈。抗戰勝利後輾轉回鄉探親，一路上又寫下一批記遊絕句。1948 年，他曾整理所寫舊體詩，集為《鄉愁集》。1961 年，又集解放後所寫舊體詩為《國瑞集》。翌年，印成《今昔集》上下編。可惜因中蘇關係公開破裂，這套含有表現中蘇友誼內容的舊體詩集未能發行。直到 1985 年，格律詩集才更名為《鄉愁與國瑞》問世。

他在寫格律詩的同時，還嘗試著用五七言絕句翻譯了菲茲傑拉德的《魯拜集》。作為一名新文學家，李霽野在抗戰期間採用這種在五四時期曾經大加撻伐的傳統形式進行創作與翻譯，一方面大概不無藉助傳統形式來寄託愛國情懷的心理動因，另一方面，也正見出傳統的文體形式仍然具有頑韌的生命力。他晚年給自己的孫兒女選講一些唐人絕句，作為寒暑假的一種文娛活動，也是因為他充分肯定唐人絕句用精美的文字、精彩的手法與獨特的形式，表現了高尚的情操、崇高的思想、豐富的想像與時代的氣息。《鄉愁與國瑞》1987年印出後，他送給新詩創始人之一的冰心。冰心復信說：「說實話，談到詩，我是『不薄今人厚古人』的，我更喜歡舊體詩，念起來順口，又容易背誦。」魯迅、郭沫若、郁達夫、老舍、田漢、朱自清等新文學前驅者，每每以舊體詩來表達幽深複雜的個人情懷，直到今天，仍有不少人喜歡寫舊體詩，足見其自有適於表達國人感情的便利。舊體詩文體不宜全盤否定。

　　近幾年來，一些現代作家文集，收入了翻譯作品，這反映出社會評價對翻譯的創作性勞動的認可與尊重。的確，翻譯與創作、批評是文學發展的三套馬車，缺一不可。翻譯對象的選擇、翻譯風格的形成都能程度不同地反映出時代思潮，翻譯對創作與批評有著深刻的影響。《李霽野文集》九卷中翻譯佔了五卷，客觀反映了翻譯在李霽野文學生涯中的重要分量。閱讀這些翻譯作品，不僅任你盡情遨遊於浩瀚的外國文學海洋，而且能夠揣摩出譯著翻譯年代的社會文化氛圍，還可以發現李霽野創作風格的一些源頭。

蕭紅的幸運和不幸

作為一個作家來說，蕭紅是幸運的。當年，舒群、蕭軍、羅烽、金劍嘯、白朗、金人、塞克等活躍在哈爾濱文壇的左翼文藝青年，把她帶上文壇；一部藝術上並非精雕細刻的《生死場》，在魯迅的扶持下出版發行，給文壇帶來不小的新奇與驚動，由此奠定了她在現代文壇上的地位；如歌行板的《呼蘭河傳》更是使她的創作業績達到了高峰，足以進入文學經典寶庫；這位創作量算不上很大的作家，卻贏得了無數讀者的喜愛，成為如今現代文學研究的熱門選題之一。據不完全統計，光是蕭紅傳記，就有將近二十種之多。

然而，蕭紅短暫的一生，真可謂命運多舛。因出生在端午節，鄉俗以為不吉利，連生日都要改日過。八歲時母親病逝，後來在求學、生活中，飽經風霜，顛沛流離。曾經有過兩次生育，第一個嬰兒送人，第二個夭折。正當文學創作達到輝煌頂峰之時，卻在日本侵略者點燃的太平洋戰火中淒苦地逝去，年僅三十一歲。對這位英年早逝的才女，人們的言說中有共鳴、理解、欽敬與愛戴，也有隔膜、誤解、訛傳、甚至傷害。在已出傳記中，有的偏聽偏信，有的投射進作者的揣度與玄想，有的出現了「蕭紅懷著端木的孩子到重慶」之類的史實舛誤。正是有感於蕭紅坎坷的情感經歷和她的作品被重重訛傳和誤解所遮蓋，端木蕻良的侄子曹革成經過二十餘年搜集考證，寫出《我的嬸嬸蕭紅》（時代文藝出版社 2005 年 1 月第 1版，十八萬字，一百四十幅插圖），澄清了流傳多年的舛誤，將蕭紅的童年、三次婚戀、創作經歷、生活、交往和病故香港的真相，從誤傳中一一剝離出來，還原出一個真實的蕭紅。

　　曹革成發表過多部散文、小說、傳記，當不乏生花妙筆，但歷史專業養成的良好史學素質與蕭紅傳記書寫中存在的諸多問題，使得他在撰寫《我的嬸嬸蕭紅》時，格外謹慎，盡力追根溯源地尋繹歷史線索，呈現人物與生活的原生態。

　　蕭紅的未婚夫汪恩甲，以往大多給予丑角化。實際上，問題要複雜得多。蕭紅十七歲時，家裏給她訂了婚。未婚夫相貌堂堂，師範學校畢業，訂婚後，辭去小學教職，到哈爾濱進大學預科班深造。這樣一位青年男子，自然容易博得少女的好感。蕭紅與未婚夫來往密切，還給他織過毛衣。蕭紅初中畢業後，與表哥陸振舜搭伴到北京去讀高中。她萬萬沒有想到，自己果敢而輕率的舉動掀起了軒然大波，黑龍江省教育廳以教子無方解除蕭紅父親張廷舉教育廳秘書一職，調巴彥縣任教育局督學。呼蘭縣張家子弟受不了輿論壓力，紛紛轉學離開呼蘭。陸張兩家不斷去信去電報，蕭紅被迫回家。這場風波最初並未動搖蕭紅與汪恩甲的關係，被迫回家一個月後，她又與未婚夫一道去北京購物，告訴朋友恨快就要結婚。但是，未婚夫的哥哥汪恩厚逼迫弟弟與蕭紅分手，蕭紅到法庭狀告汪恩厚代弟休妻，她對未婚夫的感情可見一斑。汪恩甲為保全哥哥在教育界的名聲，提出是自己要求解除婚約的，官司遂以蕭紅敗訴告終。蕭紅一怒之下回到家鄉。在孤立無助的寂寞中，她漸漸原諒了戀人。半年後，二人和好如初，住進了哈爾濱東興順旅館，不久有了身孕。「九一八」事變後，汪恩甲突然失蹤，才有了蕭紅困在旅館、面臨被賣的危機，有了向報社寫信求救等後來的故事。汪恩甲的意外失蹤，是像有人揣測的藉口籌錢，逃避責任，還是去打探抗日將領王廷蘭遇難消息，被日軍所害，抑或其他意外，至今仍是未解之謎。作者尊重歷史，也尊重傳主的感情，並未因為後來的意外，就否認蕭紅的初戀，把她曾經體驗歡欣與寄託希望的初婚簡單地視為上當受騙。

　　蕭紅與端木蕻良的婚姻歷來是其傳記寫作的敏感問題。在有的同代人看來，這仿佛是蕭紅的一次錯誤選擇，甚至最後病逝香港也與此不無關聯。在有的傳記或小說作者筆下，蕭紅的第三次婚姻生活充滿了苦難。事實果真如此嗎？蕭紅與蕭軍感情破裂之後，與端木蕻良走到一起，這是當事人自己的自由選擇，自有其必然性與合理性，他人的看法與揣測實在不足為憑。同代人對於蕭紅與端木婚姻的嘖有煩言，很容易讓人想到高爾基的小說《二十六個和一個》，眾人仰慕的女性若與哪個男人戀愛，那個男人必然激起由嫉妒引發的「眾怒」。事實上，蕭紅與端木結婚以後，在生活中相濡以沫，在創作上珠聯璧合，蕭紅創作進入了新的高峰期。二人感情篤厚的真實面貌，不僅體現在創作中題材等方面的相互影響、聯手合作、相互為作品題名與繪製插圖等方面，而且還有柳亞子、周鯨文等嫉妒圈之外的友人的見證。作者還真實地描寫了太平洋戰爭爆發後香港的混亂局勢，通過文字與地圖再現出端木蕻良對蕭紅治療及安葬的傾心投入與奔波操勞，從而澄清了訛傳多年的所謂端木未盡到丈夫職責、導致蕭紅病逝的荒謬說法。抗戰期間，病逝的作家何止蕭紅一人，著名者就有陳獨秀、許地山、鄒韜奮、王魯彥、朱生豪、謝六逸等。不考慮戰亂時香港的實際情況與蕭紅的病情，把蕭紅的病逝歸罪於端木蕻良，怎麼能說得過去呢？一對個性鮮明的作家夫妻，無論怎樣彼此相愛，性格中總會留下難以磨光的稜角，在瑣碎的日常生活之中難免要產生一些矛盾，但這與根本性的隔膜不可同日而語。蕭紅病重時，在病痛、戰爭恐懼與死神威脅等多重煎熬中，心理一定處於極度脆弱之中，對端木或許會有一些怨艾之詞，這亦屬人性之常，怎麼能夠據此抹殺夫妻的患難與共和心心相印？

　　《我的嬸嬸蕭紅》不僅寫出了人物的成長史、生活史、心靈史，而且結合傳主的生涯對多有爭議的重要作品展開了分析。譬如《呼蘭

河傳》的「寂寞」與「消極」問題，曾經成為批評的鵠的。曹革成不為成說所拘，也敢於向權威挑戰，他詳細地考證了蕭紅在香港交往範圍的逐漸擴大，分析抗戰期間鄉土追憶的特殊意義，反駁所謂蕭紅「和廣闊的進行著生死搏鬥的大天地完全隔絕」的論斷。他還發掘出一些能夠見證當年香港文化界批評風氣的材料，對全面認識「寂寞」「消極」說出臺的背景、正確估定《呼蘭河傳》的價值具有學術意義。

　　曹革成一方面帶著壓抑的激情，用確鑿的史實與中肯的分析為蕭紅的感情選擇與作品價值「平反」，另一方面，也並未因為尊重與親情而對嬸嬸蕭紅一味唱讚歌。他指出在父女關係緊張之中，蕭紅也有一份責任，「她雖然有女性的溫柔和慈愛，但她不能體驗做父母那種對子女的百般親情，不能體會藏於其中的『酸甜苦辣』。蕭紅顯然從來沒有思索過父親作為繼子，在呼蘭張家大院的微妙處境和可能的煩惱，而把自己的苦惱和不滿一股腦兒地拋向父母。她只想從父母那兒索取任性和愛。當她認為這種愛更多的是從祖父那兒得到時，她『恨』自己的父母，很長時間裏一直不肯原諒。」他也委婉地批評了蕭紅對她與汪恩甲的那個女嬰的絕情：「六天，蕭紅沒有看孩子一眼！六天，沒有餵孩子一口奶，那奶水漲得濕透了衣衫。孩子咳嗽的聲音，從隔壁傳過來，她把心緊成了一塊鐵。貧困，把做母親的女人擠壓成如此冷酷！她的頭腦一直是清醒的，母愛一旦泄出，將一發不可收拾。一眼都沒瞧一下的孩子，送給了道裏公園看門的老頭。以後的事實表明，這孩子成了她抹不去的傷痛！」當她在香港病危時，在交代的後事裏，囑咐端木蕻良將來有機會一定要去尋找這個孩子。這正是母性的復蘇與絕唱。

　　斯人已逝，往事如煙，圍繞著蕭紅的爭論卻綿延不絕。如果說偏見與訛傳加重了蕭紅的不幸，那麼，《我的嬸嬸蕭紅》致力於歷史真實的還原，應該說是蕭紅的幸運。

走近真實的端木蕻良

　　1936 年，端木蕻良以《鷺鷥湖的憂鬱》等短篇小說享譽文壇。其實，早在 1929 年，他就曾在南開中學學生刊物上發表過小說處女作《水生》，1933 年寫出長篇小說《科爾沁旗草原》，只是由於陰差陽錯，這部氣勢恢弘的史詩性作品到 1939 年才得以出版。四十年代，他的《初吻》、《早春》、《雕鶚堡》等小說，情感深摯，意象新穎，寓意深刻，堪稱現代詩化小說的代表作。晚年抱病創作的長篇小說《曹雪芹》，顯示出作者的深厚功底。截止 1996 年病逝，端木蕻良留下了小說、戲劇、散文、詩歌、評論等作品一千餘萬字。他那頑強而長久的創作生命力，獨特的風格，多方面的建樹，理應在二十世紀中國文學史上，佔有重要的一席之地。但在相當長的時間裏，與海外學術界的重視相反，在內地現代文學史研究中，端木蕻良受到不應有的冷落。究其原因，主要是認為當年蕭紅病逝於香港，端木蕻良沒有盡到應盡的責任。在泛道德化的文化背景下，研究者很容易受到這種看法的影響，將端木排斥於文學史視野之外。並且這種看法被不止一位傳記、小說作者在蕭紅等東北作家的傳記中予以採納，甚至加以刻意誇大，使得端木的形象越發曖昧起來。

　　進入八十年代，隨著實事求是學風的恢復，內地的情況才有了轉機，出現了時隔四十餘年的端木蕻良專論。九十年代更是有新的進展。楊義《中國現代小說史》第三卷（人民文學出版社，1991）為端木蕻良專設一節，李建平推出了專著《大地之子的眷戀身影——論端木蕻良的小說藝術》（廣西民族出版社，1995），《大地詩篇——端木蕻良作品評論集》（北方文藝出版社，1997）、孔海立《憂

鬱的東北人端木蕻良》（上海書店出版社，1999）與馬雲的《端木
蕻良與中國現代文學》（北京出版社，2001）等相繼面世，逄增玉
的《黑土地文化與東北作家群》（湖南教育出版社，1995）、馬偉業
的《大野詩魂——論東北作家群》（北方文藝出版社，1998）等專
著中也有端木蕻良的專章（節）。這些論著視角有別，但都能從文
本出發，對端木蕻良作品的藝術個性及其文學史價值予以積極的肯
定。孫一寒的《我走向神秘的科爾沁草原》（白山出版社，2000），
另闢蹊徑，從扎扎實實的田野與社會調查入手，搜集了科爾沁草原
自然、歷史與民俗的大量第一手材料，對於深入瞭解作家成長的背
景與準確把握作品提供了寶貴的資料。

　　作家乃至文學史研究不能等同於道德評價，即使道德上不無瑕
疵的作家，只要其確有文學建樹，文學史著述也應有其一席之地。
問題在於，關於端木蕻良的一些消極性看法是否確有根據。端木蕻
良原打算將《曹雪芹》下卷寫完後寫《回憶錄》，其中將寫到他和
蕭紅如何從認識、結婚，到為她治病、送終，直至火化、埋葬，以
澄清關於他和蕭紅之間的不實之詞。遺憾的是壯志未酬，駕鶴西
歸。端木蕻良夫人鍾耀群繼承他的遺志，在勉力整理、續寫《曹雪
芹》的間隙，根據端木平時的回憶，寫出了一部《端木與蕭紅》（中
國文聯出版公司，1998），呈現那段「驚天地，泣鬼神」的愛情。《端
木蕻良和蕭紅在香港》（曹革成主編，白山出版社，2000）裏，第
一次完整披露了端木蕻良與美國學者葛浩文的談話錄音整理稿《我
和蕭紅在香港》，並收有柳亞子、周鯨文等歷史見證人的珍貴回憶。
作為後來者的曹革成，在《前言》與《在蕭紅最後的日子裏》等篇
中，徵引了當時的幾位見證人的回憶，對多種說法做了比較考證，
否定了所謂蕭紅逝世前四十四天端木蕻良不在身邊的說法。也許由
於曹革成身為端木蕻良侄子的緣故，文章寫得格外動情，但也因為

他是學歷史出身，受過良好的史學訓練，考證詳實，論析縝密，頗有感染力與說服力。為端木蕻良辯護的不僅有其親友，而且也有並無親緣與友情關係的學者。孔海立在一定的輿論壓力下從事端木蕻良研究，實事求是地分析輿論對端木蕻良不利的原因：「這主要是長期以來，端木蕻良總是有些與眾不同，使得大多數人不能接受他的舉動。無論是那些穿軍裝的還是那些穿長衫甚至穿西裝的，都不那麼願意接受這個性格獨特的穿馬褲皮靴的端木蕻良。穿軍裝的革命家們不能接受他這個『懶散的資產階級分子』，穿長衫甚至穿西裝的『資產階級』知識份子又不能接受他的左傾思想和激進行為。而偏偏這一個與眾不同的端木蕻良被才華斐然的女作家蕭紅選中，實在是有些讓人氣不過。於是大家群起而攻之，大有把蕭紅早逝的罪過，統統歸結到端木蕻良身上的趨勢。面對眾多的指責和排斥，孤孤零零的端木蕻良就是渾身上下都是嘴，也解釋不清了，只有緘然和沈默。」(《憂鬱的東北人端木蕻良》第141頁)關於端木蕻良與蕭紅的感情，馬雲認為，蕭紅選擇了端木，選擇就是評價，別人再說什麼，都多少有些「酸葡萄」的味道。端木蕻良與蕭紅的結婚，表現出的仗義與犧牲精神，蕭紅最明白，這在她的散文《無題》裏即有體現。事實上，蕭紅與端木創作上相互激勵，生活上相互幫助，婚後生活是愉快、和諧、幸福的。以夫妻之間難以完全避免的性格差異以及由此帶來的摩擦與怨言來否定全部愛情，把分明是日本侵華戰爭導致的蕭紅不幸早逝，歸罪於為了挽救蕭紅的生命竭盡全力的端木身上，既與事實不符，也有悖於情理。這樣的分析與評價，顯然在向真實的端木蕻良走近。

《端木蕻良文集》已由北京出版社出版四卷，據悉，又有四卷已經發排，有望於明年推出。這一文集的全部問世，將有助於學術界及廣大讀者看到真實而富有藝術魅力的端木蕻良。

寂寞的趙樹理

二十世紀四十年代中期到五十年代，趙樹理確曾是一個熱門話題。然而，在此前後，誰能說得清趙樹理經歷了怎樣的寂寞？早年，他在師範學校讀書期間，暑假回鄉，滿腔熱忱地給父老鄉親讀新文學作品，卻沒有像他預想的那樣引起農民的興趣。後來他認準了文藝通俗化的道路，在文學創作與報紙副刊編輯中身體力行，頗受群眾的歡迎，可是在太行區文藝界卻是「曲俗和寡」。後來廣為流傳的《小二黑結婚》，當初如果不是中共中央北方局代理書記、八路軍副總司令彭德懷題詞加以肯定，還不知要等到什麼時候才能出版。新華書店1943年9月初版兩萬冊供不應求，翌年3月，用大字型大小排印，並配上了有趣的插圖，再版兩萬冊又很快售罄。廣大讀者喜聞樂見，可是太行區文壇上的反映卻是出奇的冷淡。《華北文藝》上剛發表一篇肯定性的書評，《新華日報》華北版馬上刊出一篇意見截然相反的文章，說當時的中心任務是抗戰，寫男女戀愛沒有什麼意義。毛澤東《在延安文藝座談會上的講話》發表兩年多之後，華北文藝界領導人周揚與新文學前驅郭沫若、茅盾等先後撰文，高度評價趙樹理的創作，本來只想做「文攤」文學家的趙樹理才終於躍上文壇的龍門。

然而，就是在《小二黑結婚》、《登記》走紅之時，趙樹理仍然能夠感受到文壇上的輕視目光。幾經周折，他乾脆離開北京，回到了他所熟悉的山西山溝溝裏。農民喜歡他，因為他與農民心貼心，用農民聽得懂的語言寫作，表現的是農民熟悉的人和事，真心實意地想幫農民解決亟待解決的問題。可是這樣一來，又有人不高興

了。通過文學提出問題似乎有越俎代庖之嫌，況且文學的力量究竟有限，面對「大躍進」後的大饑饉、集體富裕光環下的社會貧困，趙樹理也無能為力，他不能不陷入深深的憂慮與困惑之中。到了六十年代，他的創作遠沒有四、五十年代那樣活躍而富於生命力，剛剛邁進七十年代的門檻，這位人民的作家連生命的權利都被殘忍地奪去。

在生命垂危之際，趙樹理相信「社會自有公論」。十年浩劫過後，趙樹理的冤案得以平反昭雪，八、九十年代，幾種趙樹理研究專著先後問世，對趙樹理的人格與創作業績給予公正的評價。但是，在當今令人眼花繚亂的社會轉型期，趙樹理的文學理想遇到了另外一種挑戰，其鄉土氣息濃郁的文學作品面臨著新的尷尬。他曾經立志用新文學佔領「文攤」，可是現在地攤上流行的是什麼呢？讚美節婦烈女的倒是沒有了，可是取而代之的是把「現代」當作遮羞布的放蕩；為皇帝歌功頌德的隱去了，可是冠冕堂皇的大傳傳奇之類分明遊蕩著皇權與奴性的幽靈；「科學」研究易經的招牌下，販賣的是占卜算命的舊貨。高雅的文壇固然不斷有關注民生疾苦的力作問世，但另一方面，也流行著時尚化、速食化的「小資寫作」、以大膽暴露為能事的「身體寫作」、炫奇鬥豔的先鋒思潮……趙樹理倘若有幸健在，不知會怎樣咋舌。當今，小學教育和廣播電視基本普及，數位化網路覆蓋部分農村，近億農民進城務工，鄉村城鎮化進程向前推進，生活節奏加快，審美需求更趨多樣，在這樣的形勢下，農民讀者是否還會像當年那樣喜歡趙樹理，日益擴大的市民讀者群能否接受趙樹理，都成為問題。趙樹理的文學風格與創作方式，究竟還有沒有現實意義？「趙樹理現象」有哪些經驗值得繼承發揚，哪些教訓應該汲取，這些問題學術界理應探討，可惜不大有人關注了。當趙樹理幾乎要被人遺忘的時候，朱慶華孜孜矻矻地進

行趙樹理研究，推出《趙樹理小說新論》，這種不盲目趨時的治學態度著實令人欽佩。這部學術著作的傳播學視角，關於趙樹理式「清官」斷案模式的貢獻與局限的分析，關於縱橫坐標軸上趙樹理歷史地位的考察，關於「趙樹理現象」冷熱原因的探索，還有把歷史語境的回歸與當下創作狀況的引入結合起來的寬闊視野等，都能給人以啟迪。

我雖然做過一點趙樹理研究，但自知不是為這部專著作序的合適人選。可是，朱慶華先生來到中國社會科學院文學研究所做訪問學者，我在名義上是接待教授，這就被賦予一定的責任。當這位勤奮而熱情的年輕學者一再邀我作序時，我就只能恭敬不如從命了。

如果從鄉土的角度來說，趙樹理是山西人的驕傲，但饒有意味的是，在目前我所見到的趙樹理研究專著中，作者卻多為他鄉人，如廣東的黃修己，浙江寧波的戴光中，現在又有浙江麗水的朱慶華，這似乎在某種意義上說明了趙樹理超越鄉土的價值。農民佔中國人口的大多數，農民、農村、農業問題是關係到中國社會穩定與發展的關鍵性問題，文壇不應迴避「三農」問題。既然如此，趙樹理的光榮與夢想就不應該僅僅屬於歷史，而且應該繼承下去，趙樹理關心農民、關心民生疾苦的精魂具有永恆的價值。

關注眼前而忽略永恆，是人性的弱點，趙樹理的寂寞或許與此有關。現在，當代中國出版社推出朱慶華的專著，至少可以減輕一點趙樹理的寂寞吧。文壇上發揚趙樹理傳統，進而出現超越趙樹理的作家，更是我們的期待。

風雨滄桑的七月派詩人徐放

　　或許是若干年前讀到一些過度個人化、也很拗口的詩，傷了「胃口」，或許是因為自己已經過了激情的年齡，我是已經有些年沒讀詩了，甚至老詩人徐放先生見贈的詩集《風雨滄桑集》，我也是擱了兩年之後才來拜讀。但一讀起來就難以放下，禁不住隨著詩人的情思浮想聯翩。

　　「九‧一八」事變，一定是給當年正處韶光華年的徐放的心頭籠罩了濃重的陰霾，若不然，本該咀嚼甜蜜愛情的年齡，歌喉怎麼竟會如此蒼涼？本應清新芬芳的鄉村意象怎麼竟變得如此沈鬱苦澀？他從大宅第的荒凋感悟歷史的滄桑，從秋暮裏沈寂的野廟與噪鬧的鴉群諦聽人間的淒涼，從空曠的庭院體味亡國破家的慘痛，年輕的詩人終於振奮起來，要「在這死沉裏／耕出生命的光火」，「乘萬里風雷」「一腳／把這沈悶的──／天地踏破」（《走》）。正是由於這種透射出反抗意緒的詩句與「反滿抗日」的實際行動，1942年他剛剛出版了第一本詩集《南城草》，便遭到日偽當局的通緝。他隻身潛逃，到北滿去找義勇軍，未能如願，不得不逃亡關內，後輾轉入川，考入了流亡到四川三台的東北大學中文系。在校期間，他就積極從事抗日救亡活動，畢業之後，更是奔赴延安，轉戰太行山，以詩與槍來迎接新中國的誕生。由於閱歷的增加、視野的開闊，加上得到胡風的指教，他的詩顯得更為沉雄而弘放了。《媽媽的黑手》裏，鄉情、親情與戰士的豪情滙成一股急湍，大有「飛流直下三千尺」之概，給人以強烈的震撼。《起程的人》，正如劇作家、詩人魯煤所說：「難解難分的戰友情腸，留連低迴的惜別心緒，構成

了一曲現代戰鬥者的《陽關三疊》。」

　　新中國如旭日東昇，詩人該有多少壯麗的詩篇要寫，然而，因為莫須有的「胡風案件」，他竟然被打入冷宮二十餘年，隔離反省、秦城監獄、勞動改造、遣返故鄉，直到 1979 年他才被調回人民日報社，1980 年胡風冤案平反，他才真正重見天日。讓人驚歎的是，二十餘年的冰封，並未能凍結徐放的詩情，他在心裏吟誦著對春天的渴求，「吟罷低頭無寫處」，便通過古詩今譯來傳達自己對祖國的忠誠與對詩歌的摯愛。冰封的大地一經解凍，他便整理出版了一批令人矚目的古詩今譯成果，詩歌創作更是迎來了第二個春天。這時他有機會遊歷許多名勝古蹟，寫下不少紀遊詩，其中折射出他那歷盡滄桑的深邃目光。寫於 1978 年的將近六百行的長詩《登景山》，在歷史的時空中展開詩神的翅膀，痛斥昏王暴君與佞臣奸賊狼狽為奸的封建專制，思索十年動亂的慘痛教訓，猶如一部現代的詩體《春秋》。後來的《遠望姜女墳》、《謁嶽飛墓》、《訪明孝陵》等篇，都貫穿著這一思緒。我由衷感佩的是，徐放先生不僅創作生命力是如此的堅韌恒久，年逾古稀仍有新作問世，而且他始終如一地保持著寬廣的胸襟。他蒙受了二十幾年的冤案，個中不無遭受落井下石的痛楚，但他的詩歌總是從大處著眼，向遠處矚望，而不見低沉情緒的流露，更不必說有什麼個人怨毒的宣泄。這是多麼難能可貴的七月派風骨。

　　徐放先生的新詩，在藝術上把民間歌謠的質樸與古典詩詞的典雅融為一體，有散文似的自由灑脫，也有凝練的用詞、考究的音律和獨出機杼的意象，從而構成獨標一幟的風格。這些固然值得充分肯定與深入探索，但我現在感受最深的，還要說是徐放詩歌所體現出來的創作態度與意蘊深度。誠然，詩歌要有個人的情感體驗，但無論如何不能變成絕對化的「私人寫作」。古今中外，最能動人、

因而也能傳世的詩歌總是少不了一種大氣，即對社會生活、民族命運與人類生存的深切關注。

讀林非散文集《春的祝願》

　　林非先生的十餘部散文集，我幾乎全都讀過。從中領略到作者富於個性的成熟激情、深邃思索與優美文筆，近讀其散文新著《春的祝願》（海天出版社 2002 年 4 月），既有熟稔的親切感，也有拓展的新鮮感。

　　《春的祝願》犀利而透闢的分析眼光多有洞幽燭微之處。近年有位青年批評家公開敦促一位很走紅的散文家，懺悔自己在文革中的某些活動。批評家年輕氣盛，步步緊逼，對方巧妙閃避，以守為攻，雙方各有一些同情者、支持者，一時間爭論得頗為熱烈。林非在《也說懺悔》裏，從中國文化缺乏勇於懺悔的宗教情結，進而指出儒家「為尊者諱，為親者諱，為賢者諱」的虛假風氣，一直延續至今。他認為，除了少數罪犯必須受到法律的嚴懲，少數拳打腳踢的痞子和打手應該受到道德和良知的譴責之外，絕大多數踴躍參加運動的人們，「應該承擔的責任確實可以說是極為微小的。當然如果他們願意對自己的某些行徑，十分主動地作出誠摯的懺悔和深邃的反思，這無疑也是有利於促進整個民族從事思想文化建設的好事，不過他們無論如何也總是這場狂潮和災難的受害者與犧牲品，使得大家扭曲了自己靈魂的根本原因，是權力得不到監督的『人治』狀態，膨脹到了極端主義的地步。」回首歷史上的荒謬，年輕人往往表現出隔膜的淡漠，或是容易產生偏激情緒。我作為那場浩劫的經歷者，則更願意認同林非的理性態度。文革中曾經發生過無數暴虐和瘋狂的行徑，為什麼許多平常時候總是不言不語和溫良馴服的人們，卻突然變得異常的狠毒和兇惡起來，這一問題引起學術界的

思考。一些學者認為,「這是人性在那樣劇烈的震蕩與巨大的扭曲中,趨向於毫無意義的盲目性的墮落」,因而,他們「憂心忡忡和深惡痛絕地譴責著此種惡劣的人性」。林非在《關於殘酷的話題》中指出,從挖掘人性的醜惡這個視角來說,這種結論確實是符合歷史實情的,自然也可以促使人們反思和懺悔自己可能作出過的錯誤與罪愆,讓心靈中尚未完全泯滅的良知逐漸蘇醒過來,使人性得到昇華,趨於善良。因此,這種探討無疑是一樁頗具意義的工作。「然而人性的墮落和趨於卑劣,為什麼竟會如此集中地發生在『史無前例』的『文革』中間呢?客觀的實際情況決定了在考察這個問題的時候,絕對不應該離開那種特定的時代條件。如果離開了這樣的前提和關鍵,只是孤立地盤桓於人性這個範疇中間,那麼就不管是兜轉著多少彎曲的圈子,都無法對它的墮入殘酷和卑劣,得出完整而又深刻的結論來,依舊會使自己的認識徘徊於迷茫的薄霧中間。」林非從社會文化背景方面展開深入的思索,指出當時的許多暴虐行為是在冠冕堂皇的正義的旗號下發生的,上面發佈下來的「革命」號令,「完全廢棄和違背了社會秩序中間最為基本的規範與準則,侵犯和踐踏著全體公民最為起碼的希求安居樂業的正常生活,批判、鬥爭、毆打和屠戮,竟成了最為革命和光彩的風尚,這樣就當然會使得所有的道德規範和法律條款都蕩然無存了」。「革命」的號令對於馴順成性的人們來說,貫徹執行是順理成章的事情,況且積極投身進去的多少芸芸眾生,「也總希望在這種『革命』的潮流中間,充分地顯露自己的忠誠與才智,祈求著能夠在權力的金字塔上逐步攀援上去,至於在紊亂和暴虐的行動中也殘忍地下起手來。像這樣從殘酷地制伏、損害和踐踏別人的過程中,則又滿足了自己積壓在心頭的報復或嫉妒的心理,以及高踞於眾人頭頂的某種潛伏和扭曲的統治的欲望,這樣就一方面顯示了匍匐跪拜和絕對服從的卑

賤奴性，另一方面又表露出狂呼亂叫和八方肆虐的瘋狂的獸性。」如果有誰膽敢對此提出質疑，則會遭受滅頂之災。這樣一來，殘酷的大爆發就成為歷史的必然。文章中既指出了時代的決定性作用，又注意到人性的複雜性，還挖掘出幾千年專制統治所造成的奴性，這一分析比起單純的人性批判來，顯然要全面而深刻得多。

近年來，為專制帝王塗脂抹粉的影視與文學作品頻頻登場，林非為此深感不安，擔心國民性中根深蒂固的帝王崇拜情結被再度喚醒，誤以為只要出現這樣的聖君即可萬事大吉。他在幾篇文章中都憂心忡忡地發出警示。《「五四」前夕的一點感想》文中指出，這比起《國際歌》裏「要創造人類的幸福，全靠我們自己」的歌聲來，真是一種可怕的倒退和沉淪。康雍乾三朝有利於國家民族人民的事情固然值得肯定，但其嚴酷的文字獄也不應該視而不見。「斷斷續續地蔓延了上百年的文字獄，就深深地摧殘和扼殺了讀書人獨創的才智與正直的人品，只要還不想豁出性命去英勇就義的話，就得擺成一副混沌敷衍和鸚鵡學舌的模樣，於是滿世界都顯出了精神萎靡、思想蕭瑟、死氣沉沉和言不及義的氣氛，這怎麼能不使整個國家急劇地衰頹下去呢？消解了思想的自由和創造，必然就會消解整個國家進步和光明的前景。正是在這樣的一百年中間，我們這強大的東方古國，開始大規模地落後於英國和法國那樣的歐洲國家，最終導致受盡那些西方列強的侵凌。」負有強烈責任感的作家，不應盲目地去吹捧專制帝王，而應該寫出文字獄的歷史真相，這樣才有助於人們徹底地反省和拋棄歷史遺留的奴性主義痼疾，全面地增強民主的意識。

也許是有感於吹捧或戲說皇帝之風的流行，林非繼《浩氣長存》、《叩問司馬遷》等散文佳作之後，歷史的思緒一發而不可收，寫了多篇歷史題材的散文。他不是像傳統士人那樣發思古之幽情，

也不是像一些當代文人那樣到古代題材中去獵奇或戲說，更不是像有些人那樣不知出於何種動機去為帝王歌功頌德，而是透過歷史文獻與古典文學深入思考封建專制的本質與歷史發展的成本等重大問題。《瀏覽二十四史》在自己早年閱讀古史的回憶中，展開理性的翅膀：「知悉了這麼多紛繁複雜和驚心動魄的變故之後，我更懂得了專制主義制度的黑暗與罪惡。在那裏充滿了多麼愚昧、野蠻、貪婪、卑劣、奸詐、暴虐和殘酷的氣氛。有多少傑出的人物在如此惡濁的環境中間，或者被無辜地殺害，或者是悒鬱地死去。他們在臨死之前，能夠多少意識到此種制度的弊害之烈嗎？」他想到了可歌可泣的孔融，其道德情操贏得時人的欽佩和尊敬，卻由於曾經譏刺曹氏弄權而被曹操找個藉口殺害。每當論及此事，人們通常都指斥曹操性格的陰毒。但林非則看到權力的腐蝕作用：「曹操確實是異常殘忍的，然而如果他並未掌握那可以獨自來決定生殺予奪的專制權力，就無法做得如此的兇惡與狠毒。」文章進一步延伸思索：「從小就聰明絕頂和正直偉岸的孔融，以及他也是如此早慧和英勇的子女，對於如此殘酷的制度都是領略得頗為深沉的，然而他們是否曾思索過像這樣暴虐的統治，怎樣才能獲得改變呢？」接著寫到稱讚過孔融的南朝大史學家范曄，從他的殺身之禍，想到政權的平穩更迭問題。文章又從殺害范曄的劉義隆想到朱棣，這個為了從姪子手裏爭奪皇位而導致血流成河的永樂皇帝，卻假惺惺地以效法周公旦輔佐周成王自相標榜，要方孝孺為他寫詔書，方孝孺不從，遭致「夷十族」的屠戮。作者從中國歷史想到二十世紀的全世界，「為什麼當人類在取得了比中世紀遠為發達的高度文明時，大家所遭受的厄運卻比自己的祖先更為慘烈呢？……歷史究竟應該怎樣更好地前進呢？必須透闢地研究和認識它複雜的變遷及其深刻的原因，才有可能清晰地瞧見前方的希望之路。」白居易的《長恨歌》

千載流傳，其絢麗的意境與優美的旋律給人以無盡的美感，其纏綿悱惻的情思喚起了無數讀者的共鳴，圍繞這一名篇，自然可以有很多文章可作。《〈長恨歌〉裏的謎》一文，則從歷史角度與人性角度提出了一連串的謎，指出「一朝選在君王側」與史實不合，顯然是為君者諱。文章層層深入地剖析出，唐玄宗從自己兒子那裏將楊玉環搶奪過來，自然是憑藉君王至高無上的權力，而楊玉環心甘情願地投入這老人的懷抱，無非是為了光耀自己家族的門楣，讓眾多的親屬也分得此種權力的威勢。專制君皇喪失道德的情欲，使一個嬌豔和任性的美女獲得了震驚人寰的巨大功利，而最後在引起叛逆和戰亂後的逃亡途中，唐玄宗不是用下詔罪己來保護這個供他發洩情慾的女子，而是順水推舟地下令將她處死了事。沒有約束的絕對權力使人為所欲為，實在是太自私、太殘忍、太專斷和太變化無常了。正如後來《未有收成的唐詩研究》所說，作者撰寫這篇散文並非是為了去研究唐詩，而是將它作為澄清和譴責專制主義權力的一個例證。對封建專制始終保持著清醒的理性態度與犀利的批判鋒芒，這恐怕與林非作為魯迅專家從魯迅那裏汲取的精神源泉有關，個中也熔鑄進他對自己乃至幾代人現代生存體驗的深刻反思。

作為學者養成的分析目光，投射到各種審美客體上面。從《閒話剽竊》、《也說懺悔》、《「深刻」小議》、《關於殘酷的話題》、《面對著車禍的思索》、《深夜裏是思緒》這類題目上，就可以想見作者的分析意趣。《閒話金錢》從友人關於豪宅的設想，談到金錢的巨大誘惑力，從西晉隱士的《錢神論》聯想到莎士比亞《雅典的泰門》與明代作家朱載堉的《黃鶯兒·罵錢》，把金錢的魔力及其惡果、金錢背後的欲望與虛偽寫得入木三分。《藏書與查書的故事》裏，作者回憶新中國成立之初，他在太湖之濱一所幹部學校從事教學工作的經歷。當寫到那位「年輕的老革命」提出「革命是否有允許妥

協的可能」、曾任舊警察學校教官的學員與他探討盧梭的《民約論》時，都聯繫中國乃至世界歷史，對「妥協」問題、個體與革命潮流的關係問題等，展開入情入理的分析。《西西弗斯的巨石》文中，從被稱為西西弗斯的朋友之死，對卿卿我我地開場、怒氣衝天地結束的許多婚姻感到辛酸，思索「為什麼不相互都變得瀟灑、豁達、柔情和理智一些，別讓人間的愛情和婚姻，變成西西弗斯所推著的巨石呢？」《幸福的家庭在哪裡？》談到各色各樣的婚姻──有貪圖錢財的，有依附勢力的，也有在患難中相互扶助而相伴終生的。作者沒有迴避日常生活對愛情的磨損：即使因愛情而自由結合的夫妻，「在忙碌得頭昏眼花和朱顏漸衰的日子裏，原本是相親相愛的夫婦，也會因為意見和主張的相忤，逐漸地形成了情感的摩擦與疏離，如果相互間再不能寬容與調整的話，漸漸地就會爭執甚或毆鬥起來，多少芝麻綠豆般的小事，積累在一起就發生了婚姻的危機和解體。」他體味道：「幸福的家庭究竟在哪裡呢？應該是在真誠、無私、寬容和充滿責任地熱愛自己的親人中間，這樣才會永遠慰藉、溫暖和鼓舞自己的心靈，從而才會感到深沉渾厚和無窮無盡的幸福。」

　　以學者的分析眼光燭照歷史與現實、自然與人生，但文章讀來卻如行雲流水，毫無滯澀之感。這固然得益於智慧與理性的力量使得分析絲絲入扣，同時，感情的潤澤與藝術的營構也起到了重要作用。

　　作者在運筆之時，總是把讀者當作平等對話的朋友，傾心交流，娓娓道來。筆觸所及，絕非那種老僧念經似的淡漠，而是充溢著豐富的感情。無論是對母親的追憶、對冰心老人的讚美、對前輩作家荒煤與母校老師的懷念，還是對異邦友人的描述、對吉卜賽姑娘的祝福、對西西弗斯似的朋友的感歎，都融入了真摯而深沉、濃

郁而澄澈的情愫。抒情是散文的基本要素，但感情的色調卻有諸多差異。有人在字裏行間流溢出對權錢色的諂媚或貪欲，有人在作品中透露出心胸的褊狹與刻毒，其情不能說不真，其欲不能說不切，然而貪欲和諂媚消泯了人格尊嚴，褊狹與刻毒有傷於善良厚道，境界狹窄，格調卑下，難以喚起人們的共鳴。感情不僅有真偽之別，而且有善惡、美醜之分，上乘散文應該是真善美的結晶。《關懷民眾的情結》稱頌文學史上關懷民眾的偉大作家，而對那些諂媚權貴、蔑視民眾的作家表示不屑。在林非筆下，就有與羊城普通打工者的親切對話，也有對熙熙攘攘的春節省親者的真誠祝願，還有對京城敢於向不文明行為叫板的不知名老者的由衷敬意，對廬山峽谷裏蹣跚地撿拾廢紙的白髮老人的傾情讚美。描寫的對象或有不同，但博大而深厚的人文情懷則一而貫之。

　　《春的祝願》所收散文，除了幾篇講演詞與序文之外，都有形象生動的描寫。寫人，善於抓住典型細節予以刻畫。如《異邦的知音》寫《中國現代散文史稿》韓文譯者金惠俊，向朋友贈送譯著時，「眉眼的微微顫動」，讓人感受到他對自己辛勤勞作成果的滿意。《乘風破浪的旅程──懷荒煤》，寫荒煤凝神思索的眼光與微微笑著跟人們說話的表情，使這位長者的可敬形象栩栩如生地呈現在讀者面前。寫景，以多彩的筆墨描摹千姿百態的大千世界。《塞罕壩草原行吟》、《天臺山觀瀑記》、《威尼斯泛舟》等篇章，濃墨重彩地抒寫自然美景或人文景觀自不必說，敘事或思辨為主的篇章也穿插著繪聲繪色的描寫。如《在美國旅行的幾件快事》，密執安湖畔的美麗景色隨著目光所及次第展開。先是放眼望去，「寶石一樣湛藍的湖水，徑直地向遙遠的天際洶湧而去，碧澄的水，湛藍的天，在輕輕飄蕩的白雲背後鑲嵌在一起，真分不清哪兒是天空，哪兒是湖泊了。」回過頭來，透過太陽光下變幻出五彩繽紛的噴泉水花與霧

氣，望見一座座矗立著的高樓大廈，「那筆直地往天空裏聳去的，那菱形或渾圓的屋檐在白雲裏沉思的，那寶塔似的尖頂向遊人們招手的，都像梳妝打扮過的一般，在陽光和霧氣的閃爍中，泛出了豔麗而又幽深的光芒，好像要呼喚人們去沈甸甸地思考一些什麼」。自然之美與藝術之美交相輝映，在作者筆下盡顯妍姿。後面，夏威夷峽谷景色的描寫則傳達出大自然的神秘力量：「正欣喜地瀏覽著，忽然從四周的峰巒背後，一團團厚厚的烏雲，像千萬匹奔騰的野馬那樣，急匆匆地向著我頭頂上聚集過來，剎那間整個天空都變得黑黝黝的，還猛烈地震響著陣陣的雷聲，一種恐怖和緊張的氣氛敲擊著我的心弦。當我默默地張望著對面逶迤的山峰時，那迷濛的烏雲突然都豎立了起來，一齊都飄蕩和顫抖著站立在這山峰的頂巔，然後就悠悠晃晃地擺動和傾瀉著，多麼像幾萬道浩瀚而又雄壯的瀑布，無聲無息地流淌著。」老舍《離婚》、蕭紅《呼蘭河傳》裏，都有關於雲的精彩描寫，與之相比，林非的這段描寫可謂別具風致。思辨性的散文，思緒在感情飽滿的描敘中展開。如《瀏覽二十四史》，以早年讀書生活的回憶為線索，在描述中解讀歷史典籍、評介歷史人物。孔融留下因得罪了權貴而被迫逃亡的張儉住宿，孔融之子視死如歸，方孝孺拒寫朱棣登基的詔書等，都有人物神情與動作的簡潔刻畫。再如《羅馬大鬥獸場巡禮》，從大鬥獸場殘存的建築，展開深遠而豐富的歷史想像──「多少帝王會率領著大臣和將帥們，威風凜凜地端坐在這兒，打量著欄杆底下幾乎有半裏路長的舞臺中央，千百個赤手空拳的奴隸和戰俘，跟張開血盆大口的雄師與虎豹撕打著，被咬嚙得渾身都塗滿鮮血。多少氣絕身亡的屍首淒慘地堆積在地，而瘋狂的野獸吼叫著撲向精疲力竭的角鬥士，於是一陣陣悲哀、絕望和恐怖的呼號聲，叩擊著四周聳向半空的石牆。」有了這種描寫，不僅文章因此而充滿了生命的動感，而且接

下來對專制者的分析與抨擊也就顯得水到渠成了。不論是寫人，還是狀物，抑或敘事，也無論是較為單純的形象，還是一個意象或象徵，抑或是一組意象群，形象描寫在林非散文中並非一種外加的點綴，而是創作主體的靈性在對象世界中的敏悟發現與準確把握。它猶如海洋中各種生靈的自由呼吸和自然律動，生靈循著各自的生命節拍翩翩起舞，海洋便充滿了勃勃生機。

文章立意深遠，但切入自然。抒寫的對象無論是尋常人生，還是嚴峻的歷史，作者都能找到一個既與讀者貼近、又同對象吻合的切入點。切入點或是富於現場感的具體時間、場景、動作、行為，或是一個足以引人注意的興趣點，如問題、關鍵字等。然後順勢而下，逐漸展開，最後以思考或希望或問題作結。從切口到收尾，有起伏跌宕，有曲折迴旋，但一脈貫通，文氣自然，使讀者很容易被作者的情愫與思路所導引，於不知不覺之中進入其情境，產生共鳴，引發思索。謀篇佈局，看似自然，實則凝聚著作者的苦心。如《瀏覽二十四史》，從「大躍進」的荒唐背景切入，與後面展開的歷史圖景構成一種相互映襯的暗比，加強了散文的歷史張力。中間的歷史解讀部分，以朝代更迭的歷史線索為經，以與孔融相關或相類的人物遭遇為關節，環環相扣，層層推進。再如《登埃菲爾鐵塔記》，作者既擺脫了蜻蜓點水似的浮泛寫景，又避免了無所憑依的抽象議論，而是在登高望遠中展開歷史沉思，巴黎聖母院、協和廣場、羅浮宮、凱旋門等，景觀與典故，現實與歷史，眼見之實與聯想之虛，感情抒發與理性分析，水乳交融，渾然一體。

林非的問題意識很強，面對一個審美對象時，他每每會提出一連串的問題，在對歷史與現實的感悟與是非曲直的辨析中努力地嘗試去解答。這種思維方式文思綿長，帶來了較多的長句式。但由於文脈清晰，意象豐盈，感情飽滿，句子長而不滯澀，反而呈現出一

種悠揚舒展之美。豐富的生活閱歷，淵博的知識積累，寬廣的觀察視角，純熟的駕馭文字能力，使得林非喜歡從不同方面狀物寫人，長於往深裏發掘，因而常用複喻、複句，使散文於凝練中不失豐腴之美。儘管文中有對日常生活的描述，有對假醜惡的憤激，但用語力避粗鄙，文字清麗優雅，表現出清新雅致的風格。

　　關於「學者散文」，批評家、出版家與文學史家有各種各樣的界定；學者散文的藝術風格，也會因人而異。讀《春的祝願》使我想到，像這樣表現出知識份子的良知、閃爍著深邃而嚴謹的歷史眼光、發散著醇厚的書香氣的作品，應該說是本色的學者散文。

展示女作家的絢麗多姿

　　二十世紀是中國女性大解放與大發展的世紀，女性文學的繁榮就是一個重要標誌。閻純德先生著《二十世紀中國女作家研究》（北京語言文化大學出版社 2000 年 1 月第 1 版，以下簡稱「閻著」），先是以精練的筆觸描繪出繁榮景觀的鳥瞰圖，勾勒出世紀風雲中女性文學的發展脈絡，然後通過對二十五位具有代表性的女作家的性格與藝術的解讀，展示出二十世紀中國女性文學的絢麗多姿。

　　這裏既有當代讀者所熟悉的冰心、張愛玲、黃宗英、葛翠琳等，也有曾經被文學史著作所冷落的，如漂流海外的蘇雪林、凌叔華、謝冰瑩，再如由於政治或身體等原因而沉寂多年的陳衡哲、楊剛、白朗等。著者積二十餘年之深功，在掌握了大量第一手資料的基礎上，對作家作品予以深入細緻的研讀，發揮自身的靈性感悟，並注意汲取已有的研究成果，概括出作家的典型特徵作為章題，如盧隱：「『五四』的產兒」，凌叔華：「高門巨族的精魂」，冰心：「愛，永恒的聖火」，楊剛：「生命的自由式」，謝冰瑩：「永遠的『女兵』」，白朗：「英雄人物的畫師」，李納：「一泓明淨的水」，菡子：「追求詩的戰士」，張愛玲：「蒼涼人生」，聶華苓：「文學理想的建築師」，黃宗英：「精神世界的綠蔭」，柯岩：「美的追求者」，葛翠琳：「童話王國的『皇后』」，趙淑俠：「流浪人生的東方情結」，等等。這些題目準確地抓住了作家的創作個性，據此展開的描述與闡釋舒展而不散，給讀者以清晰而深刻的印象。

　　閻著的一個鮮明特點是「把作家的生平與創作歷程和作品糅合在一起研究」。作家以及作為其性格形成背景的親人的生平的引

入，可以幫助讀者深入認識作家的創作個性自不必說，其意義還在
於：藉此顯現出二十世紀中國女性為爭取教育權、婚姻自主權甚至
包括生存權而艱難掙扎、不懈奮鬥的歷史。如蘇雪林的母親小名叫
躲妮，是因為出生前其祖母就有話──「若生男，留著；若生女，
淹死」，嚇得蘇雪林的外祖母東藏西躲才生下女兒。躲妮婚後又遇
到一個惡婆婆，每天從晚餐後至三更半夜，要替婆婆捶背拍膝撚
筋；還被迫留乳餵養小叔，而給自己的孩子吃薄粥，後來這個孩子
終以胃病而逝。蘇雪林自己也沒有逃過祖母的折磨，腳被纏得變了
形，遺恨終生。報考女子師範一事，在家裏引起以祖母為首的婆婆
奶奶們的一致反對，最後她以死相抗，才爭得了上學的權利。推翻
帝制固然不易，但女性解放的道路更其漫長。就在清帝遜位、革命
政府成立時，蘇雪林卻由祖父做主許配給在上海經商的江西人張
家。留學歸來，為了母親，與未婚夫完婚，但婚後很快就跌入了失
意婚姻的苦海之中，「一世孽緣」害得兩個人各自孤棲大半生，誰
也沒有享受理想的婚姻生活。母系三代女性的際遇給她的性格打下
了深刻的烙印，一方面養成了伴隨終生的憂鬱病，另一方面敢於向
權威挑戰。如果說她提出的「東方文化西來說」（如認為女媧由夏
娃而來，昆侖四水、帝之四神泉是在西亞）堪稱學術界的一家之言，
還可以說是挑戰型性格的正面表現的話，那麼大半生偏激地反對魯
迅則未始不是精神創傷的變形表現。

　　蘇雪林早年的不幸，在五四一代女作家中並非個案。盧隱出生
那天，外祖母去世，母親便認定她是一顆災星，將她交給一個奶媽
去餵養，嬰兒時代未曾享受過母親甜蜜的撫愛。因母親乃至家人的
討厭，不能如期上學，在冷落中度過了孤寂的童年。後來，她的愛
情選擇屢遭家人或世人的白眼。盧隱作品中的感傷、悲哀、苦悶、
憤世、疾邪，便與她的生活經歷息息相關。而謝冰瑩幼年時曾經絕

食三天，才爭取到進私塾讀書的機會。五歲時被母親許配於人，長大成人為了逃婚投身北伐戰爭的革命熔爐，成為中央軍事政治學校第六期女生部學員，參加葉挺部討伐楊森、夏鬥寅的西征。北伐革命失敗後，她回到家鄉，三次逃婚，都被抓了回來，被人們用紅轎子像綁票似的抬到婆家，後來利用應聘任教的機會，才終於掙脫了封建桎梏。在日本留學時，因為反對偽「滿洲帝國皇帝」溥儀訪日，她被關進監獄蹲了三個星期，受盡了侮辱和痛苦，留下了永久的病痛。新中國的成立，給女性的命運帶來了根本性的轉機，為女性文學展開了廣闊的前景。但變幻莫測的政治風雲卻給女作家造成了預想不到的磨難。丁玲被扣上莫須有的罪名之後，白朗被誣為有替「丁（玲）陳（企霞）反黨集團」通天翻案之「罪」，也被劃為右派分子，趕出北京，到一家煤礦勞動改造。一連串的沉重打擊，使她早在 1942 年延安「搶救運動」中得下的精神分裂症復發。浩劫結束以後，雖然人們希望她勾銷「決不動筆再寫一個字」的悲愴誓言，但終因創痛太重，身體始終未能恢復過來，大型回憶錄《一曲未終》終於成為未終之曲。幾代女作家的坎坷經歷直至柳暗花明，是中國女性命運的一個縮影，也從一個側面反映了二十世紀中國歷史進程的艱難曲折與走向光明的趨勢。

女作家的戀愛婚姻生活是一個敏感的話題，有些所謂學者或作家，憑藉道聽途說，添枝加葉，借題發揮，或者乾脆捕風捉影，無中生有，胡編亂造，以膚淺的情緒化解釋掩蓋了社會背景等多重因素，以後人的主觀臆斷取代了客觀事實，名為給女作家作傳或作研究，實則是對歷史的歪曲，對作家人格的輕慢，不過是為了滿足低級的窺測慾、變質的「創造慾」和炒作發財的慾望而已。如此這般，也許可以招徠一些獵奇的目光，換取大把大把的鈔票，但其輕浮的文風、卑狹的境界，注定將行之不遠。而閻純德先生對這一話題則

持有嚴肅的歷史主義態度，如實描述女作家婚戀生活中的喜怒哀樂，對婚變給予合情合理的解釋和寬厚豁達的理解，作家自己不願透露的，決不妄加揣測，而是小心翼翼地避開，充分尊重當事人的隱私權。近年來，世界範圍的女權主義思潮的確給學術界帶來了一些新鮮的東西，但有的女性文學研究者喜歡走偏鋒，恣意誇大性別政治的作用，儼然以女性宿怨的發洩者、復仇者自居，出語偏激、粗鄙，非但無益於女性文學研究的深入乃至女性的解放與發展，反倒有損於女性形象。其實女性問題異常複雜，正如閻純德所指出，「女性文學的女性意識決不僅是女性的『身體書寫』等等，而真正的指向應該是女性對於人類社會的參與意識、自由和平等意識。」閻著的宏觀掃描與微觀分析均體現了這一指向，其理性精神與廣闊視野值得肯定。

王國維在《人間詞話》中論詞，「以境界為最上」，將「能寫真景物、真感情者，謂之有境界」，並分為「有我之境」與「無我之境」。其實，學術也應該講究境界，這個境界就是反映歷史真實、表現研究者的真實體悟與真摯感情。有的所謂「學術」，從既定的觀念或預設的「體系」出發，去尋覓與之相吻合的史實，而對於大量不相吻合的史實則視而不見，或肆意歪曲，缺乏或不敢表露研究者的真實體悟與真摯感情，甚或作假作偽，如此等等，都應該說是缺乏學術應有的境界。而閻純德在中國女作家研究中則自覺地追求真實與真摯的學術境界，為求得史實的準確無誤，不惜腳力、精力，查閱資料，輯佚鈎沉，飛越重洋，尋訪作家，以豐富而確鑿的史實支撐論斷，富於說服力。著者有時把他與研究對象的對話場景直接寫進書中，輔之以肖像刻畫與景物描寫表現作家的性格，具有人物速寫式的現場感，文體風格給人以剛下架的黃瓜頂花帶刺兒的新鮮感覺。著者對待歷史的態度是冷峻嚴謹的，但並不吝惜感情，在描

述與闡釋中，時而情不自禁地抒發自己的感慨，將情感邏輯與思辨邏輯交織展開，注意同研究對象、讀者進行感情交流，表現出學術研究的「有我之境」，大大增強了感染力。學術固然需要抽象，但並非不食人間煙火，與感情絕緣。端起架子做學問，板著面孔講邏輯，學問未必做得好，讀者未必會認同；而將富於個性的研究主體融入其間，與研究對象平等交流，與讀者溝通心靈，反而會贏得意想不到的效果。

閻純德自八十年代起便開始從事女性文學研究，這本著作只是其研究成果的一部分。我們期待著《二十世紀中國女作家研究》續編（涉及作家馮沅君、丁玲、白薇、林徽因、草明、梅娘、楊沫、茹志鵑、劉真、宗璞、諶容、戴厚英、張抗抗、葉文玲、王安憶、鐵凝、方方、池莉、霍達、範小青、竹林、殘雪、徐小斌、陳染、林白、徐坤等），還有著者傾注了二十多年心血編撰的、薈萃了千餘名女作家的傳記創作情況及照片的、正在修訂增補的《二十世紀中國女作家》，以及計劃中的關於女性文學研究的理論著作，早日面世。

楊義和他的《文存》

　　《楊義文存》的出版消息一經披露，在學術界引起了不小的反響。近年來，隨著經濟的發展、國力的增強，出版界推出了一些資深學者的學術文集，但像人民出版社這樣的國家級出版社，為一位中年學者推出九卷十二部學術著作，頗有鳳毛麟角之概。取名「文存」，亦屬別致，二十世紀各類文集可謂多矣，但稱「文存」者此前只有胡適、陳獨秀兩家，收的是其「五四」前後所做論文、隨筆、書信等，多則不過三卷，為後人留下了新文化運動歷史資料。而今《楊義文存》，所收都是學術專著，其中既有現代文學方面的《中國現代小說史》（上、中、下）、《中國新文學圖志》（上、下）、《中國現代文學流派》、《魯迅作品綜論》，也有古代文學方面的《中國古典小說史論》、《楚辭詩學》、《李杜詩學》，還有文藝學方面的《中國敘事學》、《中國現代學術方法通論》。這些個性鮮明而內蘊厚重的專著，從一定程度上反映了當代中國的學術態勢與學者風範。

　　學術著作出版難，使得多少學者為之苦惱，然而楊義的學術著作卻能一版再版，《中國現代小說史》印到第九次仍供不應求，《中國新文學圖志》初版本問世僅一年多，就印到了第三次。有的學者書也出了一些，但幾年之後回顧起來，不要說彙集再版，就連自己重讀一遍的勇氣都已失去，而楊義十幾年前的著述，今天收入《文存》重讀起來仍是清冽醇厚、耐人品味。楊義確有不同尋常之處。他繼承了前輩「板凳甘坐十年冷，文章不寫半句空」的優良學風，耐得住寂寞，從浩如煙海的原始材料中披沙揀金，積十年之功，推出三卷本一百五十萬言的《中國現代小說史》，一鳴驚

人，蜚聲海內外。他的文學史研究，既不是某種既定框架的套用，也不是外來概念的演繹，而是從第一手材料出發，憑藉敏銳的悟性與執著的理性旨趣，由悟入析，悟析兼濟，去尋蹤真實的歷史軌迹，還原真正的文學本性，再現多彩的藝術風貌。他視野開闊，注意汲取前人與同代人之所長，但總是獨闢蹊徑，執意求新，不因襲他人，也不重複自己。他在現代小說史的研究之中，通過接觸大量的原版書刊，體悟到裝偵其實也是一種特殊的語言，一種以線條、色彩、構圖、情調為符號的「無語言」的心靈語言，其中包含著非常豐富的信息量，從中可以窺見文化心態、文學氣象、精神氛圍，窺見文學史。由他創意並主筆的兩卷本《中國新文學圖志》，就以一百零九篇文與近六百幅圖相依相生，以圖出史、以史統圖，構成了一種別具一格的文學史，豐富了文學史的樣式，在學術界引起了「鏈式反應」。

在對文學傳統追根溯源與中外對話走向深層的過程中，楊義越來越清醒地認識到：中國文學有自己獨立的悠久歷史，有自己獨特的文化心理結構與文體表現形式，它與西方文學是兩個雖然相切但並非同心的圓。譬如神話，古希臘羅馬神話有複雜的情節與史詩的結構，而中國神話則於非情節化中蘊涵著神秘性與多義性；再如小說的敘事方式，西方崇尚科學主義，把完整之物通過破裂而窺其原理，而東方崇尚生命主義，透過表層的形迹而體悟其形成圓融的生命的神理。西方的文學觀念與學術規範是西方文化土壤的產物，對於中國文學研究無疑具有借鑒、化用的價值。但若完全移植過來，或尋扯西方文學觀念的皮毛，牽強附會或隔靴搔癢地給中國事例貼標籤，或滿足於為西方觀念做例證，則不可能準確把握中國文學的本質特徵，無法傳達出中國文學獨特的生命形態。中國文學許多領域是尚未充分發掘與進行深度現代化轉化的富礦，它的充分發掘與

深度轉化，不僅可以創造出適於中國文學自身的學術體系，而且將與西方學術平等對話、引起人類文學觀念的巨大拓展、甚至深刻革命。這一跨世紀的歷史課題喚起了楊義強烈的探索激情，近幾年，他把主要精力投入到這一探索之中。

他先是從古典小說切入，抓住《山海經》的神話思維、《穆天子傳》的史詩價值、漢魏六朝志怪書的神秘主義幻想、唐人傳奇的詩韻樂趣、敦煌變文的佛影俗趣、《金瓶梅》世情書與怪才奇書的雙重品格、《紅樓夢》人書與天書的詩意融合等，予以富於靈性與智慧的品味。接下來，他的視野又擴及歷史文化與散文敘事，從現代作品遠溯至鐘鼎文、甲骨文，從年、月、日的時間表述順序與「敘事」、「結構」等基本概念的源流探詢入手，以結構篇、時間篇、視角篇、意象篇、評點家篇的構架建立起獨創性的中國敘事學體系。經過楊義的梳理、闡釋，人們眼前展示出一個涵蘊深厚、風采獨具的中國敘事學天地。完成了《中國敘事學》之後，楊義又走向了廣闊而豐腴的中國詩學厚土。楚辭研究已是積累豐厚，但經楊義對文本的細讀與重品，又能見出人所未見、道出人所未道。譬如《天問》，人們多以為是人問天，晦澀難解與錯簡有關，楊義則認為在這裏天是主語，以天問人，乃屬玄思之問，在代表著自然、上帝、命運、天理、天數的無所不能、無所不在的天面前，人間的時空就不足道了，所以才有時空的錯亂。他認為屈原創造了心靈史詩，雖然其場面描寫比不上荷馬史詩恢弘壯闊，但精神探索的深度則有荷馬所未及之處。心靈史詩的確認，將改變以往對於人類史詩史的看法。隨著詩學研究的深入，他將進一步索解中國詩學的魅力、原則，及其對世界詩史、人類思維史的獨特貢獻。

楊義在開闊的視野裏涵養著民族文化的元氣與氣魄，在腳踏實地的耕耘中思考著跨世紀的學術戰略，這其實正是中國學者的代表

性學術姿態。為這樣一位學者出版《文存》，正能見出出版者的眼光與魄力。

百年正氣：張繼齋先生

剛見到《百年正氣——張繼齋先生傳》（文滙出版社 1998 年 7 月版）時，十分詫異：張繼齋先生，何許人也？著者阮波竟以「百年正氣」的題目為其立傳！待到讀罷全書，方知此題實在是恰如其分；同時，也為自己作為一個現代文學史研究者竟然不知道張繼齋先生而深感慚愧。

張繼齋，1890 年由親戚薦給時任《申報》主筆的章太炎，從此開始了長達四十餘年的新聞生涯。他接受的第一次任務就是採訪留學英國海軍學校、歸國不久即任北洋水師學堂總教習的嚴復。他還採訪過容閎、王韜、康有為、梁啟超等在中國近代史上具有重要影響的人物，長篇採訪記在當時頗有影響。經嚴復推薦，他到《新聞報》擔任主筆。後又出任過《申報》、《南方日報》、《京津時報》主筆。他銳意創新，開拓進取，對新聞業多有改革，如把同類性質的電訊彙編在一起，用標題突出其中心內容，使讀者一目了然。他還在中國近代新聞史上開創了幾個第一：第一個從國外引進輪轉機印報，加快了中國新聞業工業化的進程；第一個採用多部電話機溝通海內外的聯繫，極大地提高了新聞的時效性。在他的新聞生涯中，舉凡甲午戰爭、戊戌變法、蘇報案、辛亥革命、二次革命、五四運動、二七大罷工、北伐戰爭、四‧一二政變、南昌起義、抗日戰爭等一系列重要事件，他總是客觀而迅捷的報導者，也是見識高遠、分析透徹的評論者。他在擔任上海《新聞報》北京採訪部主任時，同于右任一併被譽為「南于北張」兩枝鐵筆。年過花甲，他還率領上海十餘家報館組成的慰問團赴東北慰問並採寫東北義勇

軍，留下了一批寶貴的歷史資料。為了尋求救亡圖存之路，他曾赴英國學習、考察一年，也曾捐款集資在家鄉創辦了願學學堂並執教一年，但他把大部分精力都獻給了中國新聞事業。1938 年一個春寒料峭的深夜，當他就抗戰期間工人應否罷工問題寫完一篇評論之後，因長期積勞成疾大面積心肌梗塞而與世長辭，報社友人趕到時，稿紙上毛筆的墨迹還在油油發亮。

張繼齋一生兢兢業業，為中國新聞事業做出了足以名彪史冊的貢獻，卻嚴於律己，不事張揚，不求享樂。紅軍長征的奇蹟因斯諾的《西行漫記》而為西方所知，斯諾也因《西行漫記》而蜚聲世界，殊不知最初策劃、提出人選並為邀請斯諾架橋鋪路的正是張繼齋。張繼齋名聲赫赫，而生活簡樸，多年天天帶上兩隻三角小粽子當午餐。他常年在外奔波，夫人為照顧他生活著想，主動把表妹推薦給他，表妹也傾心相許，而他明確表示，既然主張男女平等，決不納妾。

更令人欽佩的是他富貴不能淫、威武不能屈的錚錚鐵骨。他曾以優異的成績考中秀才、舉人，會試雖未中榜，但名次很靠前，判卷官令他留下，以候慈禧太后召見，但他卻推說老母病重而火速回滬。兩江總督端方曾三次代表清廷邀其進宮，均被他拒絕。袁世凱為了收買這枝鐵筆，輾轉找到其友人拉他去當「政治會議」諮詢大臣，他不惜同友人鬧翻、憤然離京。而後因抨擊曹錕賄選，被曹錕手下靳雲鵬誘捕入獄，關了八個月，直到美國報業集團總裁與美國駐華使館出面交涉，始得重獲自由。張繼齋的生涯中，見得出近代以來仁人志士救亡圖存的奮鬥歷程，他的人格中，流貫著頂天立地的浩然正氣。

《百年正氣》寫的是個人傳記，但著者胸有全局，結合傳主的經歷，巧妙地融入了背景宏大而細節生動的歷史大敘事。如九‧一八事變、一‧二八淞滬戰爭始末等。有些是史書上通常見不到的事

件描寫，如辛亥革命成功後，北京一度發生了革命黨人大肆暗殺清廷要員的情形。又如英國背著中國代表與西藏地方政府代表換文，擅自劃定中印邊界麥克馬洪線，將西藏的門隅等地區的九萬多平方公里的中國領地劃入印度版圖。再如以往史書述及袁世凱復辟帝制失敗，只是強調全國各地的一片反對之聲，而《百年正氣》則注意到外國力量對袁世凱的巨大壓力，日本人通知袁世凱，若不延緩帝制，日本將出兵中國，並承認南方軍政團體，且與他們聯合對付袁世凱。日、英、俄聯手在財政上給予制約。正是在國內外的雙重壓力下，袁世凱才不得不撤消帝制，並很快便一命嗚呼。歷史事件的引入並做出簡練而生動的描寫，既有助於展示傳主的生涯、業績與人格，又給讀者以弘闊的歷史感與新鮮的歷史知識。

除了展現政治史、社會史、新聞史的畫卷之外，書中還提供了獨特的民間文化剪影。如南方有錢人家的陪嫁風俗；再如八月初五民間為紀念孔子誕辰而作會，借此來祈福、求嗣、上學、訂婚、雕刻、修造、動土、造船等。鄉間朝拜孔子，可見儒教之風的普泛、民間社火的興盛，然而「紮肉提香」──右手執打鑼棒，用力敲打左手臂皮肉中間吊掛著的燃燒的香燭──其愚昧與殘忍卻也讓人心驚肉跳。

著者阮波為祖父作傳，自然投射了無限深情，但並不溢美，而是以嚴謹的歷史主義態度深入採訪，多方鈎沉，冷靜地處理一些有歧異的材料。譬如，曾有一種說法，認為張繼齋曾被取為探花。阮波經過認真考證，沒有採用這種說法，而是如實寫出未能進士及第的事實。張繼齋教子從嚴，固然有可敬的一面，但因不滿其子亞庸在北京熱中於撰寫戲曲評論而將其調回上海，讓其從事校對工作，直至幾近失明，返鄉養病，這又未免顯得過於苛刻。社會生活豐富多彩，人的個性千差萬別，並非只有撰寫社會新聞才是正業，也並

非所有記者都適於採寫社會新聞，文藝評論同樣為社會文化生活所需要，同樣可以大有作為。著者在書中通過錢光祖與張繼齋的爭論，表達出尊重子女個性的現代意識，多少流露出一點對傳主的婉轉批評。

　　近年來，傳記創作頗為紅火，成績可觀，但紅火的背後卻也存在著種種危機。有人花高價雇人作傳，生編硬造，塗脂抹粉。有的傳記尚未出籠，傳主已經東窗事發，鋃鐺入獄。有的堂而皇之地登上報紙刊物，然而問世即等同於謝世，除了傳主之外恐怕無人問津。有的格調低下，如大肆渲染個人的豔遇私情，發掘某某「第九個兒子認祖歸宗」之類的奇聞逸事等等。那種「傳記」充其量不過是一種有償製作，而真正的文學創作應該像《百年正氣──張繼齋先生傳》這樣，寫出活生生的人，寫出滄桑的歷史，豐富人的知識，淨化人的心靈。這樣的傳記，才能贏得無數讀者。

「且換一種眼光」

　　吳福輝先生的《且換一種眼光》（上海教育出版社 1998 年 8 月第 1 版），是一本從形式到內容都很有韻味的學者散文集。封面一改如今彩色裝幀的通例，白地黑字，將書內七個欄目（文苑拾憶、銀杏白楊、故土鄉土、我的園地等）及四十五篇題目一一列出，猶如雜誌目錄，讓人對書的內容有個大致的瞭解，這很像胸襟坦蕩、性格豪放的朋友，頭一面就讓你產生可以信賴的感覺（而決不似有的書那樣，封面上是神秘兮兮或色瞇瞇的標題與裝幀，內裏卻與封面沒有什麼關聯）。左上目光深沉的作者小照與下方帶有抽象意味的瞳孔構成一種對稱，突出了「且換一種眼光」的題旨，設計實屬別致。每個欄目均有水墨畫風格的題圖，線條流暢、靈動，傳統與現代、質樸與飄逸形成有趣的對比與和諧。書中的插圖也各有意味，並非簡單的點綴。80 年代後期，著者在北大吳組緗教授寓所訪談的留影中，教授在室內身著絲綿棉衣且抄手而談，可見當日暖氣不足，多少能夠折射出一點教授的待遇。南北學者「勾肩搭背」的合影，顯示出「京派」「海派」之爭早成歷史煙雲，今日南北對話如峽谷回音，振盪呼應，其樂也融融。

　　文本更是見人格見性情的文章。《一株遒勁獨立的老樹》，以著者在課堂上的印象與家中訪談的感受，寫出了作家、學者吳組緗的風骨與風趣。艾蕪逝世時竟找不到他能享受省級幹部待遇的任何依據，弄得主持喪儀的機關無所措手足，這個細節一方面表現出這位「精神流浪者」對名利的淡漠，另一方面也見出了等級制度的荒謬。「公僕百年罕尋得，好人一生長罹難」，一副似乎得自心靈感應

的聯語，傳神地概括了楊犁的品格與命運：當年，老楊因為僅替某個「反黨集團」說了句公道話，就被打入另冊 20 年，但他從不願提及，而是把晚年全部獻給了事業。《最後的和最初的日子》，以入室弟子的眼光寫出了王瑤教授嚴格而寬大的人格與文格，臨近生涯終點時對事業與生命的執著，還有那讓人感慨萬端的對遠方兒女的期待。沙汀晚年失明後自京返蜀臨出家門前那一聲「北極探險嘍」的興奮大叫，活畫出這位戀鄉情結固著的巴蜀之子的赤子情懷。

作者把散文寫作稱為「學術餘暇的散步」，其實在這「餘暇」中，仍能時時見出深邃的學術眼光。茅盾到了今日，讀者比過去少了，因而有「身後寂寞」的議論。作者不僅以多年研究茅盾的感情積澱，而且更從文學史的發展角度，談到作家的「潛入」歷史。陳西瀅由於在 1925 年的北京女師大風潮中站在了進步學生與魯迅的對立面，長期蒙在不光彩的陰影裏。《西瀅的「閒話」和「後話」》一文，把讀者的視線帶到陳西瀅的文本世界，重新審視這一歷史人物的功過得失。對作品的重新解讀也時有獨到見解，譬如：對《山峽中》「惡中之善」的發現，對梁遇春別裁文章的品味，等等，就給人以耳目一新之感。

在學術論著中，為了追求探索真理的科學性與表述的嚴謹性，學者通常把自己隱藏起來。倒是在散文裏，能夠較多地透露出學者的生存感受與學術心態。吳福輝先生是頗有影響的中國現代文學專家，曾經出版過《沙汀傳》與《都市漩流中的海派小說》等專著，《我的第一個集子》就再現了他那艱辛的學術跋涉途程，《關於〈沙汀傳〉》傳述出寫作前後的綿綿情思，而《面對出生地》簡直就是作者的生命自白。在這些散文裏，學術與言志、言情融為一體，性格情趣與感悟求索結伴而來，讓人暸解到學者的生存狀態與豐富心

態，產生一種親切感與信任感。換一種眼光，便有一重天地，無論
對於學者，還是對於讀者，都是如此。

延安魯藝的「文化傳記」

每當我們聽到《黃河大合唱》雄偉磅礴、撼魂動魄的旋律時，每當我們的腦海裏浮現起《白毛女》悲愴剛健的舞臺形象與音樂形象時，都不應忘記這些藝術瑰寶的搖籃──延安魯藝。這所中國共產黨創辦並領導的文藝學院，出精品，出人才，創造了山溝裏辦高等藝術教育的奇蹟和中國氣派的文藝風範，在中國現代文學史、藝術史與教育史上，寫下了光彩奪目的一頁。多年以來，文學史等學術著作都給魯藝以一定的篇幅，不少名人傳記也深情地提到魯藝，還有一些關於魯藝的回憶錄、史話先後問世，但對於魯藝的歷史與文化特質及其重要意義，顯然還缺乏應有的系統研究。最近出版的王培元著《抗戰時期的延安魯藝》（「二十世紀中國文學與大學文化叢書」之一種，廣西師範大學出版社 1999 年 5 月第 1 版），則提供了一個系統研究的文本。這本專著以「文化傳記」的形式，對魯藝從發起、成立到發展壯大的歷程做了清晰的勾勒，並抓住校園生活、教學與學風、創作與批評、從劇場到廣場的戲劇發展、政治漩渦等若干重要方面與精神文化特徵，進行了真實而生動的描繪與鞭闢入裏的剖析，展示了雄渾壯麗的魯藝風光。

在這裏，我們可以看到當年進步青年怎樣像百川歸海一樣，歷盡艱辛、甚至冒著生命危險奔赴延安；可以看到窯洞大學一道道美麗的校園風景線：住的是窯洞，穿的是粗布衣服，吃的是小米與鹽水煮土豆白菜湯或南瓜湯，油渣、小米鍋巴成了難得的美味，用酸棗樹嫩芽焙制的「酸棗茶」成為人們爭相品味的佳茗，即使過著如此艱苦的生活，師生還保持著高昂的樂觀主義精神與濃厚的學習風

氣，圖書館書少就抄書，照明用的土煤油質量差而且數量很有限，就到窰洞外借著月光看書，業餘文化生活也豐富有趣——文學社、文藝沙龍、出壁報、辦展覽、游泳、滑冰、延河邊的散步、周末的跳舞，還有唱不完的歌聲。雖然辦學條件簡陋，但魯藝作為一所高等學校卻有著健全的教學體制。本書從學生來源到師資構成，從招生考試到教學內容、教學方法、教學實習及分配去向等等，都納入了視野，展開了一幅魯藝全景圖。著者在歷史圖景的復原中，注意到正規化教育和社會生活「大觀園」的結合，以一個個生動的事例展示了魯藝師生深入社會、向工農學習的可貴努力及其顯著成績，也沒有迴避學術自由與政治要求的矛盾、知識份子與工農群眾工農幹部的隔膜甚至衝突；在通過何其芳的詩歌、周立波的小說與新歌劇《白毛女》等展示魯藝的創作業績時，也如實地指出了當時文化氛圍中存在著過左的偏頗，如演唱《黃河大合唱》時對《黃河怨》的捨棄，等等。

因為要寫「文化傳記」，所以一些歷史細節寫得活靈活現，譬如冼星海親自指揮百餘人的合唱團演唱《黃河大合唱》，剛一唱完，毛澤東就從座位上跳了起來，連聲稱讚「好！好！好！」而氣氛陰鬱低沉的四幕話劇《中秋》上演後，則遭致了不少軍隊幹部的斥責，甚至在晉西北演至中場時，台下竟響起一片「起立！向後轉！」的口令聲，看戲的指戰員紛紛跑步退場。正是這種真實的細節描寫，反映出魯藝教學改革與文學創作走向工農、戲劇從劇場移至廣場的歷史背景。

著者把紀實寫真作為「文化傳記」的基本準則，為此，在訪求第一手材料上面，下了很大的功夫。採訪魯藝人及其家屬，赴延安實地考察，領略地理環境，體驗風土人情。因而，清麗流暢的歷史敘事，言之有據，扎實厚重。有些地方寧可留下空白和缺憾，也沒

有臆測妄斷。真實地復現歷史的準則，使著者在貼近歷史的同時，獲得了與前人追求民族解放的青春激情的共鳴，但這並未影響他以理性的眼光正視歷史的舛誤，譬如「搶救運動」對知識份子的傷害，整風中的偏頗對文學藝術個性的扼制，以及這些弊端與新中國成立以後歷史挫折的聯繫。著者在做歷史評價時，沒有偏激之辭，而是表現出理性審視的冷靜與把握歷史的分寸感。這樣看來，這本「文化傳記」不僅為我們展示出魯藝壯美的歷史景觀，而且提供了值得學習的歷史主義態度與歷史敘事技巧。

跋

　　近年來，除了撰寫所謂學院式的論著之外，也寫了一些學術性評論、隨筆，或可稱之為學術性雜文。這些文章，有的是應媒體之約而寫，有的是受師友之託而作，有的則是看到學術界、文壇上與影視界出現的某些怪異現象，感到骨鯁在喉不吐不快，遂自動為文。我何嘗不知作學問重在立論，但學術良知不允許我沉默的時候，免不了要作一點駁論。至於針砭是否準確，則有待讀者評斷。

　　曾想過將這類學術雜文結集出版，但一直沒有合適的機會。這此承蒙臺灣秀威公司宋政坤總經理的支持，始得如願，其中包含著李坤城先生等秀威人士的努力，在我自然是十分感激的。

　　2005 年 11 月，我第二次赴臺灣進行學術交流時，有幸拜訪宋總經理及秀威公司諸位，參觀了秀威公司編、印、裝一條龍全新工藝流程，先前概念中的「POD」一下子鮮活起來。出版業的技術革命，可謂包括學術在內的文化事業發展的福音。我能夠經由宋如珊教授的推薦，與站在「POD」前沿的秀威公司結緣，真是不勝欣懷。

張中良

2006 年 2 月 27 日　北京

國家圖書館出版品預行編目

學術時髦的陷阱 / 張中良著. -- 一版. -- 臺
北市：秀威資訊科技, 2006[民 95]
面；　公分. -- (語言文學類；PG0108)

ISBN 978-986-7080-73-8(平裝)

1. 論叢與雜著

078　　　　　　　　　　　　95013804

 語言文學類　PG0108

學術時髦的陷阱

作　　者 / 張中良
發 行 人 / 宋政坤
執行編輯 / 林世玲
圖文排版 / 張慧雯
封面設計 / 莊芯媚
數位轉譯 / 徐真玉　沈裕閔
圖書銷售 / 林怡君
網路服務 / 徐國晉
出版印製 / 秀威資訊科技股份有限公司
　　　　　　台北市內湖區瑞光路 583 巷 25 號 1 樓
　　　　　　電話：02-2657-9211　　　傳真：02-2657-9106
　　　　　　E-mail：service@showwe.com.tw
經 銷 商 / 紅螞蟻圖書有限公司
　　　　　　台北市內湖區舊宗路二段 121 巷 28、32 號 4 樓
　　　　　　電話：02-2795-3656　　　傳真：02-2795-4100
　　　　　　http://www.e-redant.com

2006 年 7 月 BOD 一版
定價：330 元

讀　者　回　函　卡

感謝您購買本書，為提升服務品質，煩請填寫以下問卷，收到您的寶貴意見後，我們會仔細收藏記錄並回贈紀念品，謝謝！

1.您購買的書名：＿＿＿＿＿＿＿＿＿＿＿＿＿＿＿＿＿＿＿

2.您從何得知本書的消息？

　□網路書店　□部落格　□資料庫搜尋　□書訊　□電子報　□書店

　□平面媒體　□ 朋友推薦　□網站推薦 □其他＿＿＿＿＿＿

3.您對本書的評價：(請填代號　1.非常滿意 2.滿意 3.尚可 4.再改進)

　封面設計＿＿　版面編排＿＿　內容＿＿　文/譯筆＿＿　價格＿＿

4.讀完書後您覺得：

　□很有收獲　□有收獲　□收獲不多　□沒收獲

5.您會推薦本書給朋友嗎？

　□會　□不會，為什麼？＿＿＿＿＿＿＿＿＿＿＿＿＿＿＿＿＿＿

6.其他寶貴的意見：＿＿＿＿＿＿＿＿＿＿＿＿＿＿＿＿＿＿＿＿＿

＿＿＿＿＿＿＿＿＿＿＿＿＿＿＿＿＿＿＿＿＿＿＿＿＿＿＿＿＿＿＿

＿＿＿＿＿＿＿＿＿＿＿＿＿＿＿＿＿＿＿＿＿＿＿＿＿＿＿＿＿＿＿

＿＿＿＿＿＿＿＿＿＿＿＿＿＿＿＿＿＿＿＿＿＿＿＿＿＿＿＿＿＿＿

讀者基本資料

姓名：＿＿＿＿＿＿＿＿＿＿　年齡：＿＿＿＿　性別：□女 □男

聯絡電話：＿＿＿＿＿＿＿＿　E-mail：＿＿＿＿＿＿＿＿＿＿＿

地址：＿＿＿＿＿＿＿＿＿＿＿＿＿＿＿＿＿＿＿＿＿＿＿＿＿＿＿

學歷：□高中(含)以下　　□高中　　□專科學校　　□大學

　　　□研究所(含)以上 □其他＿＿＿＿＿＿＿＿

職業：□製造業 □金融業 □資訊業 □軍警 □傳播業 □自由業

　　　□服務業 □公務員 □教職　 □學生 □其他＿＿＿＿＿

To：114

台北市內湖區瑞光路 583 巷 25 號 1 樓

秀威資訊科技股份有限公司　　　收

寄件人姓名：

寄件人地址：□□□

(請沿線對摺寄回,謝謝!)

秀威與 BOD

BOD（Books On Demand）是數位出版的大趨勢,秀威資訊率先運用 POD 數位印刷設備來生產書籍,並提供作者全程數位出版服務,致使書籍產銷零庫存,知識傳承不絕版,目前已開闢以下書系:

一、BOD 學術著作—專業論述的閱讀延伸
二、BOD 個人著作—分享生命的心路歷程
三、BOD 旅遊著作—個人深度旅遊文學創作
四、BOD 大陸學者—大陸專業學者學術出版
五、POD 獨家經銷—數位產製的代發行書籍

BOD 秀威網路書店：www.showwe.com.tw
政府出版品網路書店：www.govbooks.com.tw

永不絕版的故事・自己寫・永不休止的音符・自己唱